中国工程院院士
是国家设立的工程科学技术方面的最高学术称号,为终身荣誉。

中国工程院院士传记

韩大匡传

刘文岭 李芬 等著

石油工业出版社
人民出版社

内 容 提 要

韩大匡是我国著名的油田开发工程专家，中国工程院院士，中国油田开发领域油藏数值模拟、三次采油提高采收率技术的奠基人，开发地震、新型可动凝胶、分散微凝胶调驱技术在高含水油田规模化应用的倡导者，大数据与人工智能新技术在中国油气行业规模化应用的引领者，被誉为"中国油田开发的开拓者"，1991年被中国石油天然气总公司授予"石油工业有突出贡献科技专家"称号。

本书写作特色鲜明，既有可读性，又具科学严谨性；涉及内容丰富，既是一部科学家传记，又是一本石油科普作品。本书以大量的第一手油田开发历史资料和石油科技知识相融合，在突出反映韩大匡成长历程、学术思想、科学精神和高尚品格的同时，折射出新中国油田开发事业艰苦创业的壮丽历程，是中国石油工业广大科技人员"爱国、创业、求实、奉献"精神的生动写照。

本书对石油行业从业人员、高等院校师生和关心中国石油工业发展中的各界人士具有很高的参考价值与借鉴意义。

图书在版编目（CIP）数据

韩大匡传 / 刘文岭等编著 . -- 北京：石油工业出版社，2025.5. --（中国工程院院士传记）. -- ISBN 978-7-5183-7308-6

Ⅰ．K826.14

中国国家版本馆 CIP 数据核字第 2025JW4224 号

出版发行：石油工业出版社
　　　　　（北京安定门外安华里2区1号　100011）
　　　　　网　　址：www.petropub.com
　　　　　编辑部：（010）64523537　　图书营销中心：（010）64523633
经　　销：全国新华书店
印　　刷：北京中石油彩色印刷有限责任公司

2025 年 5 月第 1 版　2025 年 5 月第 1 次印刷
710×1000 毫米　开本：1/16　印张：28.75
字数：420 千字

定价：138.00 元
（如出现印装质量问题，我社图书营销中心负责调换）
版权所有，翻印必究

中国工程院院士　韩大匡

1979年，参加玉门油气田开发规划会（左起：孙希文、韩大匡、陆勇、方宏长）

1982年，参加联合国在大庆召开的国际油田开发技术会议（左起：秦同洛、韩大匡）

1984年，参观华东石油学院校史展览

1981年，带领采收率观察团赴美国考察施工现场（左3韩大匡）

1984年，出席中国驻新加坡大使馆35周年国庆招待会

1986年，随同时任石油工业部部长王涛在大庆参观科技大会展览时留影（前排左起：韩大匡、谭文彬、李康中、王涛）

1988年，石油勘探开发科学研究院实施科研体制改革，与各所签订科研任务承包合同（后排：左2贾金会，左3翟光明，左4韩大匡，左5孙希文）

1988 年 11 月，参加 SPE 和中国石油学会在天津召开的国际会议

1992 年 12 月，在厦门参加全国"三次采油技术"评估专家会合影
（前排：左 1 冈秦麟，左 3 韩大匡，左 4 蒋其垲，左 5 赵立春；第二排：左 1 陈立滇，
左 5 肖敏；后排：左 3 杨承志，左 4 杨普华，左 6 严捷先）

1994年4月,与加拿大著名数值模拟软件公司CMG公司进行技术交流并签署合作协议(左1 CMG总裁Frank Meyer)

1995年,赴加拿大访问CMG公司(右1韩大匡)

1995年，在提高采收率试验专家咨询会议上与沈平平交流学术问题（左2韩大匡，左4沈平平）

1995年，参观奥地利气田（前排：右2韩大匡）

1995年，参观奥地利气田（右2韩大匡）

1996年10月16日，荣获第五届孙越崎科技教育基金"能源大奖"（左3王宏琳，左4韩大匡）

1997年，参加三次采油研讨会（前排左起：王家宏、韩大匡、刘璞）

1997年10月，在第十五届世界石油大会上作报告——《中国陆上石油工业提高采收率技术的成就与面临的挑战》

中国工程院能源与矿业工程学部进行院士选举

参观川气东送现场

1998年10月，参加第七届重油及沥青砂国际会议
（前排：右1张朝琛，右2韩大匡）

在中国石油勘探开发研究院
高压物性实验室

2003年1月，在中国石油勘探开发研究院计算机中心研讨计算机系统硬件配置问题

2003年，参加中国石油天然气股份有限公司座谈会（左1韩大匡，左2刘宝和）

邀请美国南加州大学著名碳酸盐岩专家切林格教授来京讲学
（左2韩大匡，左4切林格）

数值模拟专家吴玉书来京讲学时与其合影

2004年,拍摄于塔里木油田

2004年8月8日,延长油矿第一口井——延一井旧址留影

2004年10月，参加上海晋元中学一百周年校庆（左2项海帆，左3韩大匡，左4蒋锡夔，左5何友声，翁史烈亦出席）

2007年，中国工程院组织中俄友好年活动期间访问俄罗斯最大油田萨夫特洛尔油田时留影（左起：韩大匡、邱中建、赵文智）

清华大学百年校庆，在清华园工学廊留影

2011年11月，院士参加座谈会（左起：邱中建、韩大匡、孙龙德）

2011年11月，与原中国石油天然气总公司开发生产局局长王乃举及胡文瑞院士交谈（左起：王乃举、胡文瑞、韩大匡）

2011年11月，韩大匡院士80华诞（左起：韩大匡、李淑勤、朱琪昌、李德生）

院士活动合影（左1韩大匡，左3戴金星，左4李鹤林，左5王德民，左6郭尚平，左7苏义脑）

2011年，金婚庆典及韩大匡院士80华诞

2011年，金婚庆典及韩大匡院士80华诞

和外孙铭凯、外孙女溪琳泛舟昆明湖

2021年11月，与袁士义院士探讨重塑石油勘探开发行业的前景

2019年9月，接受《院士口述历史》采访

2020年9月7日，被聘为中国石油大学（北京）人工智能学院终身荣誉教授

2021年11月26日,时任中国石油勘探开发研究院院长马新华、副院长邹才能登门祝贺90华诞

2021年春节,与夫人李淑勤于家中留影

中国工程院院士传记丛书

编辑出版工作领导小组
　　顾　问：宋　健　徐匡迪　周　济
　　组　长：李晓红
　　副组长：钟志华　蒋茂凝　邓秀新　辛广伟
　　成　员：陈建峰　梁晓捷　罗莎莎　唐海英　丁养兵
　　　　　　李冬梅

编辑和审稿委员会
　　主　任：辛广伟　罗莎莎
　　副主任：葛能全　唐海英
　　成　员：张戟勇　常军乾　侯　春

编辑出版办公室
　　主　任：张戟勇
　　成　员：侯　春　张丽四　龙明灵　李淼鑫　方鹤婷
　　　　　　姬　学　高　祥　何朝辉　宗玉生　张　松
　　　　　　王小文　黄　永　丁　宁　聂淑琴

《韩大匡传》

撰写组

组　　长：刘文岭

副组长：李　芬　韩　松　张延玲

成　　员（按姓氏笔画排序）：

　　　　王　才　王玉学　王经荣　叶银珠　李建芳
　　　　李　欣　吴行才　杨承志　张建英　张　翼
　　　　邵黎明　侯伯刚　荆竹翠　袁江如　韩　扬
　　　　曾　萍

总 序

20世纪是中华民族千载难逢的伟大时代。千百万先烈前贤用鲜血和生命争得了百年巨变、民族复兴，推翻了帝制，肇始了共和，击败了外侮，建立了新中国，独立于世界，赢得了尊严，不再受辱。改革开放，经济腾飞，科教兴国，生产力大发展，告别了饥寒，实现了小康。工业化雷鸣电掣，现代化指日可待。巨潮洪流，不容阻抑。

忆百年前之清末，从慈禧太后到满朝文武开始感到科学技术的重要，办"洋务"，派留学，改教育。但时机瞬逝，清廷被辛亥革命推翻。五四运动，民情激昂，吁求"德、赛"升堂，民主治国，科教兴邦。接踵而来的，是国民大革命、10年内战、14年抗日和解放战争。恃科学救国的青年学子，负笈留学或寒窗苦读，多数未遇机会，辜负了碧血丹心。

1928年6月9日，蔡元培主持建立了中国近代第一个国立综合性科研机构——中央研究院，设理化实业研究所、地质研究所、社会科学研究所和观象台四个研究机构，标志着国家建制科研机构的诞生。20年后，1948年3月26日遴选出81位院士（理工53位，人文28位），几乎都是20世纪初留学海外、卓有成就的科学家。

中国科技事业的大发展是在新中国成立以后。1949年11月1日成立了中国科学院，郭沫若任院长。1950—1960年有2500多名留学海外的科学家、工程师回到祖国，成为大规模发展中国科技事业的第一批领导骨干。国家按计划向苏联、东欧各国派遣1.8万各类科技人员留学，全都按期回国，成为建立科研和现代工业的骨干力量。

高等学校从新中国成立初期的200所增加到600多所，年招生增至28万人。到21世纪初，高等学校2263所，年招生600多万人，科技人力总资源量超过5000万人，具有大学本科以上学历科技人才达1600万人，已接近最发达国家水平。

新中国成立60多年来，从一穷二白成长为科技大国。年产钢铁从1949年的15万吨增加到2011年的粗钢6.8亿吨、钢材8.8亿吨，几乎是8个最发达国家（G8）总年产量的2倍。水泥年产20亿吨，超过全世界其他国家总产量。中国已是粮、棉、肉、蛋、水产、化肥等第一生产大国，保障了13亿多人口的食品和穿衣安全。制造业、土木、水利、电力、交通、运输、电子通信、超级计算机等领域正迅速逼近世界前沿。"两弹一星"、高峡平湖、南水北调、高公高铁、航空航天等伟大工程的成功实施，无可争议地表明了中国科技事业的进步。

党的十一届三中全会以后，实行改革开放，全国工作转向以经济建设为中心。加速实现工业化是当务之急。大规模社会性基础建设，大科学工程、国防工程等是工业化社会的命脉，是数十年、上百年才能完成的任务。中国科学院张光斗、王大珩、师昌绪、张维、侯祥麟、罗沛霖等学部委员（院士）认为，为了顺利完成中华民族这项历史性任务，必须提高工程科学的地位，加速培养更多的工程科技人才。中国科学院原设的技术科学部已不能满足工程科学发展的时代需要。他们于1992年致书党中央、国务院，建议建立"中国工程科学技术院"，选举那些在工程科学中做出重大的、创造性成就和贡献、热爱祖国、学风正派的科学家和工程师为院士，授予终身荣誉，赋予科研和建设任务，请他们指导学科发展，培养人才，对国家重大工程科学问题提出咨询建议。中央接受了他们的建议，于1993年决定建立中国工程院，聘请30名中国科学院院士和遴选66名院士共96名为中国工程院首批院士。于1994年6月3日，召开了中国工程院成立大会，选举朱光亚院士为首任院长。中国工程院成立后，全体院士紧密团结全国工程科技界共同奋斗，在各条战线上都发挥了重要作用，做出了新的贡献。

中国的现代科技事业比欧美落后了200年。虽然在20世纪有了巨大进步，但与发达国家相比，还有较大差距。祖国的工业化、现代化建设，任重道远，还需要有数代人的持续奋斗才能完成。况且，世界在进步，科学无止境，社会无终态。欲把中国建设成科技强国，屹立于世界，必须持续培养造就数代以千万计的优秀科学家和工程师，服膺接力，担当使命，开拓创新，更立新功。

中国工程院决定组织出版"中国工程院院士传记"丛书，以记录他们对祖国和社会的丰功伟绩，传承他们治学为人的高尚品德、开拓创新的科学精神。他们是科技战线的功臣，民族振兴的脊梁。我们相信，这套传记的出版，能为史书增添新章，成为史乘中宝贵的科学财富，俾后人传承前贤筚路蓝缕的创业勇气、魄力和为国家、人民舍身奋斗的奉献精神。这就是中国前进的路。

宋健

2012年6月

目　录

第一章　沪上书香育才俊 …………………………………… 001
　迴澜桥外韩家事 …………………………………………… 003
　童年世界避战火 …………………………………………… 009
　苦难岁月多磨砺 …………………………………………… 013
　励志少年出晋元 …………………………………………… 015
　黑暗世界寻光明 …………………………………………… 018

第二章　水木清华石油缘 …………………………………… 023
　清华大学始圆梦 …………………………………………… 025
　自强不息记校训 …………………………………………… 032
　采矿系到石油系 …………………………………………… 039
　清华助教初入行 …………………………………………… 042

第三章　石油学院青春颂 …………………………………… 047
　石油学院初创期 …………………………………………… 049
　玉门延长实习 ……………………………………………… 054
　课堂俄语翻译 ……………………………………………… 061
　陪同苏联专家 ……………………………………………… 066
　工作优先弃学位 …………………………………………… 068

第四章　艰苦岁月意志坚 …………………………………… 081
　川中石油会战 ……………………………………………… 083
　大庆石油会战 ……………………………………………… 098

创建石油开发研究室…………………………………………… 114

第五章　石油规划当参谋 127

　　规划院横空出世………………………………………………… 129
　　做参谋殚精竭虑………………………………………………… 132
　　走油田踏破铁鞋………………………………………………… 140
　　学理念西德考察………………………………………………… 146

第六章　研究院精彩华章 151

　　创建开发科研体系……………………………………………… 153
　　成立采收率研究所……………………………………………… 164
　　创办中国岩心公司……………………………………………… 170
　　华北油田战略调整……………………………………………… 179

第七章　油藏数模先行者 181

　　数值模拟早期研究……………………………………………… 183
　　开拓油藏数模技术……………………………………………… 188
　　解剖黑油模型软件……………………………………………… 189
　　研发国产数模软件……………………………………………… 194
　　著书立学推广数模……………………………………………… 201
　　数模软件推广应用……………………………………………… 207
　　混相驱油数模之争……………………………………………… 209
　　创新精细油藏数模……………………………………………… 212
　　推动新一代油藏数模…………………………………………… 217

第八章　三次采油开拓者 223

　　拉开三次采油序幕……………………………………………… 225
　　美国三次采油考察……………………………………………… 228
　　组织开展先导试验……………………………………………… 232

  主持潜力评价研究 …………………………………… 236
  走符合国情之路 …………………………………… 240

第九章 开发地震倡导者 …………………………………… 247
  谋划油描新发展 …………………………………… 249
  开拓地震新领域 …………………………………… 254
  应用研究结硕果 …………………………………… 266

第十章 深部调驱推动者 …………………………………… 271
  具慧眼引进凝胶技术 ……………………………… 273
  见微知著发展可动凝胶 …………………………… 279
  指导创建新理论 …………………………………… 281
  油田应用显奇效 …………………………………… 285

第十一章 数智石油引领者 ………………………………… 293
  "小"公式到大数据 ………………………………… 295
  战略咨询出思想 …………………………………… 299
  科技攻关出技术 …………………………………… 306
  产业试点作示范 …………………………………… 310

第十二章 学术思想指方向 ………………………………… 315
  三个阶段发展历程 ………………………………… 317
  深度精细开发理论 ………………………………… 319
  油藏描述两步走策略 ……………………………… 327
  二次开发基本理念 ………………………………… 333
  个性化优化设计思想 ……………………………… 336
  新阶段新思考新思想 ……………………………… 338

第十三章 岁月如歌仁者范 ………………………………… 341
  耕耘不辍硕果累累 ………………………………… 343

教书育人桃李芬芳 ································· 349
　　爱好广泛情趣雅 ··································· 351
　　石油伉俪家和睦 ··································· 357
附录 ··· 367
　　韩大匡大事年表 ··································· 369
　　韩大匡主要论著目录 ······························· 385
　　附录一 最后的日子 ································ 393
　　附录二 德高望重美名留 ··························· 398
后记 ··· 421

第一章

沪上书香育才俊

明朝哲学家王阳明在其著作《传习录》上与陆澄问答："曰：'天理何以谓之中？'曰：'无所偏倚。'曰：'无所偏倚，是何等气象？'曰：'如明镜然，全体莹彻，略无纤尘染着。'"近代著名学者钱穆在《阳明学述要》中说："此番问答全是说的心上功夫，要荡涤扫除，要无染着，无偏倚，要此心廓然，毫无留滞。"①

这段颇具哲理的文字引人深思，它描摹了一种心地纯净、思想明彻、未应墨染、笃行不怠的人生境界。这样的境界，恰如一位油田开发工程专家的人生写照，他为祖国的石油事业笃实践履、毫无保留。

他，就是我国著名的油田开发工程专家、中国工程院院士——韩大匡。

迴澜桥外韩家事

韩大匡祖籍浙江萧山，这片土地是吴越文化的发祥地之一。在班固《汉书·地理志》余暨县名之下，记载了当年越王勾践被吴王夫差战败，率兵卒停留于此，四顾萧然，故称此山为萧然山，亦名萧山。实际上，萧山左牵"一望波浪连"的钱塘江，右倚"别有澄波万顷"的湘湖，呈现出一派襟江带湖、人文蔚然、灵动秀逸的风貌。

"楼观沧海日，门对浙江潮"②，唐代宋之问在《灵隐寺》中写出了钱塘江悠悠江水、大浪奔涌的磅礴气势。滔滔江水东流去，钱塘自古出繁华，钱塘江养育了江边的萧山。《萧山县志》中有记：萧山

---

① 钱穆.阳明学述要［M］.北京：九州出版社，2010：48-49。

② 宋之问（唐）：《灵隐寺》。

民风"喜奔竞、善商贾"。萧山的地理环境和人文传统，注定了生活在这里的人也要像钱塘江的潮水一样"奔竞不息"。

当时的萧山城东门外有一条城河，是为钱塘江支流。一座名为迴澜桥的小桥横跨在城河上，河面不宽，但延伸很远，一度能通绍兴。至今，迴澜桥依然矗立在那里，承载着古往今来的风风雨雨，默默讲述着悠长遥远的萧山故事。韩大匡的太祖父就是这个故事的主人公。

清朝年间，浙江萧山一个名叫闻家堰的小镇上，有一户韩姓人家，家境贫寒，以卖馄饨为生。男主人起早贪黑、勤俭朴实、日复一日地靠着卖馄饨养家，过着本分的日子。

命运总让人始料未及。一天，一位富商在馄饨摊吃完饭后，遗落了一个硕大的钱袋。富商走远之后，摊主才发现这个钱袋。诚实的他没有打开钱袋，而是将其挂到馄饨摊的架子上，一边卖着馄饨，一边等待这位富商回来认领。

直到一年以后，富商再次来到萧山，经过馄饨摊，惊讶地发现馄饨摊上的钱袋。摊主认出了失主，把钱袋交还。富商非常感动，甚是欣赏摊主诚信的品德，主动提出愿意教摊主的儿子学做生意。摊主欣然万分，把儿子送到富商店铺学做生意。孩子聪明肯干，恪守优良的家风和诚信的品德，在富商的培养和帮助下，最后自立门户，在萧山有了自己的店铺、商号和土地，一度富甲一方。

韩家显赫后，在闻家堰建起了深宅大院，九进的庭院从外面看进去，一进套着一进，很有气势。韩家还雇佣了很多家丁、佣人、长工，维护着大院的运作。

然而到韩大匡曾祖父这一代，太平天国运动冲击到了闻家堰，韩家把不能带走的大量财物埋在了韩家大院的地下，全家人换上粗布衫衣，只带上一点随身细软，远走他乡逃难。太平军烧毁了韩家大宅，掠走了地下埋藏的财物。太平天国覆没以后，韩家人回到萧山，然而时光已逝，物是人非，祖先积蓄下来的基业或被抢占，或被焚毁，惨不忍睹。韩家从此家道中落，往昔之兴盛不再，徒留无尽之叹惋。

旧宅已毁，他们只能在迴澜桥外建了两进房子栖身。为了维持一家人的生计，韩大匡的祖父在萧山开办私塾，靠着教书育人来维持生计。到了风雨飘摇的晚清时期，韩大匡的父亲韩非木，在迴澜桥外的韩家旧宅中呱呱坠地。这一年，是1893年。

韩非木在萧山长大，受其父影响，他自小就被送进私塾学习，在四书五经、诗书礼乐的平平仄仄中度过了童年，打下了坚实的古文功底，也培养了他毕生对中国古典文学的爱好。韩非木的童年是快乐的，他常常和小伙伴棹舟湘湖，摘一筐莲子，捞几条小鱼，挖一段白藕。在他后来离开故乡定居上海的时候，还常常梦回湘湖，为此，他曾作《蝶恋花》描绘他怀旧的心境：

> 古径云封湫口渡，
> 落翠流霞，点染波光素。
> 湘浦横塘闲信步，
> 悄然独向图中去。
> 黄叶西风衰草路，
> 人在秋林，秋在心深处。
> 立尽斜阳无意绪，
> 行吟拾得寒山句。

在"日出江花红胜火，春来江水绿如蓝"[1]的江南山水中，萧山涌现了很多历史文化名人，有"少小离家老大回，乡音无改鬓毛衰"[2]名句的唐代诗人贺知章，也有"程门立雪"历史典故中的萧山县令杨时。许是萧山深厚的文脉滋养了韩非木，他自幼便展露出文

---

[1] 白居易（唐）:《忆江南》。
[2] 贺知章（唐）:《回乡偶书二首》。

学方面的才华，喜欢看书，酷爱赋诗。萧山老宅二层的阁楼上，存放了韩非木许多藏书。韩大匡的大哥韩大照回忆说："父亲来上海后，很多书还存在老家。有一次我回萧山老家，爬到父亲存书的阁楼里，看到满屋子都是书架，架子上摆满了他的书籍。很多都是线装书。"

游弋湘湖的童年是短暂的，结束了私塾的快乐时光，韩非木被父亲送到了萧山的一家商铺当学徒，他的身上寄托了父亲从商为政、重振家业的愿望，但这并非韩非木所长所愿，再加上学徒生涯异常苦闷辛劳，他决定离开萧山。

凭借厚重的文学底蕴，韩非木的第一站来到了湘湖小学，和他的父亲一样，开始了执教的营生。

湘湖毕竟离家太近，他想飞得更远，于是很快辗转来到杭州。在杭州，韩非木结识了纺织女工章薇青。二人从相识到相知，最终结婚并养育了三子二女。章薇青性情和顺、宽忍善良，婚后在家相夫教子，是一个传统的贤妻良母。她虽然裹小脚，但是接受过基本

韩大匡父亲韩非木　　　　　　　　韩大匡母亲章薇青

的新式教育，即使在家庭十分困难的情况下，也坚定地支持子女们学习文化。在她的精心养育下，五个孩子都接受了高等教育，并且都在不同的领域各有建树。章薇青陪伴丈夫从杭州到上海，最后以90岁高龄于1989年在上海去世。

1924年，经好友著名画家郑午昌①推荐，韩非木来到了上海，进入中华书局工作，编撰古文字、古代文学和古地理方面的书籍。那个年代，知识分子收入还比较可观，中华书局每月俸银六十有余，一家人的生活也算是宽裕无忧。

韩非木一如既往崇尚文化、热爱文学，闲暇时最大的爱好就是吟诗作赋，和两三好友往来唱和。对于新文化和新文学，他也有所涉猎，订阅了《语丝》《新青年》《小说月刊》等新文学读物，甚至也是鲁迅、巴金等作家的忠实读者。他教导儿女们识文断字，希望以文化的深厚底蕴滋养他们的成长成才，鼓励他们广泛地涉猎各类新旧文学。韩大匡曾回忆自己的父亲说："父亲曾经教我学习《孟子》，至今我还对其中的一些句子记忆犹新。他还指导我们多看书，我们兄妹几个都爱看书，从小就看了很多小说。"

长女韩素侯抗战时期随学校远迁福建建阳山中，韩非木写下书信《寄侯女闽中》，叮嘱她"最好读诗修学养，不应短志恋田庐。"字里行间流露出深深的父爱和对女儿殷切的期望。

因为少小离家独自谋生，韩非木很早就从萧山的大家族脱离出来了。也正因为如此，韩大匡自小在一个相对简单的小家庭环境中长大，在这个小家庭里，除了父母还有四个兄弟姐妹。

---

① 郑午昌（1894—1952），本名昶，字午昌，号弱龛，别号双柳外史、丝鬓散人。浙江省绍兴市人。擅绘画、书法、诗词，人称"三绝"，曾任上海中华书局美术部主任，上海美专、国立西湖艺专、新华艺专教授等职。以国画著称，最擅长山水，作品曾在美、英、法、俄、比、日等国展出，并曾获纽约世界艺术博览会金奖。曾参加筹备上海美协和上海国画院，中国美术家协会会员。著有《中国画家全史》《中国美术史》《石涛画语录释义》《画余百绝》等书。1929年与张大千、王个簃等发起组织蜜蜂画社，有社员150余人，编印《蜜蜂画报》。抗日战争时期，与梅兰芳、周信芳等20人组成甲午同庚千龄会，相约发扬民族气节，誓不为日伪效力。1950年参加全国第一次文代会，与人合作绘制巨幅《大西南进军图》《雪夜进军图》等作品。

1956年，韩大匡（中）与大姐韩素侯（右）、小妹韩素子（左）合影

  大姐韩素侯中学毕业于上海工部局第一女中①，大学毕业于暨南大学外文系。抗战时期，她随学校搬到福建建阳山区，抗战胜利回沪后，调入复旦大学任英文教师，再后来她任职于军委的外国语学校，教英文。韩大匡高中时，姐姐辅导他英文，教他通过阅读原版《金银岛》等英国名著，提高英语水平。

  大哥韩大照，在思想上对少年时期的韩大匡影响最大。在中学期间，韩大照积极要求进步，加入了中国共产党的外围组织——上海学联。上海解放前夕，他越过封锁线，进入苏北解放区，被党组织安排在华中大学学习接管上海的政策。上海解放后，以军事联络员身份接管上海第二纺织机械厂。后来，他一度调到山西榆次和河南郑州支内建厂，几年后又调回上海，几经辗转，赴苏联学习印染技术，最后调至上海当时最大的印染机械厂担任厂长，在这个岗位上一直干到离休。后随孩子在澳洲生活，2024年9月离世，享年100岁。

---

① 在太平洋战争爆发以前，上海主要的市区为英国和法国分割"租借"，最大的和最繁华的地段在"英租界"，它的最高行政机关"工部局"实际相当于当时的市政府，为了在华人中培养它所需要的人才，办了一批中学，比如华童公学、上海工部局女中等。

2006年韩大匡（右）与兄韩大照（中）、弟韩大宇（左）在恭王府留念

弟弟韩大宇，就读于上海晋元中学。中学毕业后被选拔留苏，进入莫斯科石油学院学习。毕业后回国在北京大学地质系、地球物理系任教，后转入国家地震局从事地震分析预报研究工作。多年后又回到石油系统，在中国石油天然气总公司外事局及国际合作局任副总工程师、教授级高工。

妹妹韩素子，和大姐韩素侯一样，毕业于上海市第一女子中学（原上海市工部局女中）。后来考入安徽合肥工业大学化学工程系高分子专业，学业完成后被分配到上海化工研究院，从事基础化工研究直到退休。

童年世界避战火

1932年11月26日，阴历壬申年十月，韩大匡出生在上海志仁邨四号。他的出生，给父母带来了莫大的喜悦。父亲为他取名大匡，在这个名字上寄托了深邃的寓意和殷切的期待："匡"字是"国"字去掉了右边（也就是东边）的一竖，象征他出生时东北国土沦丧，寄望孩儿勿忘国耻，更希望他长大后能"匡"扶社稷，对国家和社会有所贡献。

外面的世界正在发生沧海桑田般的变化，尚在襁褓中的婴儿韩大匡虽然还无法知晓这些变化，但是他的命运似乎注定要与国家相关联，外界翻天覆地的变迁必定会影响他一生的成长。

1937年7月，卢沟桥事变震惊中外，宛平城的第一枪揭开了中华民族全面抗战的序幕。随后，"八一三"事变爆发，日军大举进攻上海，淞沪会战拉开序幕。战火蔓延，生灵涂炭，黄浦江上炮火连天，江水被映照得一片火红，如血似泣。

1937年"八一三"事变爆发后，日本军国主义者的铁蹄无情地肆虐着上海，唯有由英法掌管的上海公共租界暂时安全，被人们称为"孤岛"。20世纪30年代的中华书局挂了美商的牌子，设立在公共租界。在中华书局工作的韩非木就带着一家人租住在这里。

1937年，上海留影

这时，韩大匡还不到5岁。在战事日益逼近之时，韩非木将妻子和五个孩子送到了萧山老家去避难。后来，随着日军的进逼，他们又转移到了郊外的湖塘落脚。

相比上海大都会的繁华，萧山拥有一种江南小镇的恬静。这里田野开阔，湘湖碧波万顷，古朴的小镇里，城河透迤蜿蜒穿城而过，韩家老宅子黑瓦粉墙，屋前屋后花木扶疏、林影葱茏。就像韩非木在《消夏词》里写的：

> 横塘十里水为家，
> 一路清风两岸蛙。
> 自棹小舟归去也，
> 夜凉荡醒碧荷花。

第一章 沪上书香育才俊

母亲章薇青带着孩子们住回了韩家迥澜桥外的旧宅。那套两进的房子，外面一进由韩大匡堂伯父一家居住，里面一进由韩大匡他们暂时居住。关于老宅，韩大照还记得："家的附近有很多农田，离家不远就有一片坟地，地里有很多牌坊，多为烈女、节妇、孝子、县官所立。"

城市出生的韩大匡第一次来到了乡下，万事都感到新奇。他每天都跟在哥哥姐姐的身后，在田野里嬉戏，在田垄上留下他们一行行歪歪扭扭的小脚印。

城河在家门口淙淙流淌而过，河水清澈见底，河里的鱼虾在水草之间游来游去。河岸上铺着层层的台阶，任由孩子们跑上跑下。河里边的各种小生物，比如鱼虾、螺蛳，都成为韩大匡认识大自然的好朋友，或者成为他游戏大自然的小猎物。有时候，他就学着哥哥的样子，挽起裤脚，赤脚踩到河边的台阶上，用他的小鱼网捞鱼、捞虾，或者用他的小手摸螺蛳。

除了在大自然间嬉戏游乐，韩大匡还常常爬到旧宅的阁楼里去"探宝"。那里，父亲的旧书堆积如山、蛛网丝结，厚厚的灰尘如盖子一样，笼罩四处。虽然那些书籍他看不懂，但是画报里生动的照片、图画，都是他的所爱。于是，他就着天窗射下来的一丝光线，左翻翻，右看看，自得其乐。每次从阁楼爬下来，弄得一脸黑灰，又少不了挨母亲一顿嗔责。

正是在故乡阁楼的藏书里，文化的熏陶如春雨无声润物，让幼小的韩大匡萌生了对书籍的热爱，对知识的渴望。一本小人书、一张小板凳，他就能在任何一个角落安安静静地看上半天。

在萧山，韩大匡度过了难得的快乐时光，虽说是逃难，但是避难生活没有给他留下颠沛流离的回忆。相反，萧山的怀抱隔绝了外面狼烟四起、战火连绵的世界。

这样宁静的田园生活持续了半年，战事稍有平息之后，韩非木便将妻儿们接回了上海，他非常重视教育，担心孩子们的教育被过久地中断。

韩非木一直非常疼爱韩大匡，认为这个孩子脑子快、天分高，因此在韩大匡的启蒙教育上还颇费了一些心思。当韩大匡还需要大人抱在怀中的时候，就已经能识得几十个汉字，韩非木非常高兴，常常以此向亲友们炫耀。待他稍长大些，韩非木开始教他吟诗。虽然并不能完全理解诗歌的内涵，但韩大匡喜欢听父亲吟诵时抑扬顿挫的韵律。之后，韩非木开始给他讲授《孟子》，希望通过古典名著的学习，为他打下良好的古文基础。

后来成为科学家的韩大匡，文字功底深厚，他撰写的科研报告逻辑严谨，既言简意赅，又通俗易懂，还不失文采，这得益于父亲对他从小的培养。成年后的韩大匡深知父亲的良苦用心，他感激地说道："我的父亲是我人生路上第一位启蒙导师。"

从萧山回来，5岁多的韩大匡，背上母亲缝制的小书包，由父亲领着走进了家附近的国华小学，开始了他的学生生涯。他在班里是年龄最小的。开学第一天，韩非木目送儿子瘦小的身影走进教室，心里还在为过早地将他送进学校而有些不舍。他怎么也没有想到，这个年龄最小的孩子，进入学校以后，从小

1937年，上海留影

学到大学，成绩一直名列前茅；他更没有想到，这个身体羸弱的少年，在日后走上了石油报国的人生道路，最终在石油科技领域屡创佳绩，成为中国工程院院士，以丰硕的科研成果报效祖国。

苦难岁月多磨砺

1937年"八一三"事变后，爱国将领、524团中校团副谢晋元率第一营的400余官兵，奉命死守上海苏州河北岸的四行仓库，浴血奋战四天四夜，掩护抗日军队主力西撤。尽管"汪伪政权"频频利诱谢晋元，但他不为所动，最终被叛兵刺杀身亡。1941年，一代抗日英雄，就这样悲愤以殁，时年仅37岁。谢晋元的英雄形象在韩大匡的心里扎下了根，谢晋元这个名字，仿佛具有一种强大的气场，吸引着他，陪伴着他，激励着他。他深深地为谢晋元的民族情操和爱国精神所感染，决心向心中的英雄学习，努力学好知识，做一个顶天立地的中国人。

1941年12月，日军偷袭珍珠港，美英法对日本宣战，太平洋战争爆发。上海的公共租界亦宣告沦陷，日军进入租界，掌握了统治权。挂着美商招牌的中华书局也不例外地被日本人接管了，随后停业裁员，韩非木失业了。

韩非木一失业，这个家庭一下变得捉襟见肘。本来殷实的家庭，现在饱受亡国之耻、战乱之苦，生活变得入不敷出。为了养活家人，韩非木四处寻找工作，好不容易才在一家名为伟业银行的小银行找到了一份文书的差事，兼做家庭教师。有时候，韩非木也从中华书局接点零活回来，懂事的韩大匡就会主动干些力所能及的工作，为父母分忧，比如帮助父亲校对文稿。

然而，即使非常勤奋地工作，韩非木每月工作赚到的银圆仅能折合一袋大米，却要养活一家七、八口人，生活变得非常艰难，用韩非木的话说，即"半生辛苦堪骄处，不使囊中剩一钱"。

1942年，韩非木在《五十述感》中写道："战乱苦未已，归耕未可期。屈身谋升斗，忍辱甘受欺。"1945年，他对此诗续注，写道："此壬午年（1942年）四月所作。不料时隔二年，斗米百金者已达石米万金矣。乙酉（1945年）十月，石米价至二百万金。视前次所记，殆已达二百万倍矣。"

这是韩非木一家最艰难的时期，吃顿像样的饱饭都是奢望。稍年长的大哥也要利用业余时间在纺织专家张方佐①的家里做家教来贴补家用。

这段艰难时期，正好是韩大匡9岁到13岁的成长时期，是一个孩子发育最需要营养的时期。可现实的生活非常残酷，韩家常吃糠麸果腹，根本无力顾及营养。看着韩大匡坐在门口吃着黑黑的像鞋底一样的糠麸，邻居的姆妈不忍地说："这么小的孩子，怎么能吃这个呢？"但在那个年代，没有在战火中失去父母，没有在街边成为饿殍，已经是幸运了。因此，本就瘦弱的少年韩大匡因为缺少食物和营养，常常感冒发烧，甚至还传染上了肺结核。生病以后不能出门，韩大匡就常常流连在父亲的书架前，阅览各种小说。小说里英雄人物的民族大义、英雄气概、气节情操深深地影响了他，他也把古典小说里的绿林好汉、忠臣义士，幻化成拯救现实世界的英雄人物。

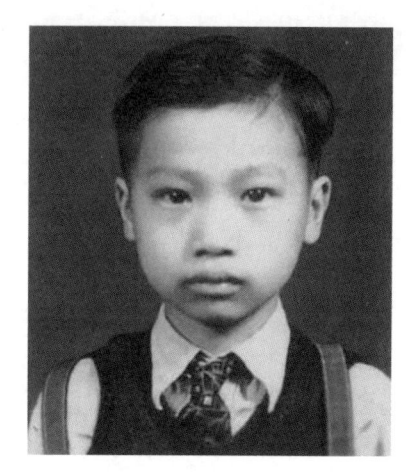

11岁上海力行小学毕业照

① 张方佐（1901—1980），浙江省宁波市人。纺织技术专家，教育家。1925年毕业于日本东京高等工业学校纺织科。回国后曾任上海新裕二厂厂长、华东纺织工学院、纺织工业部纺织科学研究院院长等职务。

这段艰苦的日子给韩大匡留下了不可磨灭的印象，由此造成的体质孱弱，也为他成年后多病的一生埋下伏笔。

1943年夏，韩大匡从力行小学毕业，凭借着优异的成绩，从这所普通的里弄小学考入了当时的上海名校——华童公学。他没有辜负父亲的期望，也没有辜负自己的努力。

励志少年出晋元

说到晋元中学，不得不说到华童公学，说到华童公学，我们又不得不说到租界的历史。华童公学1904年建校，1999年更名为晋元高级中学并沿用至今[1]。

1843年上海开埠以后，英国、美国和法国陆续在上海设立了租界地，英美等国的"公共租界"和法国的"法租界"。1854年，公共租界成立了管理机构工部局，拥有独立的行政权、司法权、立法权、警务权、军事权。

工部局在上海租界办了四所华人男中，最早创办的是华童公学，后来又相继创办了育才中学、格致中学和聂中丞华童公学。历史上，晋元中学师资雄厚、名家辈出，胡适、李怀霜、余槐青、郑逸梅等曾在校任教，丁关根、张承宗、唐弢、方纫秋、余秋雨等曾在校就读。毕业生中，有中国放射学奠基人和先驱之一的荣独山，另有蒋锡夔、翁史烈、何友声、韩大匡、项海帆被评为两院院士。

和上海的其他名校相比，晋元中学最大的特色就是英语教学突出，课堂上经常进行听写练习和测验，很多学生都可以进行流利的

---

[1] 华童公学曾易名为上海市立模范中学，抗战胜利后为了纪念抗日民族英雄谢晋元将军，学校更名为市立晋元中学，之后曾改名陕北中学，1999年更名为晋元高级中学并沿用至今。

英语对话。学校创办初期，完全按照西方的教育理念办校，校长和学校主要领导都是英国人。除了中国语言文学、中国历史地理采用中文课本外，数学、物理、化学等课程均从英国引进英文原版教材。

由于是英国人办学，对英语课的要求十分严格。学生们不仅要学习英语语法、口语、写作，还要学习英语的书法课。26个英文字母被要求在线格上书写成规规矩矩的正楷，而且英文字母是否书写得规范美观，还是考核学生英文水平的一个重要标准。

学校里英国籍教师很多，中国籍老师也都接受过严格的英语培训，口语发音非常标准。这些中国教师普遍具有很高的水平，其中很多人还具有英国留学背景。

回顾韩大匡的求学历程，从小学五年级开始学习ABC，到了中学，沉浸在学校浓厚的英语学习交流氛围，打下了扎实的英文功底。成年后他搞学术、搞研究，需要查阅大量的外文资料，甚至需要直接和外国专家口语交流，所有这些可以做到游刃有余，都得益于在晋元中学打下的基础。

在学校里，少年韩大匡是一个"考不怕、不怕考"的好学生，虽然在班上年龄最小，但成绩始终名列前茅。学习成绩优异，不仅是因为勤于学习，更是由于他善于学习和超前学习。

在家里，哥哥姐姐上学用过的课本，是少年韩大匡最喜欢的"礼物"。寒暑假里，他津津有味地"啃"着这些还没学过的老课本，遇到不懂的问题，就跑去请教年长几岁的哥哥或者高年级同学。就这样，小学，哥哥教他代数；初中，自学了高中的大代数；高中的时候，他把大学的物理、化学都"啃"过了。学习这些和他学龄不相称的课程，不仅锻炼了他的自学能力，也使得他总是走在同龄人前边。在他看来，这种超前学习非常轻松，充满了乐趣和成就感。

韩大匡在知识的海洋中尽情遨游，而此时的韩家却逐步陷入了困境。父亲失业，经济拮据，有时甚至食不果腹，孩子们的学费渐渐成为沉重的负担。

一天，韩大匡的父亲在《申报》上看到一则关于清寒学生助学金的消息。这个助学金旨在帮助那些家境贫寒，但怀揣求学梦想、成绩优秀的孩子们。这让正在为学费发愁的韩非木眼前一亮，毫不犹豫地替韩大匡报了名。经过认真准备，韩大匡以优异成绩顺利拿到了清寒学生助学金。靠自己的努力挣到学费，让韩大匡充满自信。之后，韩大匡年年参加上海的两大报《申报》及《新闻报》组织的这类助学考试，而且年年榜上有名。

除了学业出色，韩大匡还心怀祖国，有着强烈的家国情怀和爱国之心。

中学的壁报一直由高三年级的同学负责编辑。出于对国民党腐朽统治的不满，韩大匡和同学陆克云、朱志祥趁担任学校壁报编辑之机，商量好办一期进步壁报，抗议当时国民党当局制造"四一惨案"的残暴行径。当时学校的名义校长是一位国民党党棍，得知消息后大为恼怒，时训主任对韩大匡三人进行了严厉的训斥。但他们深信自己做了一件伸张正义、反对暴行的大事，内心无比痛快。

晋元中学活跃着一个学生进步团体——"力行同学互助团"，他们传播革命思想，发起组织各种进步活动，从阅读进步书籍特别是来自解放区的书籍和报纸，到举办义卖活动，筹集善款支援灾区；从学唱进步歌曲，到表演生动的活报剧，他们用青春和热血实践着对理想的追求和对新世界的渴望。

"力行"从字面上看，取自"身体力行"，号召凡事应到现实中努力实践，避免纸上谈兵，正如《礼记》所言："力行近乎仁。"晋元中学"力行同学互助团"的负责人是徐思祖、黄克欧，这两位比韩大匡高两级，是韩大匡的中学好友廖家泰的同班同学。在他们的影响下，韩大匡也加入了"力行同学互助团"，拥有了一张互助团的社员证。

韩大匡在互助团找到了属于自己的舞台。他学习成绩优异，便热心地辅导其他社员功课，共同追求知识的真谛。互助团号召社员学好文化知识，更提倡同学们走出校园，投身于社会实践之中。

韩大匡还清晰地记得，他曾参加"力行同学互助团"组织的救国义卖活动，年轻的他们背着沉甸甸的货箱，顶着炎炎烈日，穿梭在大街小巷，将一颗颗汗水和爱心汇成涓涓细流，为国家和人民尽一份绵薄之力。

有志不在年高，在那国破山河碎的岁月里，互助团的同学小小年纪就懂得了要报效祖国。在晋元中学接受了进步思想的熏陶和启迪，韩大匡也清醒地认识到国家兴亡、匹夫有责，只有国家强大了，人民才不会被欺凌。从那时起，一颗报国的种子便在韩大匡的心中悄然地生根、发芽，只待日后长成参天大树，如他心目中的英雄一般，做国家的栋梁。

黑暗世界寻光明

1945年8月，日本政府宣布无条件投降。

送走了日本"瘟神"，百姓们却没有等到他们想要的新生活，他们所经历的是国民党政府发动内战、财政赤字扶摇直上、物价疯狂上涨的社会乱象。

社会腐朽没落的现实令韩大匡感到压抑，他开始对国家的命运悲观失望，对个人的前途也感到困惑迷惘。他在自传里说："自己不屑于做那些乌七八糟的事，而整个社会是那么黑暗，恶势力是那么庞大而根深蒂固，因此对前途迷茫，很怕进入这样一个黑暗的社会。"[1]

不得不在这样的黑暗中寻找出路、寻找心中的那一点点光亮，韩大匡在书中埋首伏案，叶圣陶主编的杂志《中学生》，巴金的小说《新生》《灭亡》，老舍的《猫城记》，甚至无政府主义者巴枯宁、

---

[1]《韩大匡自传》，存于中国石油勘探开发研究院人事处。

克鲁泡特金……所有这些引起了他强烈的思想共鸣。那些书中的主人公有理想、有抱负、有反抗精神，但依然无法摆脱小知识分子的局限，无法摆脱失败的命运，一个个抗争的悲剧压得人透不过气来。看不到希望，找不到出路，韩大匡将兴趣从文学转向了数学，解算难题成了他逃避现实的避风港。

迷惘中的韩大匡，虽然对共产主义事业还不甚了解，但是他渐渐靠近了进步组织。除了"力行同学互助团"的引导，他的大哥韩大照对他有着非常重要的影响。

韩大照在中学期间，加入了共产党的外围组织——上海学联。在上海学联，韩大照和学员们经常学习马克思、恩格斯著作，学习共产主义理论，一起交流学习心得。共产主义信念的日渐坚定，使他对解放区无限憧憬。

在韩大照眼里，韩大匡非常聪明，念书似乎不费力气，考试就能考得很好。韩大照回忆说："大匡很聪明，发展全面，功课都很好，不光数理化，包括文学艺术，他都学得很好。"

韩大照非常理解弟弟对国民党当局的憎恶，以及对前途的困惑迷茫，他一有时间就给弟弟讲他的思想变化，讲革命理想。他也常常给弟弟带回一些进步书籍，其中对韩大匡影响最大的就是《西行漫记》。韩大匡从这些进步书籍中学到了许多革命道理，不懂的就问大哥，大哥总会给他一些新的启示。

所有这些，都引起韩大匡极其浓厚的兴趣，从《西行漫记》的文字中，从大哥的讲述里，中国共产党、解放区……这些似乎遥远的概念，一个个的鲜活起来，在他苦闷彷徨的心中吹进一缕春天的气息。

临近上海解放之际，组织上通知韩大照，让他尽快随上海学联转移到苏北解放区去。韩大照悄悄收拾行装，急匆匆踏上了奔向苏北解放区的征程，只在临走时给父母留下了一封信件以免家人担心。

当时苏北解放区为了迎接上海解放，在陈毅同志的直接领导下，在苏北盐城创办了华中大学，培训和储备接管上海的干部队伍。

韩大照一到解放区，就被送往华中大学学习。1949年4月，解放军胜利渡江，相继解放了南京、杭州，迅速完成了对上海的合围。韩大照所在的后续部队到达了常州市丹阳县（今丹阳市）驻守待命，并继续学习接管上海的政策。

在上海解放前夕，身处蒋管区的韩大匡常常听见上海远郊传来的隆隆炮声，感觉到战况相当激烈。上海解放的头天夜里，韩大匡在睡梦中突然听见马路上传来"啪啪啪"的枪声，还夹杂着一阵阵碎步快跑声。韩大匡跑到窗边，小心地撩开窗帘的一角，偷偷向外张望，只见远方的夜空上火花碰撞，还不时传来机枪的射击声和手榴弹的爆炸声。

韩大匡开始有些紧张，突然又感到一丝兴奋：会不会是解放军打进上海了，会不会很快就要见到大哥了？

果然，第二天早上从家里出来，韩大匡就看见满街的解放军和衣躺在路边休息，一片安静。战士们的脸上显露出激战后的疲惫，有的还带着炮火硝烟留下的黑灰。在解放上海的过程中，这支队伍纪律严明，严格执行了三大纪律、八项注意，赢得了上海人民的赞誉。一位民主人士感慨地说：国民党再也回不来了。

5月27日，上海宣告解放。同日，上海市军事管制委员会和上海市人民政府成立，陈毅出任上海市市长。韩大照随军从丹阳出发，在上海解放的第二天，坐着敞篷卡车，进入了大上海。

那一天，对韩大匡来说，上海的天空，似乎晴朗到极点，经年累月郁积的阴霾，在鼓声、锣声、欢笑声的驱赶下，一扫而空。他跑到欢欣涌动的人潮当中，热切寻找着大哥的身影。韩大匡目睹了解放军的进城仪式，鱼贯而行的机械化部队，军用卡车拖着大炮，威武雄壮。细心的他还注意到，解放军的干部穿着十分简朴，一身黄色棉军装，外形上看，官和兵的着装相似，没有区别，都非常朴素。

上海一下子变了天，一切变得充满生机、欣欣向荣。韩大匡的眼前，阳光明媚，压抑了多年的心怀，在这个鲜花盛开的五月，得到了彻底的释放。

随军进入上海后，韩大照未进家门，就立刻奔赴接管单位——第二纺织机械厂。在当时，第二纺织机械厂一千多职工，是上海最主要的工业部门之一。上海纺织局由刘少文以军事总代表的身份接管，对旗下的棉纺、印染、纺机等各部门另设立军事联络员，负责工厂的接管事宜。韩大照正是作为军事联络员入驻纺织机械厂，直接领导是军代表孙友余（后任第一机械工业部副部长）。

上海的解放，大哥的归来，引起了韩大匡思想的剧变。他的好友廖家泰说"临近解放时，因受他去解放区的大哥的影响，思想开始进步，有时我对苏联的怀疑他还帮助解释。"[①] 在1949年11月，上海解放半年后，共青团在中学建立团组织，韩大匡入了团，成为第一批学生团员，并被选为团支部委员。

同样是在这一年，韩大匡中学毕业，结束了六年的中学生活，从一名青春少年成长为一位怀揣报国梦想的"新青年"。

毕业前的那个暑假，他参加了一个夏令营，幸运地遇到了著名指挥家司徒汉教授。司徒汉先生给他们做讲座、教音乐，和他们这些年轻学生一起交流对新社会的看法。他们对上海新时代的到来欢欣鼓舞，韩大匡感到，属于他们的时代到来了。

那一年，遥远的北平比上海更早地迎来了和平解放。一直以来，作为中国的文化之都，北平人文气氛浓郁，高等院校林立，这让在上海长大的韩大匡十分向往。特别是那里的清华大学，大师云集，学术成就斐然，被誉为"民主清华"，这些都深深地吸引着他。只是他的父亲韩非木希望他留在上海，并不是因为"父母在，不远游"，而是因为上海已经是一座国际都市，他们担心遥远的北平北地寒冷，孩子去那里会受苦。甚至后来，在韩大匡接到清华大学的录取通知书以后，韩非木还希望他复读半年，报考秋季入学的上海交大。

这一次，韩大匡做了一个"叛逆者"。他厌倦了那种熟悉的"上海习气"，厌倦了空气里都弥漫着商业气息的"上海味道"，他向往

[①]《关于韩大匡同志》，廖家泰编写，存于中国石油勘探开发研究院人事处。

的是干净、朴素、向上的风气，他觉得，在北平，在"民主清华"，有的就是这样的风气。

那一年，由于他们是春季班，一般高校寒假期间不招生。因此，来上海招生的只有清华大学、北洋大学，还有一个提供大专教育的南京矿专。同届毕业生里，有同学报考上海圣约翰大学念医科，也有报考重工业部干部学校，韩大匡没有，虽然他的文科成绩和理科成绩一样优异，但是他一心就想进入"民主清华"这个新天地。

最后，韩大匡还是报考了清华大学，在当年清华大学采矿工程系（简称采矿系）60名入学新生里，韩大匡以排名第三的成绩，稳稳当当地实现了他的清华梦。据韩大匡后来了解，之所以总分排名第三，除了理科成绩较好以外，还因为语文考分很高。他感慨道："这要感谢我的父亲，引导我们欣赏文学、喜爱文学，虽然我选择了理工学科，但是父亲的教导为我们打下了综合素质的好底子。"

这一年，整个国家都在发生着翻天覆地的变化，党和政府开始了建设新中国的探索，全国各行业、各领域都在进行调整。为了发展能源，成立了燃料工业部。清华大学应燃料工业部要求，新设立了采矿系，寒假期间在北京、上海、南京等地招生。从未接触过采矿专业，对采矿一无所知的韩大匡，就这样在他的"清华梦"引领下，"误打误撞"地走进了这个从未想过的行业。

这一年，韩大匡只有17岁，成了佼佼清华学子中的一员。

第二章

水木清华
石油缘

清华大学始圆梦

1950年2月的一天，韩大匡告别上海的父母，独自一人坐火车来到向往已久的北京，成了清华大学采矿系的一名新生。这一年北京的春天来得有些晚，冬天里的最后一场雪，以将暮未暮的姿态薄薄地点染在长安街的玉兰灯上。韩大匡迎着料峭的西北风，手里提着一大捆行李，从前门火车站出站口走出。他紧缩着脖子，在站前广场人流中疾步而行，并透过人群向前张望，当他发现前方清华大学新生报到处的大牌子时，心里顿时感到一阵温暖。此时，新生报到处的桌子旁已经围拢了许多新同学，几名高年级的师兄、师姐正忙着招呼新生，帮他们填表登记。

新生报到之后的第一件事是先被带到北京骑河楼的一家医院体检。在那里，初到北京的韩大匡遇到了他的江浙老乡董仕枢，他们一起参加了入学体检。入学体检的重点是筛查肺结核患者，以防在校园传染这种当年死亡率较高的疾病。因为在贫穷的旧中国，学生们普遍营养不良，加上多年的寒窗苦读，过度劳累，造成身体透支、抵抗力差，使很多学生患上当年较为流行的肺结核疾病。好在他们两个身体没有问题，都通过了体检。

从医院出来以后，新生们依次登上清华的校车。韩大匡坐在校车上，好奇地观看着北京的街景。20世纪50年代初的北京，以亘古的城墙、众多的牌楼、坛庙和王府等古老的建筑，昭示着它六朝古都的地位。同时，十里长安街、天安门城楼、中南海等又展示了新首都的雄伟庄严。但是，韩大匡发现，马路上行人寥寥，基本没有汽车的影子，人们都骑着自行车，偶尔也有一些人力车，还有一种有轨电车,像一截独立的火车车厢,车顶上扎着红旗,甩着两条辫子,"铛铛"地沿着轨道开过。高楼很少,放眼望去都是胡同和大杂院。汽车开出西直门以后,基本不见房屋,土路的两侧,都是一片片的农田,整个城市显得非常朴素。

上海长大的韩大匡,强烈地感受到北京和上海的迥异。20世纪50年代初的上海,已经有了一百年的开埠史,摩天大楼、新潮汽车、电梯公寓随处可见,还有许多别致的江南园林花园。然而,相比上海的穷极奢华,韩大匡更喜欢北京朴素、清新的气象。

校车开到了清华园,这所美丽的校园中西文化荟萃一堂,处处可见参天的大树和如茵的草坪,红色或灰色的砖楼掩映在高大的树冠后边,树枝缝隙之间显示出中西建筑特有的斜顶、圆柱等特色。韩大匡觉得这里大极了、美极了,他带着满心的兴奋,踏进镌刻着"清华园"三字的二校门,迎面见到庄重的红褐色大礼堂,再往里走,后侧是图书馆,两侧是清华学堂、同方部、室内体育馆,清华的钟灵毓秀和文化底蕴强烈地震撼了这位初来乍到的青年学子。

学生宿舍在清华的北侧,男生在明斋、新斋和善斋,女生住在静斋,韩大匡的班级被分配住在善斋。善斋是一栋灰砖砌成的二层楼房,方正简朴。这些宿舍的名字取自《大学》"大学之道,在明明德,在亲民,在止于至善。知止而后有定,定而后能静",颇有深意。

北平解放前夕的清华校园,政治运动风起云涌。1949年2月的《人民日报》刊出"清华已成为人民的大学,两千大学师生热烈欢迎接管"的报道。以前,韩大匡见惯了国民党的爪牙在校园里横行霸道,现在解放了,在清华大学,中国共产党的组织和党员都已经公开,韩大匡所见到的共产党员个个党性强,学习优,善于向群众宣传党的主张,而且身体力行,事事起模范带头作用,受到大学师生的好评,这和国民党时期形成鲜明对照。韩大匡特别振奋,新清华的气象让他感到仿佛一切都如旭日东升,欣欣向荣。

韩大匡所就读的采矿系是从零创办，挂靠清华工学院，由工学院院长施嘉炀主持，土木系张泽照、地学系袁复礼、化学系张子高等共同筹办。由筹办组提名，校党委任命，曾留美学习采矿的地质系教授孟宪民担任第一任系主任。

1950年初的冬春之交，清华大学采矿系迎来了它的第一批学生。采矿系的学生很多是往届生，有的已经上过大学，有的已经参加过工作，有丰富的社会经验，年龄偏大，像韩大匡这样刚刚中学毕业就进入清华的应届生占少数。采矿系刚刚建系，师资缺乏，不像一些老牌院系那样具备强大的吸引力，加上预期的工作环境艰苦，有不少学生想要转系。采矿专业相对其他炙手可热的机械、电机等专业，确实是个"冷门"专业。同时，这个班上也没有共产党员，新成立团支部时，还得从土木系派来两位党员，分别担任团支部的正副书记。

新来的团支部正副书记和其他系的地下党同学，为韩大匡带来了系统的共产党理论知识，这些党员很有组织能力和活动能力，他们组织宣讲团，到中学和社会团体去宣传北平解放后的新社会形势，参加解放军南下工作团，接受革命工作的锻炼。韩大匡感到眼前的世界变大了很多，以前在中学只是一个小天地，一下子进入清华给他提供的大舞台，反而感到有些不适应。不到18周岁的他，和这些地下党员相比，感到了差距很大，甚至还产生过一些自卑心理。他常常想的是："我能像他们一样吗？"于是他暗下决心要好好学习，要向这些身边的优秀党员学习，通过积极地参加各种活动，认真地锻炼自己，提高自己。

董仕枢说："韩大匡和我都是比较关心政治的，不像有些同学，大课讲得再好，也仍然不关心。同时，韩大匡不左，不激进，他很稳重。"

所谓大课，就是思想政治课，常常在清华大礼堂开讲。1949年，清华开设辩证唯物论、历史哲学和马克思主义等一系列新课，社会学者费孝通说"我们的大课开始了"。

清华大礼堂红墙斜顶，很有底蕴，矗立在一片绿茵茵的草地之后。清华大礼堂能容纳千人在此上大课，这在当时是相当有规模的礼堂了。每次上大课时，都是按系和专业分区就座，开讲前常常互动，气氛活跃、热烈，充满年轻人的朝气。

在清华讲大课的老师，不乏当时重要的领导，或是著名的专家、学者等重量级人物。比如乔冠华讲世界形势；陆定一、钱俊瑞讲世界共产主义运动；胡乔木、胡绳讲中国共产党党史；薛暮桥讲政治经济学；甚至时任中央人民政府副主席的刘少奇还亲自到清华讲共产党员修养。有的时候，大课下课后，从大礼堂出来，同学们还围着这些老师请教。在清华大礼堂前的草坪上，教育部副部长钱俊瑞和文化部副部长周扬就在这里和同学们交流过。教学者侃侃而谈，求学者或提问请教，或认真记录，可谓是清华一景。

系统的理论知识，为韩大匡打开了一个新的世界。他感到，以前生活在旧上海十里洋场，看着很大，实际社会接触面很小。他认真地学习着、总结着、思考着。在集体讨论时，他的发言总是经过了缜密思考，不偏激、不冒进，满怀着对共产主义事业的憧憬。

在同级的采矿系班上，学生主要来自上海、北京和武汉。上海来的同学语言、习俗接近，常常凑到一块，但是"韩大匡为人公正，平易近人，对于其他省市的同学也不见外，同样对待，所以他在班上群众关系很好"，董仕枢这样评价。由于表现优异，韩大匡在新生里很快凸显出来。因为同届和下一届都只有一个班，而且其中都没有共产党员，所以当时他们两届学生被编为一个团支部，每一届成立一个团小组，韩大匡被选为他们那一届的团小组组长。

1951年底，经过一年的闭门整党，清华大学开始发展党员。由于当时的党员少，采矿系、土木工程系和建筑工程系的党员合在一起，成立了一个党支部。韩大匡向党支部递交了入党申请，在清华大学组织部陈召安和团支书徐作华的介绍下，韩大匡于1952年6月15日通过了组织的考察，并于当年12月30日被批准正式入党。成为新中国成立以后清华大学第一批入党的学生,在采矿系,他是第一个加入共产党的学生。

1950年10月,抗美援朝战争打响。清华园里的高音喇叭,常常播响《共青团员之歌》:"再见吧妈妈,别难过,莫悲伤,祝福我们一路平安吧……"那时候,《人民日报》每天的头版头条都是关于抗美援朝战争,他和同学们想的都是:唇亡齿寒,户破堂危,美帝国主义的战火都烧到了鸭绿江边上,我们岂能坐在课堂里翻书。校园里出现了报名参加中国人民志愿军的热潮。尽管很多同学申请投笔从戎,保家卫国,但是大多数得到的答复都是:学好科学技术,为中国的强大做贡献。据清华校史馆记载,1951级学生中仅有六名被批准参加人民海军学校。

韩大匡虽然也积极报了名,但采矿专业是国家急需的专业,他和系里别的同学一样,都没有被"放行"。不能亲赴战场,他们就在后方进行宣传、制造声势。他们在校园里,拉起条幅,进行抗美援朝的宣传,办壁报,揭露美帝侵华的罪行,肃清崇美、亲美、恐美的思想。

1950年那个冬天,清华园火车站那个小站前,挤满将要进城游行的同学,韩大匡也身在其中。虽然是严冬,天寒地冻,但是内心激情澎湃的韩大匡,却丝毫感觉不到寒冷。"抗美援朝、保家卫国"的大标语,那么鲜红,给这座承载着历史的小站带来几抹亮色。

采矿系的同学在抗美援朝开始时,就曾积极到门头沟煤矿,韩大匡和同学们一起给工人们宣传抗美援朝的伟大意义,以实际行动参加了抗美援朝活动。后来在全国掀起的"反美扶日"运动中,他们又一次来到了门头沟煤矿,宣传反美扶日的意义。在煤矿宣传的活动中,他们也进一步了解到煤矿工人的生产和生活。

门头沟煤矿位于北京西郊,1896年开始创建,1949年后收归国有,成立了京西矿务局。与抚顺和阜新煤矿等大煤矿比较起来,门头沟煤矿规模较小,没有大的竖井和升降梯,保留了一些私营的小煤窑。京西矿务局是门头沟煤矿中条件较好的国营部分，开采比较正规化，但还没有任何机械装备，作业条件非常艰苦，全靠人工挖掘开采。

韩大匡第一次来到门头沟煤矿，看到私营小煤矿里的工人辛苦劳动，震动很大。上工的时候，他们背上一个竹制的背篓，手持铁镐，顺着狭窄低矮得直不起腰来的巷道爬到地底下的煤层里，挖到了煤块就扔到背上的背篓里。背篓装满以后，他们仍然沿着狭窄的巷道，手脚并用，从几十米深的井下爬上来。地下矿井潮湿闷热，工人在地下累得满头大汗，因此只穿一条裤子劳作，等到爬上来的时候，周身的皮肤都沾染成黑色，原来裤子穿的是什么颜色，也分辨不出来了，就连吐出来的痰都是黑色，唯一可见的是人的两个眼珠还是白色。

韩大匡和他的同学们利用在门头沟煤矿的一段时间，深入地了解了整个煤矿的生产运作，看到工人胼手胝足的工作场景，他感到心酸。同时，煤矿工人不畏艰险从大自然攫取资源的精神，他也感到钦佩。他想，采矿系就是要制造出先进的开采设备，将工人们从这种原始简陋的环境中解放出来，提高开采效率。

除了现场学习，他们还会组织宣传活动，宣传活动主要是通过文艺形式进行表达。他们精心编排了不少文艺节目，就地搭台，面向最基层的煤矿工人举办了多场演出，有时演出还深入班组和宿舍。有的同学表演自编自演的活报剧，有的同学演双簧，有的唱歌，还有的打快板，形式多样，为工人们所喜闻乐见。韩大匡跑前跑后，做一些幕后的组织工作。煤矿工人与外界接触少，消息闭塞，生活贫乏，平时根本没有什么文娱活动。同学们的鼓动宣传很快就吸引了这些工人，无形中也鼓舞了工人们的干劲，同时工人们也明白了抗美援朝和反美扶日的道理，他们对这些清华学子的下矿和演出十分欢迎。

除了门头沟煤矿，清华的老师还带着同学们利用暑假的时间，赶到抚顺和阜新煤矿进行认识性学习。因为他们虽然学的是采矿专业，早期主要是面向煤炭行业，但他们对采煤一无所知，所以在第一个学期就被特地安排到当时国内最大、最先进的抚顺和阜新两个大煤矿，了解如何在地下把煤炭采出来。

暑假下煤矿实习（左4韩大匡）

抚顺和阜新两大煤矿当时在国内是比较现代化的国有煤矿，它们有气势雄伟的露天大煤矿，也有直径很大高高耸起的竖井。这种露天煤矿专门用于开采浅层甚至出露在地面的厚煤层，是一种比较经济安全的方法。学生们参观到的阜新煤矿，看上去就是一个巨大的露天大煤矿，硕大的挖掘机在下边，就像是一只只忙碌的蚂蚁，进行着繁忙而有序的挖掘工作，然后依靠轻便轨道，用机车拖着一长串矿车，将挖出来的煤炭运走。

在竖井里，学生们被允许登上到高高的顶层，参观当时国内最大的卷扬机。上到顶层，韩大匡就见到老师傅正在全神贯注地操纵着一台他从来没有见过的大电动机，带动着一个接近两人高的巨轮，有似一座巨大的电梯，这个轮子带动粗粗的钢丝绳，拖动载着工人下井的"罐笼"，学生们上顶层时就是乘着这种庞大的"罐笼"上去的。

在深入煤矿学习的过程中，通过对比门头沟煤矿和抚顺、阜新两大煤矿的生产情况，韩大匡意识到技术的落后严重制约着煤炭的生产效率，也感受到了先进技术对辛苦劳作的工人的解放。他暗下决心一定要好好学习，让采矿技术更加先进。

自强不息记校训

新中国成立前的国立清华大学，设有文、理、法、工、农5个学院26个系，23个研究所，学术大师云集。比如中文系的闻一多、朱自清，历史学系的吴晗，数学系的华罗庚，物理学系的叶企孙、周培源、钱伟长，法律学系的张奚若，经济学系的陈岱孙，社会学系的潘光旦等，他们学贯中西、桃李天下。

韩大匡进入清华大学以后，虽然在学时间只有短短的两年半，但是他亲眼得见教授们杏坛风范，感受到了他们"身正为师、学高为范"的大师风采，受到"自强不息、厚德载物"的学风熏陶。在这里，他学到了什么是严谨的治学态度，什么是正确的思想方法和学习方法，怎么样去"抠"懂基本概念，掌握学科的精髓，这使其受益终身。现在看来，这个阶段的学习于他一生，尤其是对他的学术成长，具有十分深远的影响。

微积分老师程民德[1]，1947年赴美留学，在普林斯顿大学攻读函

---

[1] 程民德（1917—1998），江苏省苏州市人。数学家，1940年毕业于浙江大学，1949年获美国普林斯顿大学博士学位，中国科学院院士，曾任清华大学数学系教授，长期担任北京大学数学系的领导工作，是北京大学数学研究所的创始人之一。

数论，师从著名的德籍教授波茨奈尔和阿尔丁。中华人民共和国成立后，他一心报效祖国，放弃了普林斯顿的优越条件，与华罗庚等人同时返回祖国。1950年在清华大学任教，1952年全国院系调整以后，转入北京大学任数学系副主任、数学研究所所长等职，1980年被选为中国科学院学部委员。

青年时代的程民德，沉静、寡言、不善辞令，其导师称他为"寡言的数学家"，但是他给韩大匡留下了极其深刻的印象。

程民德的课，十分注重基础概念，对于每一条基本概念，他都会非常详尽地解释其来龙去脉。比如他会用一整节一整节的课非常用心地给学生演示微分和积分的概念、内涵和外延。这种教学方式，使韩大匡养成了"抠"基础概念的好习惯，在他此后的学术研究中，他非常注重基础概念的理解，充分认识到很多前沿问题，都是从基础概念、基础学科中演化出来的。

韩大匡说："能够较好地掌握基础概念，是我的看家本领，是从清华就开始养成的习惯。后来从事油气开发工作，我发现，学地质的人搞开发，强在大局观好，学开发的人搞开发，强在基础概念好、数学好。重视基础概念，这是我在程老师的课上最大的收获。"

后来，韩大匡在北京石油学院工作，当他也登上杏坛，给学生传道授业的时候，他自然沿袭了程民德的风格——"抠"基础概念、基本理论。他认为，老师自己清楚明白，学生才能清楚明白；老师自己一团糨糊，学生必定一团糨糊。几十年后，韩大匡说："搞清楚基本概念，这对于我搞科研十分重要，我在学校的时间真是没有白过。"

清华的教授千人千面，每人都有自己的特色，有的人外向，有的人内敛，有的人讲课生动，颇受学生欢迎，有的人讲课沉闷，讲台下显得冷清。

讲课生动的老师给人留下深刻难忘的印象，比如，讲应用数学的钱伟长[①]教授，讲起课来神采飞扬、循循善诱、触类旁通，他的课上座无虚席。从清华毕业以后，韩大匡到北京石油学院任教，有机会他还回去听钱伟长讲课，进行充电。

相反，有一些老师天赋极高，业务能力极强，但是不善于表达，讲课气氛略显沉闷。比如教金属工程的教授王遵明[②]，发明了球墨铸铁，并成功地推广应用，推动中国球墨铸铁进入当时世界的先进行列，饮誉海内外冶金学术界，人称"中国球墨王"。在现在的清华大学校史馆，还有一张王遵明检查安装在石景山的球墨铸铁车轨的工作照。这位清华物理系毕业的高材生、美国麻省理工学院的博士，讲课却比较乏味，还夹带着一些方言和口头语。他的课堂一景常常是：他在讲台上越讲越投入，而讲台下的学生却越听越少，最少的时候，教室里只有两三个人。尽管如此，他照样讲他的课，认认真真，至于下面坐着多少学生，似乎和他没有关系。

这也许是大科学家的另一种精神境界，超然、洒脱、宽厚又不落俗套，这也给韩大匡留下了深刻的印象，感受到对待工作要善始善终，即使无人喝彩，也要坚持到底。赢得满堂彩，有人夹道摇旗呐喊，是一种境界；万籁俱寂，做一名尽责的园丁，也是一种境界。

清华工学院强调动手能力，设置了金属工程实习课。这个传统一直延续到今天。他们在金属工程实验室里，学习车工、铣工、铸工以及钳工等。在钳工操作课上，老师给每位同学发一块圆钢，要求学生依据学过的知识，将其锉成一个平整的立方体。要完成这项实习任务看似简单，实际操作起来难度却很大，既要有足够的力气，又要掌握一定的技术要领，锉不好的话，常常会锉成一个鼓起的凸面。

[①] 钱伟长（1912—2010），江苏省无锡市人，物理学、力学、应用数学家，中国科学院院士。1935年毕业于清华大学物理系，1942年获加拿大多伦多大学应用数学系博士学位。曾任上海大学校长、上海市应用数学和力学研究所所长。我国力学、应用数学、中文信息学的奠基人之一，也是中国科学院力学研究所和自动化研究所的创始人之一。

[②] 王遵明（1913—1988），江西省南昌市人。机械工程专家，1939年获美国麻省理工学院博士学位，后任清华大学教授，中国球墨铸铁的开拓人之一。

同学们大多没有在工厂工作的实际经验，几乎都没有圆满完成操作，韩大匡也不例外。后来，韩大匡在五七干校的时候，自己想打一个樟木箱子，箱子的六个面都做好了，但就是最后一道锯边的工作做不了，只能请来木工师傅帮助完成。这个困难和在清华金属工程实习课，遇到的困难是如出一辙。韩大匡很有感触地说："纸上得来终觉浅，绝知此事要躬行。任何宏伟高深的理论，都要联系实践才能理解得透啊。"

　　测量课老师李庆涵对韩大匡影响也很大，一直到大半个世纪以后，他还能回忆起李庆涵老师讲课的情景：讲台上的李庆涵老师身穿蓝色中山装，手持讲义，透过他厚厚的眼镜片，一丝不苟地对着自己的讲义念，不仅念得一字不差，而且连标点符号都认真地念出声来，同学们听到他念道：什么什么，逗号，什么什么，句号。大家都面面相觑，心里觉得好笑，可是想笑又不敢笑，在私下里，大家认为这个老师讲课有点死板。

　　但是一次测量实习，彻底扭转了大家对他的印象，同学们感到口服心服。1951年的暑假，采矿系接到一个测量任务，就是去河北邢台附近的章村煤矿去做实地测量，由韩大匡他们班级来完成这项工作。章村煤矿是一座待开发的矿山，地下有非常丰富的煤矿，要进行投资建设。采矿系此行的目的，就是要给地面建设工程进行前期的实地测量。

　　解放初期，章村还是荒山野地，走在路上有时都能碰见野狼。一次，韩大匡和两位同学完成了测量任务正在回宿舍的路上，看见一匹野狼就在不远处"盯梢"，似乎在观察他们的一举一动，又似乎在等待时机步步靠近。几个年轻人没有害怕，也没有什么动作，就这么和它对视了一阵以后，野狼掉头，自己跑掉了。幸亏当时碰见的只是一只狼，要是碰见的是一群狼，那就太危险了。

　　这次测量由河北省工业厅的干部陪同前去。首先，他们做了一个基线，然后形成一个三角网，再拿着标尺跑点，用经纬仪和水平仪把每个点画在图上。根据这些点的高程画出等高线，最终绘制成地形图。这些都是在课堂上学的书本知识，如今能够十八般武器样样都摸一遍，去实践，韩大匡他们感到非常兴奋。但因缺乏经验，进度很慢，工作时间已过半，他们的任务只完成了三分之一，按照这个速度下去，工作任务肯定不能按时完成了。

正在同学们非常焦急的时候，测量老师李庆涵来到了现场检查工作，他听取了汇报，仔仔细细地对工作过程进行了分析，然后给出两条非常切中要害的意见。一是基线测得太粗，因为一张地形图的精确与否，首先取决于它的基线是否有足够的数量，是否能够布控住整个工区。基线是测绘的基础，基础打好了，非常精确，再通过三角网的计算，才能大局上控制好它的精确度。二是工期之所以拖得太长，就是因为设置的站点太多、太细，站点测量占用的时间太长。李老师还认真讲解了基线的精细测量方法，他拿起一支铅笔，在图纸上画出基线的站点，对控制地形的点位一一做了标注。特别强调点数不要太多，只要能控制住地形的变化就足够了，绘制好一张地形图，该细致的要细致，该粗放的要粗放，否则花了时间，却做了很多无用功。

同学们照着李老师的意见去做，果然保质保量地胜利完成了任务。韩大匡聆听了李庆涵老师的指导，触动很大。后来，他所从事的油气开发实践进一步印证了李庆涵老师的话。韩大匡感到，搞工程和搞科学不一样，搞科学的人，往往追求绝对精确，越精确越好，如果需要，小数点后面再多位数都要搞清楚；搞工程的人就不一样，因为所有工程的数字，都是有一定误差的，计算上也有一定的有效数字，不可能绝对精确，只要严格满足工程要求就可以了，过于追求不必要的精确，往往会做无用之功，甚至延误工期。工程领域的基本问题都是相通的，不能无限制地追求精度，要有收有放。

在清华的日子里，得到诸多大师真传，韩大匡如沐春风。他很喜欢微积分和物理课。除此之外，他感兴趣的还有岩石矿物课、地质课等。岩石矿物课上起来非常有趣，韩大匡能接触到颜色、形状、成分各异的矿物和岩石，这些从来没有接触过的东西令他感到大开眼界。岩石矿物课的考试也很生动，除了有一些笔试题以外，老师拿来一些岩矿实物逐一让考生辨认，这让韩大匡感到兴致盎然。

然而，除了学习新知识的快乐，还有课业进度的紧张带来的压力和忙碌。在进入清华的第二天时，工学院院长施嘉炀[①]与采矿系主任孟宪民[②]和新同学们在清华大学礼堂里举办了新生见面会，他们在会上说：因为国家缺乏人才，故特别招收此春季班同学，待本年暑假以后，就升入大二，所以，一个学年的课程必须在一个学期学完。为此，除了免修英语课以外，必须在假期上课，学够必修的学分。

因此，入学以后的第一个暑假，韩大匡没有回上海的家。对于别的班级的同学来说是假期，对于他来说，却是两门新课的开始。春季班的学生为了赶上秋季班的进度，修够正常四年制毕业所需要的学分，只能牺牲假期，把假期变成小学期，上课修学分。

北京进入盛夏以后，溽热难当，清华园连绵的盏盏绿盖下，也挡不住似火的骄阳，知了在树上重复着无聊的鸣声。这个暑假，在闷热的宿舍里，却能看见韩大匡正低头思考的身影。他正在"啃"微积分，由于天热，薄薄的白衬衫已被后背的汗珠沾湿了，这些他无暇顾及，握着钢笔的手依然在草稿上演算着什么。

这是清华里极其平常的一幕，多少清华学子，都是这样刻苦钻研，用行动践履着"天行健，君子以自强不息；地势坤，君子以厚德载物"的校训。

由于是三系合办，采矿系的学生被要求具有更广阔的知识面，

[①] 施嘉炀（1902—2001），福建省福州市人。水力发电学家，工程教育家，1915年考取清华留美预备学校。1923—1928年获美国麻省理工学院机械工程学士、硕士，电机工程学士，美国康奈尔大学土木工程硕士学位。后任清华大学土木工程系教授、系主任，清华大学水利工程系教授。

[②] 孟宪民（1900—1969），江苏省武进人。地质学家、矿床学家，中国科学院院士。1922年毕业于清华学校高等科，1924年毕业于美国科罗拉多州立矿业学院，1927年获美国麻省理工学院硕士学位。曾任地质部地质矿产司副司长，中国地质科学院副院长。

他们常常需要去别的系上课。董仕枢回忆彼时情景，说："清华那么大，我们一会跑土木馆上课，一会跑机械馆上课，一会跑化学馆上课，有时候，老师已经站在讲台，学生才满头大汗地跑进教室。"采矿系的专业课会请北洋大学采矿系的教授来讲课，基础课则被安排和地质系一起上，连地质系的同学都知道，采矿系有个韩大匡，学习用功，成绩优秀。

清华图书馆坐落在大礼堂北边，肃穆安静，清华学子在这里勤奋读书，就像在浩瀚的知识海洋中"开矿"，所以，同学们常常自称去图书馆"开矿"。

有时候，董仕枢和韩大匡一起去清华图书馆，光线通过硕大的窗户斜射进来，给木制的书架都镀上了一层明亮的光线，古朴厚重的书桌椅，在光的映衬下，也柔和了几分。他们常在一起做工程力学的习题，这门课的教材是从美国麻省理工学院引进的全英文教科书，每一道题都出得非常"带劲"。在清华，有些教授上课喜欢选用英文课本，学生做题也需要用英文回答，比如微积分、工程力学、地质、理论力学、材料力学等，这非常考验英语水平。由于英文基础好，韩大匡阅读课本毫不费劲，做起习题也如行云流水。

虽然入校以后得以免修英语，但采矿系有些同学英文基础还是偏弱，看英文课本吃力，做起习题来也颇有些费劲。有时，他们遇到算不出来的习题向韩大匡请教，这个时候，韩大匡都会热心地教人解题。尤其是微积分的习题是很难的，很多同学都解不出来。董仕枢说："韩大匡做英文习题一点不费劲，他的微积分和工程力学都非常厉害，我们很佩服。"

大学生活丰富多彩，各种各样的课余活动吸引着年轻的心。但是，韩大匡却总是能够沉得下来、钻得进去，学习成绩在班上一直都名列前茅。他并不热衷于喧嚣浮华的娱乐和都市热闹的生活，他心里装着的是对国家民族的责任，是奔向新生活的希望，他一如既往地保持着对知识的强烈渴求。都说到了清华才知道"山外有山、人外有人"，韩大匡在清华大学的成绩，也依然名列前茅。他格外珍惜在清华的时间，更以作为清华学子为荣，在他的胸前总是端正地佩戴着毛主席亲笔题写的"清华大学"四个字的校徽。原本就勤学好问的他，在这里更加勤奋了，"自强不息、厚德载物"的清华校训，成为他一生努力拼搏、奋勇向前的不竭动力之源。

采矿系到石油系

1951年的春天来得似乎有点早，清华园里，吹面不寒的杨柳风——唤醒了干枝、枯草和冻河。灰白楼体的清华学堂，在隐隐约约的春色里更显古朴典雅。透过大教室的窗户，可以看见里面坐满了学生，他们正认真地聆听着讲坛上一位干部模样的人宣讲，一张张年轻的面孔，有的写着兴奋，有的写着专注，有的还写着那么一点点的疑虑。

这一幕，是燃料工业部的工作人员在清华采矿系做动员，清华采矿系将增设石油专业，很多同学对石油一无所知，为了让大家了解石油、热爱石油，燃料工业部特地安排了这次宣讲。韩大匡坐在教室的一隅，身子微微前倾，十分专注地听着。

燃料工业部的同志站在讲台上，细致地讲解中国石油行业的现状。1949年以前，我们国家只有几个油田和出油点：台湾出磺坑、陕西延长、新疆独山子和甘肃玉门老君庙；几个老气田和出气点：四川自流井、石油沟、圣灯山和台湾绵水、竹东、牛山、六重溪。总共只有钻机8台，石油年产量12万吨，其中天然油9万吨。石油职工1.1万人，技术干部奇缺，从事石油地质的技术干部只有20余人，钻井工程师10余人，地球物理和采油技术人员只有几人。

听到这些数据，底下一片哗然，学生们私下议论：石油产量这么低，怎么能满足国家建设的需要？

通过燃料工业部同志的宣讲，同学们了解到中华人民共和国成立以前，我国没有一所石油专业的学校，没有石油工程系组，甚至没有独立的石油学科的课程，石油的高等教育几近空白。现在，燃料工业部根据经济发展需要决定扭转这种局面，与清华大学协商，计划在采矿系原有的采煤专业的基础上，加设一个石油专业，为国家培养石油工程方面的技术干部。宣讲同志号召同学们急国家之所急，积极选报石油专业。

采矿系系主任孟宪民在会上做了动员讲话，他特别强调我们国家石油方面的干部奇缺，国家决定开设石油专业，就是要创造条件、创造机会培养一批的石油人才，国家和学校将希望寄托在采矿系的同学身上。

燃料工业部同志和孟宪民系主任的讲话在同学中引起强烈反响，同学们议论纷纷，屋外春寒料峭，屋里的气氛却越来越热烈。

"我报名参加！"班上一位同学举着手，"腾"地从座位上站起来，他音调有些激昂。

"好！"孟宪民简洁坚定地回答，带着笑意又看了看在座的同学。

韩大匡转过脸来，语调里带着几分兴奋，他对着同班同学董仕枢说："你想不想转到石油专业？"董仕枢稍带疑虑地说："我再考虑看看。你呢？"韩大匡稍作考虑，说："石油工程是一个新兴的行业，国家建设那么需要石油，但石油专业比煤炭专业毕业生少得多。"

身边的另一个同学低声说："听说石油行业比较艰苦。"韩大匡心想："选择采矿系的时候，就知道以后会很艰苦。苦不苦没有太大关系，最重要的是能为国家做些有用的事情。"

动员会结束以后，韩大匡走到教室前边的报名处，在"石油专业学生报名表"下面，工工整整地写下了自己的名字。

就是此刻，韩大匡开始了和石油结缘的一生，他站在不到20岁的人生起点，花了一个甲子还要多的时间，大半生都在为国家开采石油。如果当时将这一幕以黑白影像雕刻，那肯定是一张泛黄的、甚至有些残缺的老照片，但这一张，也一定是厚重的，散发着浓浓的历史意蕴。

除了韩大匡以外，多数同学也对新兴的石油工业感到新奇，他们怀着石油报国的理想，响应号召，转到了石油专业。一年半后，这个班石油工程专业毕业32人，留在煤炭工程专业毕业6人。

石油工程，作为高等教育的一个专业方向，第一次在清华园正式开设，也是第一次在清华园播下了一颗石油的种子。

在刚刚成立的新中国，石油工业一穷二白，石油专业高等教育基本上是白手起家，石油专家寥若晨星。极少数从事石油工程的技术专家，也多是转行过来的，如同从事勘探的多来自普通地质、物理和电学专业，从事钻采的多来自机械工程专业，从事炼制的来自化工专业。

师资不够成了当下一个迫切的问题。因此，清华大学从油田请来老工程师和技术干部，为同学们讲授地球物理、重力、磁法、测井、钻井、采油和集输等知识。而由于当时各种条件的限制，这些授课基本上也只是止于科普。韩大匡回忆起在清华的日子，说："大学里学的只是基础，是方法，走出校园以后，还要根据岗位的不同，持续不断地自学专业知识，才能谈到石油报国。"

1952年，是新中国开启第一个五年计划的头一年。计划规定，以发展重工业为主，五年内集中力量建立和扩建电力工业、煤炭工业、石油工业、钢铁工业、有色金属工业等。各行各业都需要人才，为适应经济建设的需要，教育部决定，将原定1953年和1954年两届毕业学生的四年学制缩短到三年，很多人从大学里提前一年毕业。

时任教育部副部长的钱俊瑞还亲赴清华大学，为师生作动员报告，号召大家服从国家需要，提前从学校走向祖国建设的前线。而且说明，提前毕业的同学一样属于本科毕业，待遇不变。

"向北望星提剑立，一生长为国家忧。"唐朝张为写下的名句正是此时此景的写照，一大批的清华学子响应祖国号召，一片丹心只为祖国，纷纷提前从学校走向工作岗位。

1952年的夏秋之交，清华园里的最后一声蝉鸣送走了清华采矿系第一届毕业生。从1950年的春天来到清华，到此时此刻离开清华，他们只在这里学习了两年半的时间。韩大匡的大学同学董仕枢后来说："提前毕业将我们的学习年限压缩到两年半，其实，我们在那里还没过瘾，清华的老师讲课这么精彩，我们还没听够。但是，这是国家面临的压力，也就是我们的压力，这是那个年代留给我们的必然选择。"

大多数同学离开了清华，迈入了社会，韩大匡和另外三名同学，留在本校当了助教。

1952年的韩大匡（摄于北京）

清华助教初入行

清华大学留校工作的，一定是品学兼优的学生。多少年后，笔者从档案馆里找到清华大学工学院采矿系学生韩大匡的成绩单，就证明了这一点。这是一张漂亮的成绩单，矿物学89分，微积分

88分，工程力学87分，学年平均分都在85分左右，稍显不足的是，机工实习71分。这足以证明，学生时代的韩大匡，学习成绩出类拔萃，但实践经验尚缺。

在清华大学1952年毕业生登记表上，系里对韩大匡所学所长及适合何种工作的具体意见中写道：宜于教学工作，拟留本系助教。

但是，韩大匡留任的并非采矿系，他成了新创办的石油工程系的助教。1952年3月25日，康世恩在写给燃料工业部的报告中，首次提出"在清华大学内设一石油系"的建议[①]。这一年，清华大学汇合北洋大学（今天津大学）、北京大学、燕京大学采矿和化工等系和专业的师资力量，初建了清华大学石油工程系。同时，采矿系和化工系取消。

新成立的清华大学石油工程系，由我国著名的化学工程专家曹本熹教授担任主任。曹本熹于20世纪40年代留学英国，为英国皇家学会会员，后来参加我国原子弹的研究工作，曾任核工业部总工，多年后当选为中国科学院院士，并荣膺"两弹一星"功勋。清华大学石油工程系设有地质、钻采、炼油、机械等专业，集中了一大批石油科学方面的名家。当年各专业在京招收新生，加上外校合并来的学生，全系学生达400多人。

年轻的助教韩大匡有一头浓密的黑发，留着那个时代特有的简洁发型，他常穿一件白色的衬衫，扎束在深色长裤里，一身朴素干净，但是难掩青春韶华。经过了一年的考察期，预备党员的他顺利通过组织考察，转为了正式共产党员。

由于学生时代对于团的基层工作的经验和担任助教时各方面的优秀表现，韩大匡被选任为清华大学团委委员，分管教师团支部的工作。

清华大学教师团支部涵盖各个院系，人数众多，每一个系都有自己的团小组。韩大匡常常走访各系团小组了解情况，掌握团员思

---

① 《中国石油大学发展史上的几个重要时期》，中国石油大学校友网。

想动态，并组织选举小组干部和召开团员大会。尤其在刚刚成立的石油工程系，存在各种不同的思想问题。系里还请来康世恩、刘放等石油管理总局领导过来讲座，引导大家热爱石油事业。采取了多种方式，才渐渐平息了学生头脑中的思想"小地震"。

1952年2月在清华大学冰场滑冰（右1韩大匡）

在清华大学教师团支部工作期间，韩大匡接触了各个系的团支部、党支部里的不少同志，他与大家相处融洽，给人们留下了工作认真努力、待人和善有礼的好印象。

任助教期间，韩大匡还有一份重要收获。自1952年起，清华大学就开展了"学习苏联教育经验"为主的教学改革。在向苏联学习的大背景中，一切皆向苏联看齐，为了更好地学习苏联的教学制度和教材内容，清华大学要求所有教师学习俄文。

很多老师不会俄文，校方就办了一个俄文速成试验班。作为刚毕业留校的青年助教，韩大匡参加了这个俄文速成班。

1952年的夏天格外炎热，韩大匡有时候会和同事一起，骑着自行车，从清华西门出发，沿着圆明园南缘向西走到颐和园，跳到清凉的昆明湖当中畅游一番。在湖中游玩的时候，他和同事会互相帮忙，你"拷问"我几个俄语单词，我"拷问"你一道俄文语法。因为他们加入了清华大学举办的俄语速成班，初次接触俄语，他们感到新鲜，在游玩中也不忘来两句。

最终，韩大匡凭借他扎实的外语基础、优秀的语言资赋、勤勉认真的学习态度，很快就达到了手持字典能够完成基本阅读的水平。

俄文速成班的学员圆满完成了学习任务，他们首创的专业俄文阅读速成法被广泛推广，速成俄语班成绩斐然，全国各高校掀起了学习俄文的热潮。清华大学还为学习突出的团体赠送了"努力推广俄文学习，促进中苏文化交流"的锦旗。

一个平常的上午，韩大匡正在教研室里工作之时，听到了校方发出的关于院系调整的通知。这在教师中间引发了一场大震动，大家都感到，一场教育体制的改革已经到来了。

就是在这一年，在中国的高等教育史上，进行了规模最大的院系调整。在《中央人民政府教育部关于全国工学院调整方案的报告》中写道：北京大学工学院、燕京大学工科方面各系并入清华大学，清华大学由一所多学院的综合性大学变成多科性工业大学，校名不变，清华大学的文、理、法三个学院并入北京大学。

同时，清华大学还有一些系组被调出，与其他高校相关院系合并成立北京石油学院、北京地质学院、北京航空学院、北京钢铁学院、北京矿业学院、北京林学院及北京政法学院等，一所所单科性高等教育院校应运而生，成为北京学院路上著名的"八大学府"，名震一时。

1952年，在清华大学石油工程系担任助教的韩大匡，迎来了他人生中又一次重要的转折。

第三章

石油学院青春颂

石油学院初创期

清华大学石油工程系培养了一批石油科技人才，包括后来石油工业部的副总地质师、开发司司长谭文彬；石油工业部开发司副司长、总工程师万仁溥等。他们从清华大学毕业以后，分散到祖国四面八方，为石油工业做出了巨大的贡献。然而，仅仅以清华大学石油工程系的规模来培养石油人才，仍然不能满足中国当时石油工业对人才的需要。

中国需要建立一所自己的石油学院，形势迫切、如箭在弦。

石油管理总局代理局长徐今强到苏联考察莫斯科石油学院，回国以后，他极力主张建立北京石油学院。

1952年7月，趁着全国高校院系调整的时机，石油管理总局向燃料工业部和中央有关部委打报告，请求在北京创办石油学院，并由陈郁部长向周恩来总理作了汇报，周总理对此给予了肯定。燃料工业部和陈郁部长建议，以清华大学石油工程系为基础筹办北京石油学院，并把此任务列入燃料工业部第一个五年计划。同年10月，北京石油学院筹备工作组正式成立。

1953年初，北京石油学院建校筹备处成立，石油管理总局副局长贾启允[①]担任主任，曹本熹[②]、贾皞[③]（时任石油管理总局机关党总支书记）为副主任。贾启允负责筹备处的全面工作，曹本熹负责教

---

① 贾启允（1914—2004），山西省运城市闻喜县人。曾任国家统计局局长、党组书记，中国共产党贵州省委第一书记、云南省委第一书记等职。

② 曹本熹（1915—1983），上海市人。化学工程学家、核工业学家，1980年当选为中国科学院学部委员（院士）。

③ 贾皞（1922—2001），山西省运城市临猗县人。曾任燃料工业部石油管理局机关党总支书记，辽河石油勘探局局长。

学规划，贾皞负责基本建设。

1953年10月1日，北京石油学院正式成立，闫子元①出任首任院长，贾皞为党总支书记。这一天，在清华大学以东3千米的一片荒地里，搭起了一个临时的高台，台上张贴着"热烈庆祝北京石油学院成立"的字样，四周扎上了红色绸带。台下站着1000多名师生，韩大匡也在青年教师的队伍里。

1953年10月1日北京石油学院成立

北京石油学院副院长张定一②主持典礼。"石油行业需要你们，祖国建设需要你们！"架在树枝上的高音喇叭传出张院长极富感召力的声音。虽是草创阶段，一切尚且简陋，但是和其他的青年教师一样，韩大匡心中激荡着一种难以抑制的激情，这里将是他干事业的第一个舞台，他憧憬着石油工业建设的明天。

这个简朴而隆重的典礼，在半是田野、半是工地的校园举行。就是在这里，新中国第一所石油高等学府诞生了。

---

① 闫子元（1909—1994），河北省衡水市安平县人。曾任党的县委副书记、书记，地委宣传部部长，华北革命大学三部主任，中国人民大学党委书记。

② 张定一（1910—1987），山西省忻州市代县人。曾任石油工业部副部长。

北京石油学院所处之地原名九间房，这里原是一片田野，一些坟堆散落田间。九间房，顾名思义，这片荒凉的田野上原先只有九间房屋。据传，旧王朝里为王公贵胄守陵的人曾住在这里，这九间房就是为他们所建。

自1952年开始，八大学院陆续进驻九间房一带，在这片空旷的田野上，一座座教学大楼、科研大楼，如同雨后春笋，拔地而出。1954年，学院路建成通车，韩大匡清楚地记得，学院路上第一辆公交车是31路车，从中关村出发，经过清华，穿行学院路，那时候的他还常常从北京石油学院乘坐31路车回清华大学。

北京石油学院成立前夕那个暑假，虽是假期，韩大匡他们却特别忙碌。作为清华大学石油工程系的助教，他义不容辞地投入到建立北京石油学院的各项工作中去，第一个战役就是"搬家"。和其他教职工一起，韩大匡他们负责将仪器设备、图书资料和生活用具等从清华大学搬到北京石油学院里去。

离开美丽的清华园，进入尚在建设中的北京石油学院，刚刚搬进去的老师们发现，能用的只有工字楼，而教学楼、食堂等都还未竣工，要么是地基，要么是大坑，要么围着脚手架，整个校园，基本是一个大工地。

不过，这些都难不倒在校的师生们。没有教学楼，就盖起几排临时的砖瓦房，用作教学和办公；没有实验室，就徒步走到清华大学的实验室去做实验；没有宿舍，就临时挤进还没完全竣工的工字楼，既是教工宿舍，又是学生宿舍，还兼作办公室、图书馆和医务室；没有食堂，就用苇席搭建临时食堂。

初进新家，面对这样的情况，师生们发扬主人翁精神，亲自参加建校劳动。"露天上课不分心，住着工棚不怕苦；只学文化不满足，业务劳动来弥补；主楼建设送过砖，教学工地抬过土；运动操场铺过道，青年园里种过树。"这是北京石油学院广大师生劳动建校的生动写照。

建校劳动

　　北京石油学院建立之初，其实有一个参照模板，据负责编写"北京石油学院计划任务书"、后来任中国石油大学（华东）副校长的方华灿回忆，"蓝本就是原苏联的莫斯科石油学院。"他写道："北京石油学院的石油钻井、石油开采、石油炼制、石油储运、石油矿场机械、石油炼厂机械等六个专业，都是1952年全国高校院系调整时，在清华大学石油工程系创立的。当时，全国高校进行教学改革，提出来'学习苏联''一面倒'，由于莫斯科石油学院设置有这些石油专业，所以我国也仿照学习建立这些专业学科。其中石油炼制和石油炼厂机械两个专业与化工密切相关，我国还算有些基础，有所了解。除此之外，其他几个专业在我国高校从未设立过，因此，均是'白手起家'创建。"[1]

　　据《石油大学校史（1953—2003）》记载：第一学期集中办了3个系7个专业。经过多方努力，第二学期增办了石油地质系，设石油地质专业。学院扩大到4个系：石油地质系、石油钻采系、石油炼制系、石油机械系[2]。

---

[1] 方华灿，从清华"孕育"出的北京石油学院. http://blog.sina.com.cn/s/blog_c0e85b5d0101bs1o.html.

[2] 余世诚. 石油大学校史［M］. 东营：石油大学出版社，2003.

自此，北京石油学院形成"四系鼎立"格局，石油钻采系和石油地质系占据校园西南角，地质楼面向"八门"（八大学院门市部）十字路口，石油炼制系占据校园西北边的炼化楼，石油机械系则在主楼南边。

韩大匡就在钻采系当助教。

另外，除了清华大学石油工程系，北京石油学院同时也汇合了来自北洋大学、西北工学院等高校的专家和学生。这是一次专业大集中，也是一次专家大集中。接待和安置来自各个高校的老师和学生成为一项繁杂的工作，韩大匡他们这些年轻教师负责这项工作。这一次，韩大匡接触了很多石油专业领域的大专家，给他留下了深刻的印象。

比如，地质教研室主任冯景兰教授，是之前的清华大学地质系系主任，我国著名地质家，后来当选中国科学院院士；著名的采油采气专家王敬教授，早在抗日战争时期就担任过四川油气勘探处处长；钻采系主任周世尧教授，是著名的钻井专家，曾在美国实习过钻井作业；炼制系主任武迟，20世纪30年代毕业于清华大学化学系，在美国工作十余年，后来当选中国科学院院士；机械系副主任白家祉教授，从清华大学机械系毕业以后，在美国麻省理工学院获得博士学位；化学教研室主任傅鹰，曾在美国留学和工作多年，是国内外著名的胶体化学专家，后来曾任北京大学副校长，当选中国科学院院士；地质系系主任张更，著名地质学家、教育家，是我国石油地质教育事业的创建人之一；采油专家、钻采系石油开采教研室主任秦同洛教授，40年代最早把岩心分析和试井技术引进国内，是我国石油开发教育的创建人之一。

当时，21岁的韩大匡在石油科研领域还属于"小字辈"，对于才高八斗、学富五车的大专家、大学者，他是"高山仰止，景行行止，虽不能至，然心向往之。"因此，每到新学期，他的一个重要任务，就是拿到各系的课程表，对于感兴趣的课程，他用红笔圈出，只要有时间，他就会跑到课堂后面，跟着学生们听课。在清华，虽然学习了很多基础内容，但是他仍然觉得不满足，他想学得更多、更深、更能与生产实际相结合，所以但凡有机会，他都不会放过。

就是这样，韩大匡在石油学院听了不少教授的讲课，尤其是数学课，他说："对于学开发的人来说，数学很重要。"所以，他把数学基础课听了一个遍，比如高等数学、数理方程、复变函数、概率论，还有物理化学和胶体化学等课程。甚至，他嫌石油学院的课程不过瘾，又跑回清华大学听钱伟长的应用数学课。直到今天，他还记得钱伟长教授的一句话：数学是工程一个很好的工具。

回到清华校园听课，他感到非常亲切，虽然他从清华的学生变成了北京石油学院的助教，但是在他的心里，清华永远都是他的老师。毛泽东说过，学习最大的敌人是自己的满足，要认真学一点东西必须从不自满开始。韩大匡就是这样，对于知识，他永远不满足。

工作以后，韩大匡攒了好长时间的工资，买了一辆自行车。那几年，从北京石油学院到清华大学这一段土路上，常常可以看到韩大匡骑车的身影，他直着腰板、蹬得很快，车后扬起一道黄土烟尘。韩大匡对这辆自行车充满怀念。他说："刚刚参加工作的时候，工资每月48元，转正后涨到55元。除掉日常用度以外，要攒好久才买得起一辆自行车，所以对它格外爱惜。"这辆自行车，承载的不是枯燥的知识，而是一位石油科学家的梦想。

玉门延长实习

石油地质学科、钻采学科等和别的学科不一样，它必须来自生产实践、最终走向生产实践。一名石油科技专家，书本理论吃得再透，不接油田生产的"地气"，终究是镜花水月、难成大器。

20世纪50年代，青年助教韩大匡虽然身处繁华京城，但他常常找机会到油田去，到现场去，到真正的生产当中去。北京石油学院成立伊始，他便向系领导递交了一份想到玉门油矿实习的报告。报告上写到，玉门油矿是目前国内生产流程最正规、生产能力最强的油矿，本人特申请赴玉门油矿实习。系领导赞赏这位年轻人主动下一线的实践精神，批准了他的申请。

建国初期，火车向西最远只到兰州，那时候兰州火车站也才刚刚建成。去玉门首先要乘火车到兰州，然后再转乘汽车，经武威、张掖、酒泉，才能最终到达玉门。

绿皮火车从北京开出，车窗外边的风景一幕幕像画片儿一样倏忽闪过。乘客中，或天南海北地聊天，或眯着眼睛养神，只有一位干净得体的小伙子，坐在座位上安静地看书，书的封面上写着"石油开发原理"字样。他斜靠在窗边，勾着脑袋看书，安静而专注的神态，仿佛和窗外的风景融为一体。到了晚上，小伙打开铺盖，往长座椅下一铺，人很熟练地往座椅下一钻，就开始"享用"他的"专卧"。

这个小伙，就是来自北京石油学院的青年助教韩大匡。每次出差去玉门，他都是用这个法子在火车上"睡卧铺"。

火车行至兰州，就到了终点。进到兰州城里，找个地方歇脚，要么乘坐长途汽车，要么等待玉门运油车返程，才能搭车去油田，还可以去邮政局请求搭运送邮包的顺风车。运油车和邮政车一样，都是半敞篷的卡车，乘坐在上面，漫漫长路，做伴的只有空油桶或者邮包。

翻六盘山的时候，土路斜切黄土高原的西北边缘，山势陡峭，山路蜿蜒。韩大匡坐在运油车或邮政车上，西北的山风毫不客气地灌到他脸庞上，吹的时间久了，脸都发木。人被颠簸得晕头晕脑，东西物件相碰"哐哐"作响，车轮后面扬起滚滚黄烟。一天下来，头发缝里、耳朵孔里、衣服褶里都是黄沙黄土，整个人成了"土人"。

赶了一天路，到了晚上，韩大匡和车上认识的"旅友"搭伴，到沿途的交通旅社投宿，晚间就睡在一个大通铺上。车马劳顿了一天的人们，将铺盖卷一铺，裹上被子就能呼呼入睡，鼾声雷动。次日一大早，将铺盖卷一卷，甩到车顶上，又继续赶路。车辆还要翻华家岭①、乌鞘岭②，沿着河西走廊，一路上风尘仆仆。韩大匡饿了就啃一口西安或者兰州买好的大饼子，困了就裹着自己的铺盖眯一会。

很多年后，韩大匡回忆说："那时候的出差条件很艰苦，交通落后，路上花的时间长，到了晚上能找到地方歇脚投宿就不错了，有时候赶不上车，附近也找不见落脚的地方，就只好在车站的水泥地面摊开铺盖卷睡上一晚上。"

这是韩大匡第一次奔赴玉门，他望着祁连山覆盖的皑皑白雪，行走在这 2400 米海拔高原上，西望嘉峪关，感受到荒漠戈壁吹来的、带着碎沙的风，只感觉圆天方野，苍茫无尽。他想起唐代诗人王昌龄写的边塞诗《从军行》："青海长云暗雪山，孤城遥望玉门关。黄沙百战穿金甲，不破楼兰终不还。"而韩大匡心中的楼兰，就是石油开采的科学奥秘。

玉门油矿是中国石油工业的摇篮，在当时的中国，玉门油矿是门类最齐全、技术最先进的油矿之一。1950 年，西北石油管理局成立，负责玉门、延长、新疆等油矿的工作，康世恩③任局长。同年，玉门矿务局正式成立，杨拯民兼任局长，杨拯民是著名爱国将领杨虎城将军的长子，他在玉门一直工作到 1958 年才离开。

---

① 华家岭，位于甘肃省通渭县西北部，西邻安定区，北靠会宁县，南接马营镇，东接北城乡、义岗镇。

② 乌鞘岭，位于甘肃省武威市天祝藏族自治县中部，属祁连山脉北支冷龙岭的东南端。

③ 康世恩（1915—1995），河北省张家口市怀安县人。曾在清华大学地质系学习，是中华人民共和国石油工业和化学工业的开拓者之一。曾任玉门油矿军事总代表、党委书记，西北石油管理局局长，燃料工业部石油管理总局局长，石油工业部部长助理、副部长，大庆油田会战指挥部总指挥，华北石油勘探会战指挥部指挥，石油工业部主要负责人、党委书记，江汉石油会战指挥部副指挥，燃料化学工业部主要负责人，石油化学工业部部长、党的核心小组组长，国务委员兼石油工业部部长、党组书记，国务院副总理兼国家经济委员会主任、党组书记，中共中央顾问委员会常委等职。

当时的北京，石油管理部门正在就石油勘探是东进还是西进进行着一次激烈的辩论。西进是继续向西北进行天然油勘探，东进是利用油页岩等提炼人造油。最后，负责工业的邓小平同志说：中国这么大的国土面积，肯定能找到天然油，还是应该以天然油勘探为主。因此，这场争论最终以"继续西进勘探天然油"为结果而告终。

西进勘探的号令一下，玉门人马上行动起来，他们恨不得多走一些沟沟壑壑，多竖一些井架，多打一些石油，在茫茫西北大地上，加紧勘查高原、沟壑和山麓玉门。玉门解放前，玉门油矿仅开发了老君庙地区4平方千米左右的面积，打井49口，多集中在浅油层的周围。经过三年国民经济恢复，普查面积扩大到2万多平方千米，大大扩展了老君庙含油面积，探明了陕北永坪油田。

韩大匡到玉门矿务局实习接触的第一个人是采油厂厂长朱兆明。后来朱兆明调任石油工业部石油勘探开发科学研究院总工程师，和韩大匡成为同事。因为比自己年长十余岁，又是在矿务局实习所接触的第一人，韩大匡每次见到朱兆明，总是尊敬地称呼他是自己的启蒙老师。

在玉门矿务局实习的那些日子里，韩大匡每天脑袋里装满了问题，不断地向厂里的专家和老师傅请教，并千方百计地借到油田生产资料进行分析和学习。当时厂里的技术员向同水给予了韩大匡很大帮助，他后来也调到北京研究院，和韩大匡成了同事。

北京石油学院的工作和学习让韩大匡知道，当时世界石油开发界主要存在着两种开发方式：一种以苏联为代表，倡导提前干涉，注水开采，补充地层压力，并形成了一套独特的理论技术体系；一种以美国等一批西方大油公司为代表，习惯于先用衰竭式开采，注水仅在后期才予以考虑。

玉门解放前，玉门油矿走的主要是"美国道路"：不注水，油井周围不打水井，也没有储量估算和开发方案。这样的开采方式导致玉门油矿地层压力降得很快，产量受到很大影响。这种完全靠天然能量的衰竭式开采所带来的地层压力下降引发了韩大匡的重视。

这种衰竭式开采还能继续吗？采取怎样的开采方式才能够从地下拿出更多的产量？这些都引起了韩大匡的思考。

在玉门实习结束后，韩大匡被派往延长油矿进行实习调研。这次实习，他见证了对低渗透油藏进行井底爆破增产原油的试验。

20世纪50年代初期，苍茫沉雄的黄土高原上，梁峁起伏，沟壑纵横，深莽的群山里，一道弯连着一道弯，波浪一般绵延着厚重和辽远，每道弯都连着井场。

在一个普通的井场上，延长油矿的一群工人正在进行爆破作业。这是几位从部队转业过来的老工人，他们身着陈旧而有些许油污的工服，长期的野外工作令他们皮肤黝黑，黄土高原的风沙常年吹打，在他们的脸上刻下了皱纹，令他们的皮肤有一种油画般的质感。在部队的时候，他们从事的工种就是爆破，所以相比其他石油工人，搞爆破作业他们更有经验。

1953年4月，拍摄于延长油矿（左2韩大匡）

这一次，按照上级的部署，他们将给井里下炸药，希望能炸开裂缝，炸出石油。他们使用的是一种普通的黑色炸药，工人在井上进行具体操作，技术干部们在旁边进行指导，这些技术干部里，包括具体设计和指导爆炸的延长油矿工程师黄先驯、主任地质师李德生、主任工程师秦同洛，石油工业部的工程师童宪章、技术员戴行铮，以及来自北京石油学院的青年助教韩大匡。

这一次用的炸药有140千克，用量不小。根据事先拟定好的方案，老工人拿来已用铁丝绑成两大串的准备装炸药的铁皮桶，小心翼翼地将炸药一节一节地装进桶内，每个桶长约一米，安装有一截雷管用于引爆。火药桶用铁丝连接在一起，就像是一个巨型的灯笼串，工人们小心地拎着灯笼串，一节一节地下到套管里去。

这个灯笼串里，可不是那点映雪的囊萤，这里面蕴藏的火光和威力，足以撼动沉莽的黄土高原。

由于炸药太多，一次性下井还放不下，工程师们给出指示：先下一个70千克，另一个70千克暂且先铺在井边的空地上。

先下去的一批炸药用一枚铁钩钩住，以一根粗铁丝连接铁钩，再用地面的绞车带动铁丝。就这样，铁丝一头连着地下的炸药，一头连着地上的绞车，一桶、两桶、三桶放下去。70千克的炸药，像是威力无比的巨人，此时此刻在专业工人的手中正驯服地钻进地层深处。

地面上的人看着绞车摇动，一桶桶炸药匀速地、缓慢地往下行进，越下越深，一切似乎都很顺利。

"铁桶子着底了！"摇绞车的工人大声喊道，"好！"大家吁了一口气。

"糟糕，铁钩子松不开，炸药桶死死扣在铁钩子上。"绞车边的工人折腾了一番，紧张得额头上都摔下了汗珠子。

炸药桶咬死铁钩子，铁钩子不脱钩，就没有办法放第二批。怎么办？

大家正发愁的时候，现场的一位技师临时想出一个办法。他指导工人先重新提起炸药桶，再重新往下放，放炸药的过程中加快速度，在加速运动中又突然停止，让炸药桶依靠惯性自己脱钩。工人在技师的指导下，做了几次，但都没有成功，炸药桶依旧死死地咬着铁丝钩子。

见此情景，那位技师待不住了，他接过绞车的摇把，亲自上阵。70千克炸药在铁丝的牵引下快速下沉，又猛然停住，快速下沉，又猛然停住。

突然间，意料不到的情况发生了，炸药脱钩了！不是在井底脱钩，而是在半道，炸药桶脱离了铁丝钩子，急速下坠的70千克炸药，带着强大的冲击力砸向井底，轰隆巨响，声如狮吼。须臾间，沙石打地，尘土遮天。在场的人仿佛感到，五脏六腑也跟着震颤的地面一同震碎了。

他们都知道，完了，炸药在井下爆炸了！

这时候，毫无经验的韩大匡还跑到井边去查看。与此同时，他又听见地下传来一阵闷闷的巨响，一层层的沙石夹着地下的油管，在里面翻江倒海。与此同时，突然成节的套管从井口喷出。

一节、两节、三节……十一节套管，接连地弹射到空中，而后迅速地往下掉。管子四散落地，砸中周围看井人的房子、旁边的庄稼地里、碎石满地的井场上。

"哎呀，不好！"韩大匡也和大家一样，使劲往外跑，在远处他看到那一截截往下落的套管，其中的一节套管，眼看着就要重重地摔下来，而正下方，就是准备要第二次下到井底的另外70千克炸药。

他的心紧张得都快要提到嗓子眼了。如果套管砸中炸药，以它的冲击力，炸药肯定会发生爆炸，这可怎么办？这可怎么办？

霎时间，又是一声金属和金属对碰的哐当巨响。而后，突然一下子陷入了沉寂。

韩大匡看到套管砸到了绞车上，斜倚的角度形成一个三角形的空间，70千克的炸药，此时正安静乖顺地躺在这个空间里。

幸亏是这辆绞车，救了大家一条命。另外还有一节套管把值班室砸了个大洞，庆幸的是大家都在外面，屋里没人。整个过程，只有一名工人躲避不及，被刮伤了一点皮肤。

这是 20 世纪 50 年代初期，韩大匡去延长油矿调研的时候遇到的一起事故，那时候安全意识整体不高，生产现场存在着很多安全隐患。几十年后，他回忆起这一段历史，幽默地说："如果那天地面上的炸药也炸了，那今天中国石油地质勘探、石油开采领域或许就少了好几个院士和专家。"

这一次经历给他留下了一辈子都难以忘却的记忆，他感到在石油现场的生产中，来不得半点马虎，也来不得半点冒进。延长油矿的井底爆破增产也使他对如何高效地开采原油产生了更加浓厚的兴趣。

课堂俄语翻译

1954 年早春的一个清晨，天边刚刚漏下第一抹亮色。按照习惯，韩大匡在北京石油学院红旗操场上跑了两圈，额头上微微冒汗，一股热量在身体里上下地窜。锻炼结束以后，他快步来到青年园，走进杨树林，找到那棵熟悉的杨树，他摊开手中的俄文讲义，对着笔直的树干就开始大声地朗读起来。这是他学习外语的"独门武功"，要想口语好，就要开口说。而这棵杨树，就是他假定的一位听众。这棵杨树仿佛从梦中被他的朗读声惊醒，杨树上的"眼睛"瞪得大大的，又好像听懂了什么。

北京石油学院聘请了苏联专家来校指导工作，每名专家配两名翻译，一名生活翻译照顾生活起居，另一名专业翻译辅助课堂教学。系里研究决定，让韩大匡给采油专家沙·卡·吉玛都金诺夫副教授当专业翻译。接到系主任的通知后，韩大匡已经连续两个月的清晨，跑到青年园的杨树林里去"练声"。

以前，韩大匡根本没有系统地学习过俄语，仅仅经过短期的培训后，就要担任专业翻译，他有点担心在苏联专家面前会露怯。想到这点，他内心给自己打气说：不行，一定不能露怯，一定不能给石油学院的老师丢脸。

就是这一次契机，韩大匡担任了俄语翻译。这使得他有机会"硬碰硬"地和苏联专家用俄语交流专业，有机会"面对面"地在讲台上用俄语讲课。

吉玛都金诺夫在苏联莫斯科石油学院任副教授，是一名德才兼备的苏联专家，在卫国战争期间，由于工作出色，曾荣膺红旗勋章。从中国回国以后，他还被提升为该校采油教研室主任，在苏联采油界享有很高的声誉。1954年2月，他作为专家到北京石油学院任教，给采油教研室的老师和研究生讲授专业课，并指导钻采系的采油教研室工作。

和他同行的还有石油化学专家谢·尼·波波夫教授、钻井专家查巴林斯基等等。波波夫教授原是苏联里沃夫工学院科学研究所副所长、化学博士，此次来北京石油学院的主要任务是讲课并指导石油工学教研室工作。

吉玛都金诺夫教授在北京石油学院主要讲两门课：一门是采油工程，另一门是油层物理，其中采油工程课是钻采系的主课。苏联专家不会用中文授课，中国学生又不能以俄文听课。因此，找到一名合适的翻译，就成了整堂课成功的关键。韩大匡担任的就是这一角色。

在那个年代，中苏两国人民之间的友谊是纯正而天然的，苏联专家们来到中国，都是全心全力地帮助石油教育事业的发展。

吉玛都金诺夫教授非常认真地对待来华授课。在课堂上，他极为讲究教学质量，是出了名的严谨。但是，初次试讲，效果却并不是太好。

吉玛都金诺夫教授的第一堂课，是在南教楼的小教室里讲的。吉玛都金诺夫教授站在讲台之上，作为翻译，韩大匡就站在讲台侧方。来这里听课的，除了高年级的学生，还有一些钻采系的老师。

对于初上讲台的韩大匡来说，能否将苏联教授的课翻译好，并没有十分的把握，他是捏着一把汗上的讲台。

课堂上，吉玛都金诺夫教授讲一段，学生们就等着韩大匡翻译一段。偶尔，碰到一个生僻的单词，韩大匡会被卡住。他就先用俄语向教授问清楚其含义，然后再翻译出来，一堂课终于顺利地坚持了下来。课后韩大匡与听课的学生交流发现，因为这门课没有现成的教材，学生记笔记，效率很低。一些同学还反映，听完后记不住，课堂上学的知识消化不好。

为此，韩大匡找到吉玛都金诺夫教授，建议在每次上课以前，将写好的讲义提前交给他，由他翻译成中文讲义，再送到校印刷厂去印出来，上课前发给学生，这样学生们能更好地理解。

吉玛都金诺夫教授欣然接受了韩大匡的建议。拿到吉玛都金诺夫教授的讲义，韩大匡发现需要翻译的工作量非常大，每堂课的讲义都有好多页，每一页纸上都写满了密密麻麻的俄文草体字。白天办公室比较嘈杂，无法静下心来进行翻译，他就晚上回到教师宿舍里继续战斗，常常翻译到深夜。

时间一长，只要是到了晚上，韩大匡就觉得脑细胞持续兴奋，明明很困，躺到床上却十分清醒，在床上翻来覆去地"翻烙饼"，严重的时候到了天蒙蒙亮也没有睡意。慢慢地，他形成失眠的习惯。这个失眠的习惯跟随了他一辈子，在一定程度上损害了他的健康。

讲义翻译出来之后，韩大匡会立刻送到校印刷厂，盯着工人推油墨滚子，印出中文讲义。有时候，时间实在太紧张了，讲义发给学生的时候，上面的油墨尚未全干，结果学生领讲义时，手上都沾上了黑色油墨，整个教室也飘荡着一股浓浓的油墨味。教材上的油墨味令韩大匡想到油田现场的油味。

他觉得能够给苏联专家当翻译，算是占了大"便宜"。在清华大学学习的都是科普性质的石油知识，到了北京石油学院，做助教给苏联专家翻译俄文讲义，为了学生能听明白，他就必须自己先搞明白，有时候需要反复推敲才能将讲义尽量翻译准确，这使得韩大匡受益匪浅。

吉玛都金诺夫教授和波波夫教授等都是苏联一流的石油专家，在学术上享有威望。他们的讲义既有理论的深度，又有苏联油田开发的很多实际经验。对于喜欢寻根究底的韩大匡，这正好是一个难得的机会，有不懂的地方他随时都可以找专家询问。所以，他认为自己近水楼台先得月，可以比别人学得更多、更深、更透，他"沾沾自喜"，认为自己捡了天大的便宜。

但是，这个便宜捡来得并不容易，吉玛都金诺夫教授开的都是小班课，听课人数虽然不多，但大多是高年级学生和部分老师，甚至有一些老先生。此时韩大匡从校园里走出来仅有两三年，青涩还未完全褪去，现在转身就要走到讲坛上执教布道，"你能行吗？"韩大匡常常扪心自问。

对他来说，那一方讲坛，就像是一个舞台，每一节课堂，就像是一场演出，他像对待演出一样对待自己每一次登场。"台上一分钟、台下十年功"，虽然没有"十年功"那么夸张，但是每次上课之前他都必定要认真备课，提前消化好课文的内容，遇有不懂的，他总要在课前提前向教授请教，彻底弄清楚才放心。

实际上，在清华大学的时候，韩大匡参加过学生活动，他的心理素质并不差。再经过这样一丝不苟的备课，慢慢地，他在课堂上翻译得越来越好。吉玛都金诺夫教授讲一段，韩大匡接一段，他越来越流畅了，听课的人越来越满意。吉玛都金诺夫教授非常欣赏这位舍得下功夫的年轻人，对他越来越有信心。

韩大匡后来回忆说："这和我中学阶段英文基础扎实有一定关系，在清华的时候已经免学英语，毕业以后学俄语仅仅突击了5个月，就要达到上台翻译的水平，是非常不易的。为什么我能做到？这是由于各种语言之间有一定的相通性，中学打下的英语底子好，十分有利于俄语的听说。"后来，韩大匡参加国际学术会议，也曾用外语宣讲自己的学术论文，有人问他的外语怎么那么好，韩大匡谦虚地说，他只是口语发音比较好，距离自如应用还有差距。

韩大匡最早学习俄语是在清华当助教时，参加过一个为期3个月的俄语学习班，通过在清华的初步学习，培养了他对俄语的兴趣。当时，整个高校改革的大方向就是学习苏联的教育制度，引进翻译苏联高校的教材。为此，北京石油学院组织了一个为期5个月的俄语培训班。韩大匡为了进一步提高俄语水平，报名参加了这个培训班。

培训班上有一位很地道的俄语女教师，这位女教师40岁开外，是学校特地从哈尔滨请过来做培训的。女教师的生活中，有很多苏联的朋友，所以她俄语发音非常纯正。她在课堂上除了讲授课文外，还要和学生进行问答互动，在交流中再一一解释语法问题。所以，在她的俄语课上，大家可以谈天说地，自由发言。韩大匡非常喜欢这种活跃的课堂，提高了对俄语的学习兴趣。

后来，北京石油学院从哈尔滨俄文专科学校招来一批俄语老师，结合课文讲授语法，这批老师的特点是口语非常好，甚至比北京某些大学里的教师发音都地道。因为在那时候的哈尔滨市苏联人很多，当地人和他们多有来往，在诸如哈尔滨秋林百货商店等一些著名的公共场所里都有俄文标注。语言离不开环境，因此，来自哈尔滨俄专的老师都说一口流利地道的俄语，这让学生们非常羡慕。当时给他们做语法辅导的是梁树，曾经是俄语教研室主任，在80年代还被提拔为东营市副市长。

在校方的大力组织下，参加俄语学习班的青年教师和学生并不少，通过5个月的学习，他们都掌握了基本的俄语语法，也达到了基本能听懂的水平。但是，最后真正能上台担任教学翻译的，就只有韩大匡一人。

陪同苏联专家

1953年10月，应燃料工业部石油管理总局康世恩局长的邀请，苏联政府派遣以A.A.特拉菲穆克院士[①]（以下简称特拉菲穆克）为首的专家组来华。这是一个水平一流、阵容庞大的石油专家团，应邀来华的目的是帮助调查评价甘肃石油资源是否能满足将要建设的兰州炼油厂所需的原油，并帮助编制石油工业第一个五年规划。为首的特拉菲穆克是建立苏联第二巴库大油区的功勋地质家，是苏联科学院通讯院士。

随意翻开一本石油科学史，就可以看到，在那个特殊的年代背景之下，中国石油系统先后聘请苏联专家、技术人员和工人共计400多人来到中国，帮助和指导石油工业的发展。

很快，特拉菲穆克带领的这个苏联专家团开赴玉门老君庙，为老君庙油田号脉开方。韩大匡当时虽然在北京石油学院担任助教，但因为工作，常常去石油管理总局办事，总局的人都知道他是年轻人里拔尖的技术专家。因为俄文水平高，苏联专家团来京的时候，他被借调过去，为专家团做调查记录等服务工作。当韩大匡接到陪同苏联专家去油田的命令的时候，内心满是期待，他想观察和学习世界知名的大专家将会给中国的老君庙开出怎样的良方。

特拉菲穆克一行来到玉门老君庙以后，经过调研，认定老君庙油田是边水弹性驱动类型的油藏。据此，他介绍了巴什基里亚自治共和国杜依玛兹油田的成功注水经验，边外注水可以提高油层的采

[①] 宫柯. 认定中国绝不贫油的特拉菲穆克院士——援华石油专家略记之一[J]. 石油知识，2016（5）：30-32.

收率，提高油井产量，有利于长期保持最简单最经济的自喷采油。因此，他建议老君庙油田应采用边外注水开发的新技术。

这个建议，具有划时代的意义。

之前，中国的油田从未有过注水开发的先例，特拉菲穆克是在中国提出油田注水开发的第一人，他的倡议拉开了中国实施注水开发的大幕。现如今，中国绝大多数油田都在实行的注水开采技术，就是从玉门老君庙油田开始的。

在特拉菲穆克的主持之下，石油管理总局决定成立老君庙注水方案编制设计组，组长为时任西北石油管理局勘探处副处长陈贲[1]，韩大匡成为设计组的成员，被委以重任，负责方案编制中的渗流力学的计算工作。

对于初出茅庐的韩大匡来说，这是第一次真刀真枪地参加油田生产。他非常重视，想要在这场注水开发"集中作战"中，作出自己的贡献。

时值初冬时节，戈壁滩的冬天来得特别早。早上，他常常跟着老工人，穿着粗糙的翻毛老羊皮袄，戴一个藤条的头盔，坐在冰冷的卡车后面，在荒凉的戈壁里颠簸几十里去上井。他亲自到井上取数据，观察生产，回来以后进行分析。

由于从来没有接触过注水开发方案设计，刚开始的时候，韩大匡有点儿找不见门路。注水设计组有名随行的苏联专家，名叫希马科夫，在韩大匡犯难的时候，他伸出了援助的双手。

希马科夫介绍了全苏采油研究院使用的一套公式，专门针对注水开发中的渗流力学计算，他指点韩大匡运用这套公式来计算老君庙的渗流力学。韩大匡很快就学会了，基于本身具备较好的渗流力学基础，他独立完成了渗流力学方面的计算，并且就井位布置还提出了很好的建议。

---

[1] 陈贲（1914—1966），湖南省长沙市人。石油地质专家，1939 年毕业于清华大学地质系，曾任玉门矿务局工程师、石油工业部总地质师。

后来，设计组用物质平衡法论证了玉门油田开发主要应该靠水驱，这是我国第一次相关论证。实际开发数据资料表明，地层压力的变化与水驱理论的论证计算基本一致。这个方案的实施过程中，地层压力逐渐恢复，年产油量增加到 80 万吨以上，采收率得到提高[1]。

此次玉门之行，让韩大匡收获颇丰，既学到了新的知识，又展露了他在油田开发方案设计方面的资赋。大家都知道了韩大匡这个年轻人的名字，注水设计组的组长陈贲还给予了他表扬，鼓励他继续努力。

很多年以后，韩大匡回忆说："陈贲的表扬给了我很大的鼓舞。他这个人非常豪爽，礼贤下士，对待年轻同志不仅丝毫没有架子，还特别的关照和鼓励。可惜他后来命运多舛，要不然，他肯定还能为中国的石油工业作更大的贡献。"

老君庙油田这次注水方案的编制，是一块重要的里程碑，从此以后，中国大部分的油田步上了注水开发的道路。现在，注水开发是我国石油开采的主体技术，据韩大匡于 1995 年发表的文章介绍，我国陆上注水开发油田的产量占总产量的 87.5%。

工作优先弃学位

1956 年 1 月，中共中央在北京召开关于知识分子问题的会议，周恩来总理在会上作了《关于知识分子问题的报告》，肯定了知识分子在社会主义建设中的地位和作用，向全国人民发出了"向科学进军"的号召。

---

[1] 刘兴汉，《中华石油英才——秦同洛》，中国石油勘探开发研究院年鉴史志编辑室，2001 年 9 月。

学校各党支部积极响应党中央的号召，倡导党员每人认领一个专业，然后在瞄准的专业知识领域刻苦攻关。当时在钻采系担任党支部委员的韩大匡选择了油田开发。实际上，在这之前，韩大匡对油田开发了解并不深入，至于为什么选油田开发？韩大匡后来回忆说："油田开发要从整体出发考虑油藏，要讲究战略战术，我喜欢分析这种问题。别的专业像采油工艺比较实在，都是具体的东西，虽然也需要学，但还不是我真正喜爱的。所以，我选择了油田开发。"

　　就是这一次的选择，韩大匡与油田开发的情缘，在这个人生节点上得到固化。

　　"歌声轻轻荡漾在黄昏水面上，暮色中的工厂在远处闪着光，列车飞快奔驰，车窗的灯火辉煌。"苏联民歌《山楂树》在韩大匡的耳边萦绕，一字一句敲打在他的心里。这是1956年7月的一天，此时此刻，韩大匡正坐在从满洲里到莫斯科的列车上，列车飞驰，窗外山峦河川连绵不绝，暮色晨光交接。

　　他憧憬着这次赴苏联石油技术考察，憧憬着这个世界上最大的红色政权国家，回忆起此次考察的由来。

　　有一天，学院领导找他去办公室，跟他说：现在有两个机会，一个是去苏联石油类院校攻读研究生学位，一个是跟随石油工业部科技考察团赴苏联全苏采油研究院进行为期半年的考察，你可以选择其中一个。韩大匡稍加思索，在两者之间选择了后者。因为，他觉得他在高校里工作，想要读学位还有机会，但是能够去

1956年，在莫斯科采油研究院考察时留影

参观代表苏联当时最高水平的研究院,和石油工业部的技术干部一起,带着生产的实际问题去,回来就能解决生产的实际问题,显然后者对他更具有吸引力。

来自勘探、地质、测井、地震等专业的一批人,由后来成为石油工业部地质司副司长的沈晨领队,组成了这个专门的石油技术考察团。有关领导在出师动员会上对他们说:中国未来的建设各方面都需要石油,但是泱泱中国,现在却还没有自己的石油科学技术研究院。你们此行,就是去学习苏联怎么建立石油科学研究院,为国内建立研究院出谋划策。研究院的工作要为石油的实际生产服务,向科学技术进军,打出更多的油来。

韩大匡在北京辞别亲友,抵达了中国东北的大门满洲里。在满洲里,由于中国和苏联的铁路轨道宽度不一致,列车花了两个小时更换车轮。那个时候交通运输能力有限,出趟门不容易,尤其是出如此遥远的"远门"。

这一趟行程历经七天七夜,列车经过了冻土高原西伯利亚,经过了西伯利亚上的明珠贝加尔湖,最后抵达苏联红色政权的心脏莫斯科。

在这一趟科技考察团发团之前,1955年7月30日,中国石油工业部正式成立;同年9月10日,时任石油工业部部长助理的康世恩组团赴苏联考察,目的就是要带回中国石油工业发展的可行办法。

回来以后,康世恩向石油工业部党组递交了《在中国如何寻找石油》的总结。他在总结里说到,苏联之行收获很大,原来寻找石油只是打构造,就像打鸡蛋,即"溜边转、找鸡蛋(找构造),见到油苗就打钻",现在我们应该要着眼整体的盆地分析,打整个地台。这个认识是我们寻找石油方法论上的一个质的飞跃。

在此认识的指导下,次年4月,位于新疆黑油山南部的4号探井出油;通过解剖二级构造带,9月又有23口探井喷出了工业油流,发现了克拉玛依油田。

由韩大匡等一批技术干部组成的中国石油科技考察团此次赴苏联考察的目的之一，就是带着发现克拉玛依油田过程中的各种问题，特地来向苏联的专家取经。

到达莫斯科以后，韩大匡他们在莫斯科农业展览馆附近的一家旅店安顿下来，稍事休整，第一站就开始考察全苏采油研究院。

在当时，苏联年产石油5600万吨，而中国在20世纪50年代末，原油产量才达到300多万吨。两相比较，中国石油科技非常落后，而苏联的石油开发科技是当时能接触到的世界最高水平。

全苏采油研究院是苏联石油开采科技研究领域的最高权威。从外面看，全苏采油研究院外观并不起眼，只是一栋普通的五六层楼房。在这栋灰色楼体的苏式建筑中，布置了各式各样的实验室，就像哈利·波特的魔术师学校一样，总有各种出其不意的阵局等着来访的每个人。

韩大匡来到这里，大开眼界。可以说，正是这里的各项科学实验给他带来了如何进行科学研究的早期启蒙。

采油工艺实验室，在挑高三层的内部空间，修建成一个油气水上下人工举升实验室，韩大匡站在实验室底部抬头向上看，觉得异常的大气磅礴。墙壁四周蜿蜒盘曲着大大小小的管子，四处安置着电泵、压缩机等装置，再加上左一个、右一个的罐

1956年韩大匡在莫斯科

子，所有的这一切组成气势宏伟的人工举升的全套装备。人站在里面，显得非常渺小。"当时，国内压根就没有如此专业的采油工艺实验室，我们都感到很震撼。"韩大匡后来回忆说。针对这个油气水上下举升实验，实验室的专家克雷洛夫副博士还进行了详实的记录分析，将其写到教科书里去，这本教科书在苏联出版，后引进中国。在当时的中国，该书被奉为石油开发专业的经典。

同井分层注水实验室令韩大匡大开眼界。在油田的实际生产中，每一口井地下情况往往非常复杂，层系很多，不可能在每个油层都打井采油，也不可能在每个层系都进行注水。在20世纪50年代的苏联，注水技术已经发展得非常成熟，几个层组成一个井网进行注水，可以少打井，比较经济。在当时的中国没有这套技术，考察团的成员对此非常感兴趣。后来，这套技术引进到大庆油田的开发当中，中国的石油科技工作者学习再创造，"青出于蓝而胜于蓝"，在很多方面还超过了原来的老师。

含蜡原油分析研究实验室的特色是将显微镜和高压物性结合起来。研究人员们专门研制了一台精密仪器，观察原油在高温下的结晶状态。因为国内一些原油含蜡量也很高，韩大匡对这个设备非常感兴趣，他绕着这台"宝贝"走来走去，在征得实验员的同意之后，还亲自进行了一项实验操作。

水驱油的实验要在水驱油实验室内进行，就需要配备至少40~50米长的管子。当时没有这么大的房间，研究人员就在几个房子之间打洞，让实验用的管子穿墙而过，在各个房间之中穿行，到头拐个弯再拐回原处，一圈又一圈，周而复始。在当时，这套实验装置世界领先。20世纪80年代，韩大匡所在的研究院才有了类似装置，只是水驱变成了化学驱。实际上，化学驱比水驱更复杂，这次管子的设计不是在多个房间打洞穿行，而是在实验室里一圈圈地盘起来的。

除此之外，考察团还观摩了流体实验和高压物性实验设备。现如今，这些在国内油田都是常规设备，但是在当时的中国，对这些设备大家仅仅在书上见过。

"这一趟，真是开眼了。"韩大匡的眼睛应接不暇，心里都是感叹号。此次全苏采油研究院之行，给韩大匡的冲击是前所未有的。

因此，他的脑袋里装着各种问题，怎么建立实验室？实验室里需要配备哪些设备？要设立什么课题？全苏采油研究院的实验室有哪些特色？他们都取得了哪些主要成果？一个实验室应该多大面积？

带着这些问题，考察团成员们对苏方人员屡屡提问，刨根问底，几乎把每一个实验室都翻了一个遍，接近"掘地三尺"。韩大匡将有用的信息一条条记在一个本子上，这个本子至今还被他保存着。半个多世纪过去了，小本子已经微微泛黄，存放在韩大匡的书柜里，永远记录着他人生中首次出访接触到高水平石油科学研究的启蒙史。

除了参观各个实验室，考察团还接触到了全苏采油研究院的一些大家、大师。院方对这些"来自中国的朋友"也特别重视，派出研究院的业务领导或者各实验室主任，专门给他们进行介绍和讲解。

这些专家的名字以前只在书本上见到，或者仅仅在学术期刊上看到过他们撰写的文章，现在终于可以聆听他们亲自授课！年轻的韩大匡有些激动，他早早就准备好纸笔，端端正正地坐在采油研究院的会议室里，等着这场思想碰撞"盛宴"的开始。

首先宣讲的是油田开发专家巴洛舍夫，当时他的水驱研究已经很有名气，但他年龄不大，瘦削的脸庞上透出一股英气。他围绕在油田开发中水动力怎么计算进行了讲解，提到的很多思路令韩大匡茅塞顿开。在国内首次注水开发方案——老君庙油田注水方案编制中，韩大匡曾经依照苏联专家提供的公式进行老君庙水动力学的计算，这些公式，就是巴洛舍夫在继承前人基础上设计的。

随后地质专家马克西莫夫也进行了演讲。他是该院业务负责人，个子不高，长着一张颇具中亚人特征的脸。他讲了地质研究一整套基本方法，对搞地质勘探的同志很有启发。

最后登台的是渗流力学专家罗森比尔格,他年龄稍长,长的是完全的西方白种人的脸型,详细地讲解了溶解气驱中的渗流力学问题。

这些专家分别向中国的技术考察团介绍了苏联老巴库、伏尔加、西伯利亚以及中东、北非、美国等国家的盆地和油田。他们对着挂满四壁的地图图幅,讲了石油的生、储、运,讲了大地构造、地层及油气分布的规律,也讲了他们在油田勘探开发过程中的经验和教训。

一连串的专家登场,油气生储盖、孔渗饱,扮演生旦净末丑,上演了一场石油开采科学研究的"大戏"。苏联在油田开发方面所建立的系统理论和实践经验,已经深深刻在这些来自中国的石油专家的心里。

韩大匡说:"当时,国内信息闭塞,有些理论我们在高校教科书上也未必能见到,有些理论我们甚至闻所未闻。"

总体来说,就是油田开发三部曲,首先研究好油田的地质情况,其次完成渗流力学的计算,即水动力学计算,最后进行经济评价。这三大部分十分经典,后来被全苏采油研究院的专家写入了《油田开发的科学原理》一书中,引入到中国,成为石油高等院校的入门课程。

苏联这一套油田开采理论技术经过了很多油田的实践,这些经验被引入中国以后,在很多油田也屡试不爽,取得了积极的效应。比如玉门老君庙油田,注水开发方案实施以后提高了产量和采收率,学习的正是苏联20世纪40年代杜依玛兹油田的开发经验;大庆油田实施横切割排状注水,基本都是借鉴苏联罗马什金油田的经验。

考察团在苏联考察期间,克拉玛依油田刚刚获得了工业油流,中国的技术专家们也带着克拉玛依的问题,向苏联的专家请教,苏联的专家们都一一作答。

这些经验都太有用了!韩大匡如获至宝,他不遗余力地记录着,笔记本用完一本又一本。除了观摩和听课以外,他还常常跑到图书馆的资料室里去查阅资料。

在图书馆，还闹了一个笑话。

韩大匡到访苏联的时候，刚刚二十出头，那时候的他体型瘦削，个头不高，一张年轻的脸庞上，甚至还存留着一些学生的稚气。出访之前，组织上为每位出访的同志发了一套西服、一件羊毛大衣和一个皮箱，韩大匡穿着有些肥大的西服，和高大的欧罗巴人种比起来，确实显得有些矮小。

一天，他胳膊夹了一个笔记本，想进入图书馆查阅资料。正踏入门槛的时候，借阅台边上的老太太叫住了他。

"你好，请问你有何事？"老太太身着红格子粗呢大衣，两鬓有些微白，她抬抬脸上的老花眼镜，用俄语向韩大匡问到。

"你好，我是想进来查阅资料。"幸亏韩大匡能够进行俄语对话，他对着管理员老太太笑了一笑。

"你是一名中学生吗？"老太太用错愕的表情打量着韩大匡。

"啊，不是，我来自中国石油科技考察团，现在正在贵院学习，这是我的临时证件。"韩大匡急忙将证件出示给老太太。

老太太接过证件，将上面的头像与韩大匡细细对照，她说：

"非常抱歉，是我弄错了，我以为你是一名学生。你来自中国，非常好，你们中国人很勤奋。"老太太歉意地笑了。

从此以后，韩大匡每次来图书馆，老太太都会慈祥地笑着说："嗨，韩先生，你又来了。"

图书馆里，厚厚的技术研究报告堆成堆，韩大匡伏在桌面上，就像被埋在书海中。这些资料不能带走，管理员老太太就会大开绿灯，帮他拿去复印，有些资料不能复印，他就拼命地看，拼命地记，想把所有有用的东西通通塞进自己的脑袋里。

韩大匡离开全苏采油研究院的时候，还去向这位管理员老太太告别，一段时间下来，老太太已经喜欢上这位勤奋的小伙子，她拍着韩大匡的肩膀说："勤奋的孩子，我祝愿你在将来取得优异的成绩。"

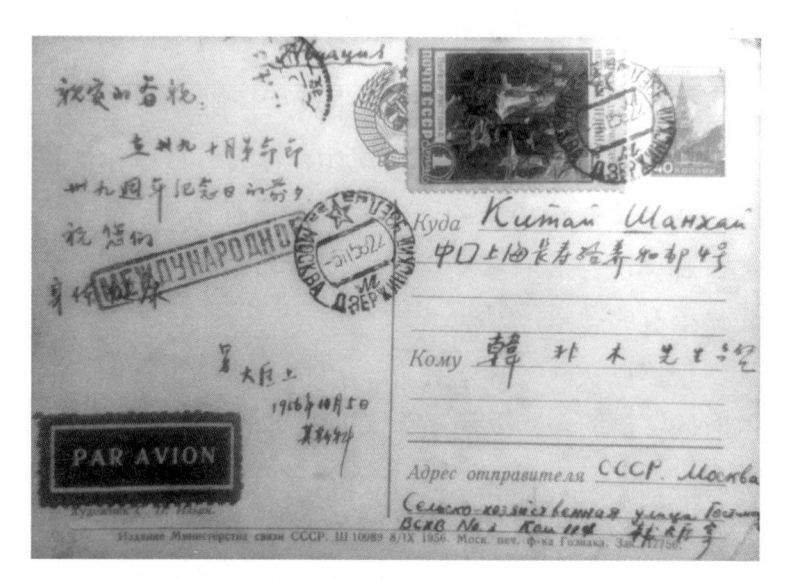

1956年十月革命节前夕由莫斯科寄给父亲的明信片

"在全苏采油研究院的访问，给我留下了非常愉快的回忆，也给我一个非常重要的启示：研究石油科学，基础学科非常重要，要对石油工业理解得深，就必须从'根'上了解，'根'不是其他，就是各种基础学科。"韩大匡说。

韩大匡发现，在苏联，有些专家并非石油科班出身，他们原来的专业可能是化学、力学或者是物理力学，但他们仍然取得了不菲的成绩。充分利用基础学科的理论，把有用的东西搬到石油勘探和石油开采当中来，这样的研究路子基础扎实，反而事半功倍。

当时，有个研究油藏弹性的专家叫谢巴乔夫，他是苏联石油科学界公认的权威，其应用物理学里边有关弹性的理论，放到油田生产中解决实际问题，并形成了独立的理论体系，从而成为这门学科的开创者。

对于石油开采来说，高等数学是非常重要的基础学科，精通了数理方程和微积分，就不怕油田开发中渗流力学的计算。在北京石油学院工作期间，韩大匡补听了很多基础课，比如物理、化学、高等数学及应用数学，为他之后做石油开发研究奠定了良好的基础。

"其作始也简，其将毕也必巨。"一切高深的科学，都来自基础的学科，这是韩大匡做学问最大的感受。

1956年，在土库曼斯坦首都阿什哈巴德一份报纸上，刊登了一则"中国年轻的石油专家来参会"新闻，引起了人们的注意。

这些年轻的中国专家，正是沈晨领导的、包括韩大匡在内的中国石油科技考察团。他们结束了对全苏采油研究院的访问，途经吉尔吉斯斯坦、乌兹别克斯坦，来到了阿什哈巴德。

这里，正在举办一场石油开采领域的技术大会。

20世纪50年代中期，伏尔加—乌拉尔油气区刚刚开始进入大规模开采，大有接替高加索地区的巴库油田之势，被称为"第二巴库"。会上，专家们对"第二巴库"进行着热烈的议论。"第二巴库"的主要油气田杜依玛兹油田，采用边缘注水保持地层压力法，取得了成功；罗马什金油田同时打生产井与注水井，分区注水采油，保持油层压力，获得了较高的采收率。

这次会议上，韩大匡还认识了很多苏联国家级的大权威：包括石油世家出身的米尔钦科院士（世界著名的油田地质专家，典型的地台论者）、苏联著名的石油地质专家伯劳特、苏联驻石油工业部首席专家安德列夫、土库曼石油研究院院长等。

1956年，在土库曼斯坦首都阿什哈巴德参加石油勘探会议时留影
（右3韩大匡，右4伯劳特，右5余伯良，右6安德列夫，右7沈晨，右8窦炳文）

会场上，年轻的中国专家向他们请教，大家还在会场所在的二层小楼前留下了一张珍贵的合影。翻出这张照片，它经过岁月的风化，浸润着时光之痕，已经微微发黄，照片上，有的人微笑着面对镜头，有的人还在低头交谈，似乎还有重要的问题在进行交流。

中国年轻的石油专家，他们多希望，在中国也找到自己的巴库。

"巴库油田"是苏联石油工业的发源地，它位于高加索山脉伸向里海的一块半岛上，这里青山碧水，风景如画。19 世纪后半叶，钻机的引入带来了巴库爆炸式的大发展，让俄国成为紧随美国之后的第二产油大国。第二次世界大战时期，苏联全国原油产量以巴库为主，德国人攻打斯大林格勒，意图将巴库收入囊中，控制石油供给线，结果在南线碰到顽强的抵抗，反而被苏联消灭了。20 世纪 40 年代，巴库油田的原油产量跌入低谷。

巴库的历史，深深吸引着来自中国的石油专家们。结束了阿什哈巴德的会议，中国考察团又奔向了巴库油田。

放眼望去，几千口井的木制井架一个挨着一个，密得像森林。古老的井架屹立在那里，产量微乎其微，但它依旧在动，咿咿呀呀，一上一下，它就像一帧风景，代表着巴库油田开采历史的沧桑巨变。

巴库油田属于典型的衰竭式开采，早期的爆炸式开采后，地层压力下降，就打加密井，地层压力持续下降，就再打加密井，最后无限循环。斯大林曾经考察完巴库油田后就说：如果你没看见巴库油田森林般的井架，就相当于什么也没看见。巴库井架之密，令人称奇。

另外，给韩大匡留下深刻印象的是一口中心井，通过多个木制的力臂，只凭一个动力系统，就能连动旁边五六口井一起转起来。这种基于一个动力的多井系统，他前所未见。

除了巴库油田，考察团还到费尔干纳盆地的浩罕进行考察。

费尔干纳位于天山褶皱带里，是有名的"小而肥"的山间盆地。盆地里发现了系列油田，大多规模不大，开采方法简单，但相比中国的玉门油田，这里的生产流程还是更加规范。

1957年1月，中国考察团到达费尔干纳盆地科岗城斯连达联合企业，并到他们的中心实验室参观。

1957年1月，参观费尔干纳盆地科岗城斯连达联合企业中心实验室（右5韩大匡）

1957年3月，考察团的考察时间即将结束。但是，时任国务院副总理兼国家计委主任的李富春率另外一个代表团正在苏联考察，他们是就"二五""三五"等重要国民经济发展计划的规划设计来苏联学习的。在石油工业的规划方面，他们需要专业人士提供咨询。于是，考察团团长沈晨留下了韩大匡，陪同李富春的代表团继续留在莫斯科，提供咨询建议。

一个月以后，李富春带领的代表团才回到北京。

回到北京以后，韩大匡一直待在六铺炕的石油工业部，花费了几个月的时间，编制完成了此次赴苏石油科技考察的报告。这份报告总结了此行考察的收获，介绍了苏联石油工业科技的先进之处，以及中国石油工业目前与之存在的差距。韩大匡倾心尽力写成的这份报告，具有非常高的含金量。

1956年，国务院开始编制《1956—1967年科技发展规划》，规划设计了52项课题，涉及石油的有第十七项地质勘探和第十八项炼油两项。两项任务由石油工业部承担，为此石油工业部成立了技术司。技术司总管全国石油科研工作，但是，石油工业部的科研队伍非常薄弱，能够承担科研任务的只有抚顺页岩油研究所和大连石油研究所。于是，1956年7月，就在韩大匡他们赴苏考察之时，北京石油地质勘探研究所筹备处成立了，主任是地球物理学家翁文波[①]。

1957年春天，韩大匡的考察报告转呈给北京石油地质勘探研究所筹备处，翁文波看了材料以后，立刻问："这是谁写的？"他看到了这里边对中国石油工业科技发展具有深远意义的闪光点，觉得这位作者身上定有极高的禀赋。此时，翁文波正广纳天下贤士，他一眼看中了韩大匡，非常希望将他招至麾下。

然而，由于种种原因，韩大匡没有调动，他继续留在了北京石油学院从事教学和科研工作。

[①] 翁文波（1912—1994），浙江省鄞县人。地球物理学家，石油地质学家，预测论专家，中国科学院学部委员（院士）。1934年毕业于清华大学物理系；1939年获英国伦敦帝国大学哲学博士学位。曾任国立中央大学物理系教授，1951年调任燃料工业部石油管理总局勘探处副处长，后任石油工业部勘探司总工程师、石油科学研究院副院长及总工程师等职。

第四章

艰苦岁月
意志坚

川中石油会战

1958年，注定是一个不同寻常的年份。

北京石油学院领导提出高校学生不要光学书本知识，要到现场去，搞勤工俭学。

这一年，中国第一个五年计划宣告结束。虽然在第一个五年计划期间石油工业有了很大的发展，石油年产量从1949年的约12万吨增加到了1957年的145.7万吨，在7年多的时间内增加了12倍。但和国内需求相比，和第一个五年计划规定的1957年要求达到201万吨相比，差距还是不小。反映到具体的国计民生的体现就是全国严重缺油。北京的街头，公共汽车都背着一个大大的煤气包来替代燃油，甚至国防执勤、军队训练都受到影响。这种情况，给整个石油系统带来了进一步发展石油勘探开发、加速寻找优质石油资源的强烈紧迫感。

这一年，"独臂将军"余秋里被任命为石油工业部新的部长，他在全国撒开了勘探石油的大网，并按照邓小平关于石油勘探向东转移的指示，成立了东北、华北、鄂尔多斯、贵州四个地区勘探处，他发扬革命传统，把支部建到了井队上。

这一年，在川中地台负责找油的康世恩终于等来了特大喜讯：3月10日龙女寺2号井喷油，3月12日南充3号井喷油，3月16日蓬莱1号井喷油，三个构造相距200多千米，却都获得高产探井，每个构造面积都有上百平方千米，显示出一个十分诱人的大场面。

这一年，在成都主持中央工作会议的毛泽东主席，得知川中出油的消息以后，于3月27日临时决定冒雨赶到四川隆昌气矿视察，

1958年，川中会战文昌寨区队井场留念

这是他生平唯一一次视察石油企业，还留下题词：四川大有希望！

天府之国发现了大油田，举国上下一片欢腾。北京石油学院的师生们欢呼着奔走相告：祖国的大西南出油啦！

1958年的初夏，北京石油学院里，一群学生围着一位年轻的老师，正在交流着什么。同学们眉心微蹙，脸上写着认真倾听的神色，混杂着新鲜和好奇，垂下的手掌不由自主微微握拳，有时候向这位年轻的老师提个问题，有时候会发出一阵欢笑。这位年轻的老师刚过25岁，头发浓密乌黑，留着一个清爽干净的发型，瘦削的脸庞棱角分明。他就是韩大匡。他对着学生们说："川中大会战很快就要打响了，几支石油主力部队，玉门、新疆和青海等油田的会战队伍已经挥师川渝大地。石油工业部也已在四川石油管理局的基础上，成立川中、川南两个矿务局。在川中，数十台钻机摆开阵势，开始日夜轰鸣。我们在那里看到的景象就是机台隆隆、钻杆飞旋。"

"石油部下达了命令：必须在南充、蓬莱镇、龙女寺三个地质构造上迅速拿出20口关键井，作为整个会战前的主要勘探任务。"

"哇，太好了！"学生们不禁拍起手来。

"那韩老师，听说我们也要去川中参加会战，是真的吗？"一名男同学问到。

"是！"韩大匡斩钉截铁地回答："我刚刚从川中回来，我跟随咱们系主任周世尧老师，一起去川中进行了先期考察。那里有嘉陵江、涪江、沱江等河流横贯其中，在川中丘陵地带，我们走了好几个构造，最后敲定文昌寨构造，它是一个川中地区比较规整的背斜构造，在这里下钻应该大有希望。"

"韩老师，我们钻采系的同学都去吗？"一名留着齐耳短发的女同学问到。

"你们井55共5个班加上井56的2个班，共7个班的同学以及钻井教研室的全体老师都去，还有部分机械系的老师，加上校方配备的司机、医务人员和后勤人员，一共200多人将组成一个区队，就叫文昌寨区队。"韩大匡说。

"可是，可是我们不会打井怎么办呀？"一位女同学脸蛋红扑扑的，好像憋了很久才说出这个问题，神色上流露出一丝丝的窘迫。

"哈哈！"韩大匡爽朗地笑了，他说："系里都已经考虑到了，你们都是没有接触过实际钻井的'娃娃兵'，文昌寨区队里有几十名老师，还会请来当地的老工人师傅来队里教你们具体操作，你们放心，我们肯定能打好这场会战。"

在这群学生当中，有一位秀气的女同学，她个头不高，但是身材非常匀称，穿着朴素的粗布衣衫，脚蹬一双黑布鞋。她皮肤白皙，小巧的瓜子脸上，一双长长的眼睛蕴含着笑意，两根麻花辫子又黑又粗，重重的坠在脑后，令人过目不忘。她没有发言，只是静静地听着这位年轻老师的介绍。她就是李淑勤，她和韩大匡当时还不熟悉，后来是他相伴一生、相濡以沫的爱人。

关于川中会战，李淑勤想到了一个问题，她有些腼腆地问道："我已经被选中去参加慰问长山列岛海防战士的夏令营，暑假里去，不知回来还能否赶上大部队出发。"

"没事，你肯定能赶上。"韩大匡痛快地回答道。后来李淑勤果然顺利地返回赶上了会战队伍。不久，钻采系召开了川中会战动员大会。会上校领导宣布了文昌寨区队正式成立，由周世尧担任区队长，韩大匡为区队书记，钻井老师沈忠厚任副区队长。下辖两个井队，二井队长张绍槐、指导员王亚禧、技术员郑基英、三井队长胡湘炯、指导员余吉光、技术员陈廷根。周世尧对全体会战队伍进行了动员。他首先讲了参加川中石油会战的重要意义，指出现在国家严重缺油，而川中发现了高产油气，全国上下都在盯着这场会战，参加这场会战，为祖国寻找石油是大家的责任和光荣。其次，他强调了参加会战的同学，已经在学校学习了三年，理论知识掌握了一些，但是完全没有生产经验，不参加生产实践，就不会真正懂得如何钻井，所以，这是一个向生产实践学习的极好机会。他号召同学们：到川中的现场去吧！到真正出油的地方去吧！到祖国需要你们的地方去吧！

1958年8月，为了给大队人马安排好住处，由韩大匡带了几位后勤人员先行一步，前往文昌寨构造所在地岳池县太平乡打前站。准备妥当后，才由沈忠厚带领着钻采系和机械系师生组成的"娃娃军"，开赴现场。

文昌寨地处川中盆地，隶属于岳池县太平乡，从北京坐火车先经由宝鸡到成都，从成都再转两天长途汽车，才能到达。

太平乡是有名的贫困乡，乡政府的干部一听说钻井队来了，高兴地跳着脚出来迎接，他们用着当地的川音吼着嗓子说："终于把你们盼来了，你们是来帮助我们找油的。"但一说到钻井队需要一块地方建立区队基地安排200多人的住宿，乡政府的干部也干瞪眼了。乡政府本身也就几间平房，去哪里给他们找办公住宿场地？

当地的干部领着韩大匡在太平乡转了一圈又一圈，韩大匡看到乡政府的边上有座龙王庙，庙里建筑陈旧，檐头长出了一簇簇野草，廊柱已经掉漆，屋内杂物纷呈，又脏又乱。但好在后院有两排平房，整理一下，可供住宿。而且龙王庙前面还有一个小院，院里建有一座戏台，戏台虽不大，但是用来开全体队员大会已绰绰有余。韩大匡指着这座龙王庙说："就是它了！"当地的乡干部还是操着浓重的川音，说："这里得行不得啊？"韩大匡说："得行，我们自己动手，很快就能把这里建成一个标准的钻井队基地。"

韩大匡把师生们动员起来，拔草、平地、打扫卫生，再从县城里买来一批板床和桌椅板凳，往里一摆放，就有了一个办公基地的样儿。

有了自己的作战指挥部，是不是接下来就可以"装备武器、大干快上"了？然而并不是，当时的条件过于艰苦，基地虽然建立起来了，但是文昌寨区队所管辖的2口井，二井在几里地之外，三井在十几里地之外，从龙王庙到那里，没有一条像样的路连接它们。

20世纪50年代末的川中地区，很少有国道，而在文昌寨，要将两台钻机和其他生产设备从区队部运到下钻的地方，别提是国道，连羊肠小道都没有。

怎么样才能把这些笨重的铁家伙运到山沟沟里去，韩大匡也犯了难。眼下川渝大地铺开了阵势，到处都在大干快上，若要等四川石油管理局筑路的队伍过来，也不知何年何月才能把他们等到；若不等他们来，自己往里硬闯，山沟沟里全是黄泥土路，下雨过后更是泥泞不堪，两台钻机如何才能送得进去。

大家就这个问题进行了讨论，韩大匡说："不能卡死在一条公路上，要尽快在川中拿下大油田，这是全国上下的希望，一定要抢时间修路。"于是，大家决定，自己动手修路。

修路，成为"娃娃军"在川中面临的第一个任务。

"青泥何盘盘，百步九折萦岩峦"，李白在《蜀道难》里如此描述四川的山路。自古以来，四川多雨，山岭重重，行路艰难是出了名的。

文昌寨周围十里八乡都是土路，暴雨过后，路上出现了一个个水坑，水坑里泥水交汇，形成小小的黄泥溪流，肆无忌惮地向四面八方蔓延。人行走在这种路面上，鞋底定会沾上很多黄泥，越走越感觉脚板沉重，鞋子都有被黄泥粘下来的危险。

好在北京石油学院里有各式各样的人才，学土木的老师站出来说：要修路，我们来做具体方案。修路工作开始以后，韩大匡成为总指挥，学采油的他这下也补充了很多土木建筑的知识。学生也参与到筑路劳动中，劳动力不够，就在当地召集了一批民工一起参与修路。

为了抢时间拉钻机，韩大匡他们采用了最简单的方式，成本低、见效快。他们先定井位，选好路线，在这个过程中韩大匡在清华时所学的测量技术也用上了。然后要按定好的道路标志挖路基，挖好后以重重的大石块填满，码齐，再盖上一层泥土，夯实。

这支"娃娃军"争分夺秒地抢时间施工。但从头几天进展来看，虽然大家热情很高，但效率不高。分析后发现，问题在于大家一窝蜂地上，组织得不好。于是韩大匡就组织大家把整个公路分成若干路段，进行分段施工。每段还任命一位比较能干的学生担任指导员，负责该段施工的质量和进度。期间还发动了劳动竞赛，这样不但提高了效率、加快了进度，也确保了质量。时处盛夏，川中地区溽热难当，每每干完一天活，师生们汗流浃背，后背上就像撒了一罐子蜂蜜，又黏又痒。就是这样，结束了一天的劳动，晚上回到区队，韩大匡和大家还要听取每天的工作汇报，做总结工作，布置第二天的工程安排。

任务一点一点完成，新路一米一米推进。仅仅用了二十多天，韩大匡带领着这支"娃娃军"完成了从队部通往二井和三井的全部修路任务。

道路修好以后，从龙王庙区队部运送了两台钻机进山，其中一台是从北京石油学院带过来的铂鸟–40钻机，另外一台是由川中矿务局划拨的经过大修的Y3TM–2500大钻机。

老百姓看到打井的钻机运过来，非常稀奇，都跑来围观，穿着补丁衣服的小孩子流着鼻涕，偷偷用手使劲蹭蹭那个铁家伙，说着：这铁疙瘩可真大呀！

铁疙瘩运进去以后，拆散分装的钻机、柴油机、井架等设备需要尽快装配起来，大家都按照大跃进的速度，抢工期，抢时间，很快就将两台钻机装好，井架高高耸立在川中起起伏伏的丘陵山地之中，真气派。用李淑勤的话说："我们自己装的钻机，真自豪。那时候,白天劳动很累,晚上又加班加点,睡眠不足,走在路上我都想睡觉。但是,我们觉得特别充实。"

这支队伍虽说是"娃娃军",但在编制上列入川中矿务局,按照正式生产单位进行管理,井队每天都要向上级汇报钻井进度。对一个生产单位来说,完成生产任务是第一位,不管有什么原因,生产任务就是铁的命令,必须克服一切困难去完成。

实际上,这支队伍里真正上过钻台、扶过刹把的就没有几个,韩大匡从四川石油管理局请来了8位石油老工人,给他们当师傅。这8位老工人,有司机、司钻、钻工、钻井液工,再在学生中挑选身体好、上手快的同学给他们当副手、当徒弟。

以前,在大学校园里,一身干干净净、总是与钢笔、计算尺打交道的大学生们,现在每天要与钻井液为伍、拜工人为师,会不会有心理落差?为了让他们更好地适应现在的角色,区队书记韩大匡常常跑到学生宿舍做工作,和学生们聊家常,聊在井队的感受。学生们反映,过去对如何钻井一无所知,一到实际的生产岗位,发现钻井很辛苦才知道钻井工作还真不简单。大家都说,要完成产量任务,真得向工人师傅好好学习。韩大匡听后,这才放下心来,勉励学生们,钻井是一门非常注重实践的工程技术,要成为一名钻井专家,必须切实地了解钻井的全过程,取得实际经验,在实践中发现问题、解决问题。他指出这次来到大会战的现场,真刀真枪地钻好井,既可以为祖国找油,又是学习、掌握钻井全过程的绝好机会,一举两得,要抓住这次难得的机会,好好向工人师傅学习,向实践学习,学好钻井的真本领。

在韩大匡等区队领导的带动下,这支"娃娃军"干劲冲天。他们抢着拜师傅、上钻台,谦虚地向工人学习,在钻台上爬上爬下,很快就能独自扶刹把,掌握了拉猫头绳、打大钳、扣吊卡等一系列操作要领,准确地指挥晃晃悠悠的钻杆顺利地下钻。不多久,在工人师傅的指导下,对于钻台上的一切他们手到擒来。

在川中石油会战的大舞台上，这批学生大练身手，一个个练就了一身"真功夫"。他们从北京石油学院毕业以后，不少人分配到油田工作，由于在川中会战打下了基础，很快就在工作中独当一面，成为骨干。比如学生田明远成为华北油田钻机处处长，学生史家琛成为华北油田钻井研究所所长等。

老师们通过这场实践，也有了很大的提高，后来有了更高的成就。比如，副区队长沈忠厚成为石油钻井和水射流技术专家，2001年当选为中国工程院院士；二井队长张绍槐相继担任西南石油学院和西安石油学院院长；技术员郑基英成为江汉石油学院副院长；三井队长胡湘炯成为华东石油学院副院长。

这一年，文昌寨附近常常可以看见韩大匡身影，他快步地走在两边都是棉花田的乡间小路上。刚刚下过大雨，他脚上穿了一双胶质的长筒雨鞋，雨鞋上沾满了黄泥。雨鞋越走越沉，他却毫不停歇赶路去二井的井队上督查钻井的进度，了解大家工作上生活上还有什么困难。

1958年，陪同北京石油学院副院长贾皞在四川文昌寨区队调研
（右1韩大匡，右2贾皞，右3余吉光，右4奚翔光，右7王发源）

二井队共有一百多人，钻机二十四小时日夜轰鸣，师生们分为四个班来轮流值守。韩大匡先到井上了解当天的钻井情况，然后与井队干部们讨论生产中发生的问题和解决的措施。晚上交接班，他到食堂去看一看夜宵能否满足倒班人员的需求。因为钻井是一项劳动强度很高的工作，极为辛苦，体力消耗大，工作到深夜，区队食堂给交接班的同志提供一餐夜宵。在二井队里，有一名学生叫张声厚，一个晚上能吃 12 个大肉包子。韩大匡拍着这位小伙的肩膀说："身体真壮实！吃饱点，好干活。"张声厚有些不好意思地笑着说："韩书记，我胃口是大了一点，但出力也不少，我今天一定要干得更好。"到现在，韩大匡还记得这位吃包子的"大户"。

在井架不远处，用木板搭起了几间简易的板房，就是钻井队的宿舍。为每个人的配备的用品也非常简单，只有双层床上的一个床位、一个饭盒、一个脸盆、一套洗漱用具。韩大匡蹲井的时候，没有自己的房间，常常挤在井队的宿舍里，睡在学生们给他匀出的一张床位上。

韩大匡和"娃娃军"年岁相差不大，在学校的时候，学生们就都知道他是专业能力出众的采油老师。现在，他虽然当了整个区队的书记，但是他待人和善，善于团结队伍，善于给大家鼓劲，所以学生们心里对他不但非常敬佩，也非常喜欢这个大哥一样的区队书记，愿意和这位韩书记在一起交流想法。在工地宿舍休息时，韩大匡常和一堆同学挤在板房里，天南海北地闲扯，说说生产，也聊聊生活，他既要带头搞生产，又要深入群众做工作，让大家心往一处想、劲往一处使。尽管当时的条件是艰苦的，但大家的思想是一致的，精神面貌是积极向上的。

文昌寨的晚上，四野俱寂，只有钻台上仍然灯火通明，钻机"轰轰轰"地大声奏响着不知疲倦的生产曲。

白天在井上习惯了这支乐曲，没有感觉。晚上回到板房休息，就会感觉声音嘈杂，越到万籁俱寂的深夜，机器的轰鸣声越是刺耳。

但时间长了，韩大匡渐渐习惯了这支枯燥的曲调，白天劳动很累，听着钻机的声音入睡，睡得还很踏实。

每当出了生产事故，停钻了，田野里静悄悄的，万籁俱寂，偶尔出现一只晚上活动的野猪，拱得灌木丛"刺啦刺啦"作响，很快，声响消失了，一切又归于一片万古洪荒般的空寂。在这种鸦雀无声的环境里，他感觉很不适应，没有了钻机的催眠曲，反而难以入睡了。

对于仅仅只有25岁的年轻人来说，甩开膀子，独立地管理一个生产单位，换了是谁，都不容易。明明是学采油的老师，却被上级组织委任去领导一支钻井区队，重任在身，又要外行领导内行，是谁都会感到压力。

然而，这一切，韩大匡都承担下来了。

作为区队书记，韩大匡做了很多工作来保证整个队伍的稳定运行。

有时候，关于钻井工程进度或采取的措施，井队和区队意见不一致，他要做调研做协调。

有时候，区队里的同志存在偏见和误解，他就在中间斡旋，做思想工作，化解矛盾。

有时候，他还组织文工队去学习当地的民间歌舞，在年节的时候，为辛勤工作的大家献上一台慰问演出，很受欢迎。

一天，钻台上的司钻发现了不同寻常的情况。

"韩书记，快来看，那是什么？"司钻吼着嗓子对着韩大匡喊道。

韩大匡噌噌地爬到钻台上，只见远处一队人马，敲着锣、打着鼓，冲着井队方向走来，"咚咚锵、咚咚锵、咚咚咚咚锵"，锣鼓上绑着红绸带，似乎还抬着一个白花花的东西。

"对呀，你看，那不是太平乡的郭乡长吗？"韩大匡指着远处。

"韩书记！韩书记！"乡政府的办事员颠颠地跑过来，跑在队伍前边，手里还挥舞着一个红信封。

韩大匡连忙从钻台上下来，向着这支队伍跑过去。

这个时候，郭乡长已经走到跟前，他上来就接过办事员手里装的感谢信，一边塞到韩大匡的手里，一边激动地说：

"多亏了你们，韩书记，你们帮我们拉电线，用你们区队上的发电机，将富余的电无偿地给我们使用。我们终于可以不用油灯了。"

锣鼓队围拢过来，对着韩大匡和他的钻井队吹吹打打，好不热闹。

"我们乡政府决定，给你们送一封表扬信，并且抬来一头大肥猪犒劳大家，表达一下我们的心意。"

韩大匡定睛一看，这才发现，那个花白的东西是一头大肥猪。韩大匡的脸上绽放了灿烂的笑容，他接过了红信封，对于老乡的质朴和热情，他非常感动。

井队的同志围拢过来，接过绑着红绸带的大肥猪，送到食堂，为大家伙好好地改善了一阵伙食。

钻井工作是非常危险的，钻台上都是钢铁的大家伙，晃来晃去的，碰一下就不得了，即使是日常辅助工作，不小心也会出事故。

一次，学生们挖土方，土坑越挖越深。没有想到，土坑壁突然坍塌，很大的土块砸到了背向土壁的一个学生腰上，导致腰部受伤。大家赶紧护送他去就医。韩大匡知道后，一方面立即组织大家对他精心照料，另一方面迅速赶到事故现场，全面了解这起意外事故的全过程。掌握情况后，他决定利用这个机会对大家进行安全教育。他召开了全体会议，强调钻井是一项易发事故的工作。在井场一不小心就会出事，比如只是挖土方这样一件专项工作，如果没有安全意识和安全保护措施也会酿成事故。因此，必须时时刻刻加强安全意识，严格遵循安全生产要求。从此，全区队更加重视安全生产，再也没有出现过重大的人身事故。万幸那位受伤的同学身体得以康复，腰部没有大碍。

韩大匡对此印象非常深刻，一直到现在，他还清楚地记得这件事故，还记得这位同学的名字叫毛世鹏。

尽管避免了重大人身事故，但在两口井的打井过程中，生产事故还是不断发生，川中矿务局出的事故，他们出，川中矿务局不出的事故，他们也出。

这是为什么？原因很简单，川中矿务局有的领导认为，这是一支"娃娃军"，是来实习的，在资源紧缺的时期，优质的生产资源都紧着给"正规军"了，剩下的（比如经过大修的钻机、失效的磁铁打捞器）才分给了文昌寨"娃娃军"将就用。

"工欲善其事，必先利其器。"现在，他们既少经验，又无利器，所以常常出现生产事故，尤其二井井队，隔三岔五地闹"幺蛾子"。

一次，二井在正常钻井中，突然发生掉钻头事故。起钻后一看，发现只起出了钻头上段的螺纹，断口整齐。说明整个钻头部分被齐根切断掉入井底，只能停钻处理事故。井队发动群众想办法。这样做，既是集思广益，对学生们而言也是一堂生动的生产实践课。"这钻头、钻杆，质量都不太好啊，怎么钻头又掉到井底下了。"区队副区队长沈忠厚蹲在井边，探着脑袋看着井口，直摇头。

"是啊，这次钻头掉得有些奇怪，很少见。钻头的螺纹段被齐根切断，断口很整齐，分明是钻头质量问题，井上出了事故，井壁长期浸泡在钻井液里边，对钻井非常不利。我们还是赶紧想办法处理吧。"韩大匡在旁边说。他和二井的队员们试过了各种打捞办法，都无法将钻头打捞上来。

"老沈，咱们手上的工具都不行，还是劳您跑一趟，去别的区队上借个磁铁打捞器或其他好的工具回来吧。"韩大匡无奈地对沈忠厚说。

"好，这就去。"沈忠厚和韩大匡两位，一个副区队长，一个书记，分工明确，一个主管技术，一个主管全面。区队长周世尧，因学院系里事多，经常在北京，区队的领导工作，就全部落在沈忠厚和韩大匡的肩上。

由于文昌寨区队是仓促上马的新队伍，没有老底子，再加上川中矿务局给配的设备质量不好又不齐全，经常缺这缺那。对于缺少的器材和工具，韩大匡他们也想到市场上去购买补全，但当时商品奇缺，什么也买不到，甚至连最普通的扳手都缺货。

对于生产中急需的东西，沈忠厚一般先找他熟悉的局里管后勤的孙副局长去批条子，到库房去领一些回来。但在库房也缺货时，实在没办法，就只能向别的区队去借。于是，沈忠厚就经常带着笑脸四处管人家借工具。借第一次，人家欣然应允；借第二次，人家欣然应允；借第三次，人家就说了："老沈，你怎么又来了？"沈忠厚脾气宽厚，人缘甚好，所以每次都能借来，而且有借有还、再借再还。借的次数多了，周围各区队的领导，一看见他来，人家就会说："老沈，这回你又要借什么呀？"

这次，他果然不负众望，借来了一台吸力很大的磁铁打捞器。下井一捞，就把掉下去的钻头完整地吸上来了。延续了个把月的"落鱼"①事故终于解决了，大家都非常高兴，干劲十足地抢进尺，想把损失的进度抢回来。然而，裸露的井壁被钻井液长时间浸泡后，变得十分松软，就像在井壁上覆盖了一层黏性很大的"淤泥"层，极易发生新的事故。果不其然，当二井快要打到目的层时，突然发生了极其严重的卡钻事故，钻杆被卡得死死的，动弹不得。他们只能又开始了一场旷日持久的事故处理"战斗"，他们想尽解卡的办法，什么震击器都用过了，钻杆依旧纹丝不动。日子一天天过去，实在不能再等了，无奈之下，韩大匡和沈忠厚商量，下决心在卡点以上把钻杆炸断，然后倒钻，另打新眼。这样做虽然舍弃掉一大段钻杆和下面的钻铤，以及白打了卡点以下已打成的井眼，却可以赢得时间，获得在新井眼中完井的可能。否则，这样长期拖下去没个头，反而有完不成最终任务的风险。

---

① 现场上常把井内落物称为"落鱼"。

结果很好。顺利地进行了炸钻杆、倒钻和钻进等工序。最后，这口经历了两次重大事故的二井，终于成功完井，完成了钻井任务。文昌寨的另一口三井，钻进过程比较顺利，只是在固井过程中出了个小问题，也顺利完钻了。

虽然两口井的钻进任务都已完成，但作为探井，效果却都很令人失望。二井的情况是始终未见任何油气流；三井的情况稍微好点，出了一点点气，总算给师生们一年的辛劳带来一些慰藉，但也够不上工业气流的标准。

虽然生产事故频出，对打井不是一件好事，但是对于师生们来说，却是一个从反面汲取经验教训的学习机会。韩大匡说："这和我们以前在井边上看别人解决问题是不一样的，只有自己亲手去做，才能认识深刻，真正体会出现问题时如何找到解决问题的办法。"在生产的过程中，两支井队开动脑筋，结合他们的理论知识，还自主设计了一些独创的打捞工具，尽管效果时好时坏，却增加了实际经验。

川中的油气究竟怎么回事？在发现初期原油喷涌，多少人为之夜不能寐，现如今处处传来消息，没油、空井，或者初期有油，但产量下降极快。

川中会战中，从玉门调来45个钻井队、1个试油处、1个运输大队，四川政府组织了几万民工抢修油区公路，整治嘉陵江航道，开辟成都到南充的空中航线，在川中7个构造带上摆了68台钻机，在南充、蓬莱、龙女寺3个构造上确定了20口关键井，到处是一副撸起袖子大干快上的干劲。

然而，这20口关键井一样战绩平平，只有少数井产油，而且产量悬殊，有些井产量下降很快，有些井一开始产量平稳，但是关井再开井后一滴油也不出了。

为什么油井就像昨夜昙花，转眼就消失了，韩大匡和所有参加川中会战的石油人一样，百思不得其解。

事实上，在会战开始之初就有不同意见，当时的川中矿务局总地质师李德生和南充大队地质师李克勤就认为，川中盆地储油层主要是裂缝油藏，这类油藏岩石致密、渗透率低，但裂缝发育，油气储存在孔隙、裂缝、溶洞里，其结构十分复杂。不宜大动干戈搞会战，应该先用一段时间认真观察研究一下这几口出油井。但当时整个国家想要拿下大油田的愿望过于迫切，急于求成，所以他们的意见没有得到重视[①]。

在川中会战受挫的时候，大家根据钻井、试油、试采结果和岩心、电测等一手资料，判断川中油藏确实属于裂缝油藏，而不是原来所期盼的砂岩孔隙出油。

1959年3月，川中会战总指挥康世恩在南充主持石油工业部地质勘探和基本建设会议时宣布石油工业部党组的决定，结束川中会战，各队伍撤回原单位。

川中现象怎么解释，专家们的看法是：3口井喷油是恰巧碰上了大裂缝，由于油源接替不上，产量很快下降。但是有油是客观存在，抓住裂缝、对付好裂缝还会有高产井出现。所以，川中会战虽然碰了钉子，但是发现了裂缝性油藏这种特殊的地层，它后来作为中国石油科学研究的一个重要的课题，一直在加以研究，不断深化认识[①]。

当时的石油工业部部长余秋里说："实践证明，一口井出油不等于整个构造能出油，一时出油不等于长期能出油，一时高产不等于能稳定高产。川中是教师爷，教训了我们，使我们学乖了。"几个月后，余秋里在松辽的大庆会战中，一直把川中教师爷请在身边[②]。

对于韩大匡来说，他们经历的这场会战，最大的收获就是得到了实战演练。钻井这门学科非常实际，一定要会实际操作，就像优秀的医生是从海量的病例诊断治疗中锻炼出来的。学习开发专业的他，带领两支"娃娃军"钻井队，完成了从筹备、规划、修路、装

---

① 《康世恩传》编写组. 康世恩传[M]. 北京：当代中国出版社，1991.
② 余秋里. 余秋里回忆录[M]. 北京：人民出版社，2011.

配钻机、钻井直到完井全过程钻井任务，既增长了带队的经验，又深化了对钻井学科的认识。

川中撤出，松辽会战打响。韩大匡和区队部的同志原本商量决定，带着队伍北上继续参加会战。但是，北京市委召开教育工作会议，明确指出1958年高校安排体力劳动过多，理论学习过少，要纠正这一偏向。随后教育部门发出通知，让大家撤回学校，继续进行理论学习。

因此，他们结束了将近一年的会战生活，返回了北京。

大庆石油会战

你要问，萨尔图是哪里？

很久以前，萨尔图是蒙语里的一个地名，有人说意为月亮升起的地方，有人说意为多风沙的地方。它默默地怀抱着辽阔的草原，回忆着曾经守望过成吉思汗的骁骑，抑或是康熙游牧的猎旗。

100年前，萨尔图是中东铁路边的一个小站，在哈尔滨至满洲里的铁路段上，安达县城以西三十千米。作为一个地名，它被正式写入地图。

后来，围着萨尔图火车站，渐渐有了居民，他们骑着马，吹着哨子，在水草鲜美的千里沃野上饲养牛羊，成亿吨的石油悄无声息地躺在他们脚下酣睡。

1959年，平地一声惊雷，松基三井喷出高产工业油流，大庆石油会战拉开序幕，萨尔图草原不再沉寂，它开始喧嚣起来。

这里就是萨尔图。1960年7月，韩大匡踏上了萨尔图大草原，站在一碧千里的草原上，他的心胸仿佛也变得宽广无垠。在草原深处，大大小小的水泡子像一面面玉盘，镜子一般反照着萨尔图的蓝天。

在这之前，北京石油学院地质系很多师生先期已经赶赴松辽盆地，与全国各地调来的1万名石油职工和3万名转业军人一起，组成了大庆石油会战的主力部队。

韩大匡一直在急切地等待着让他去参加大庆会战的通知，这一天，他终于在支援大庆会战的师生名单中看到了自己的名字。他带上一大摞书籍和几套换洗衣服，收拾好自己的藤条箱子，踏上了北上的列车。

刚开始，大庆会战指挥部设在安达。安达是一个历史悠久的小镇，满族人和蒙古族人在这里交融汇合，中东铁路通车以后，俄罗斯人也来了。一来到这里，就可以看到满蒙特色民居和俄式风格小楼，房子大多刷成黄色，极富地方特色。

韩大匡首站来到了安达，拿着一纸通知，他先到了大庆会战指挥部开发室报到。

还没投入到工作，安达的虱子就给韩大匡来了一个下马威。它们生命力顽强，夏天热不死，冬天冻不灭。特别是冬天最冷那几天，它们被冻僵了以后，天气稍微暖和就又活过来了。这些虱子把韩大匡咬得浑身发红发痒，想要消灭它，又找不着、抓不到。松辽石油勘探局的老同志给韩大匡介绍了一个方法，用开水烫内衣，虱子喜暖，尤其喜欢贴近人的内衣，只要常常用开水烫内衣，虱子就被一波波消灭掉了。

随着大庆会战挥师北上，大庆会战指挥部迁到会战的心脏地区——萨尔图大草原，开发室也不例外。他们在一望无垠的苍茫草原上，搭起了一间间板房。

大庆会战指挥部开发室主任是谭文彬，后来成为石油工业部开发司司长。在这个室里，基本都是年轻同志，虽然人员不多，总共只有二三十个人，但是在会战中，走出了一批的专家能手。他们多数是来自北京石油科学研究院科研骨干、各油田调来的精兵强将，以及刚刚走出校园的毕业生。比如在玉门油田工作多年、后来成为中国科学院院士的童宪章，留苏归来、31岁就成为大庆油田第一位女副总地质师的李淑贞，青年技术人员林志芳、方宏长等。

大庆油田开发座谈会

会战之初，大庆油田还没有开始进行注水开发，开发室全面负责油田开发分析，谭文彬抓总体工作。韩大匡被委任为开发室党小组组长，主抓技术指导，负责油田开发过程中渗流力学的计算。

当时，世界范围内的油田开发研究领域，非均质油藏研究已渐渐成为主流。用均质分布的眼光来分析油藏，已经显露出与实际有相当程度的不符。但在国内，大家都没有搞过非均质油藏研究，认识大庆油田，肯定不能再用均质油藏那一套分析办法，怎么办？

好在韩大匡是一个有准备的人，他从来不怕挑战，从北京带来的一箱子书籍，就是解谜非均质油藏的"钥匙"。

说到这一箱子书籍，还要说到王府井的外文书店。韩大匡有个习惯，就是每月一发工资，他总要找一天时间，跑到王府井的外文书店去淘书。20世纪50年代末期，市面上只能看见苏联专家的专著，他就花自己的工资，购买了很多苏联石油开发专家的大作，其中不乏一些影印本里边就有不少"如何进行非均质油藏研究"的报告。

那些年，韩大匡很"抠门"，发了工资也舍不得给自己添点衣物；同时，他又很"挥霍"，拿到工资就去书店，为书店"作贡献"。1957年访问苏联回来以后，他开始关注全苏采油研究院定期出版的论文选集，收集了不少。很多年以后，他还记得："那时候我只买过一本《钢铁是怎样炼成的》文学书，其他的钱全拿来买油田开发方面的理论技术专著了。"

参照这些俄文文献，韩大匡开始了初步的非均质油藏分析研究，他特别借鉴了全苏采油研究院开发专家巴洛舍夫的分析方法。1956年在那里访问时，巴洛舍夫和韩大匡有过面对面的交流，对韩大匡启发很大。

而且，韩大匡看得懂俄文文献，对于不会俄文的同志，他既是技术指导者，又是文献翻译者。在他的引导下，一批年轻人也学会了使用非均质油藏的分析方法进行生产动态研究，将大庆油田的开发在起步阶段就带到了一个相对先进的水平。

大庆会战之初，苍茫的萨尔图大草原上突然涌来一支几万人的建设大军，要公路没有公路，要房子没有房子，怎么样才能在草原上站住脚跟？对于韩大匡他们来说，这些都不是大问题。办公桌椅还没到位，就搭一个架子铺一个床板做桌子；绘图的时候地方不够大，就把两间板房打通，趴在地上进行绘制；工作到深夜没有吃的，就冲碗酱油汤安慰一下咕咕直叫的肚子。

的确是革命加拼命。大家都铆足了劲，每天干到凌晨两点半，早上六点又在指挥部高音喇叭准时响起的运动员进行曲中醒来，统一进行跑步锻炼，然后，这一天又继续要干到次日凌晨两点半。

大庆会战总指挥康世恩要求现场生产工序与科学研究形成一条龙，同步进行，研究大队同生产岗位一样，昼夜要有人值班，资料随出随取，随到随分析。从上一口井完成到下一口井开钻，仅在一两天时间内就要完成生产、地质资料的分析研究工作。所以，大家除了吃饭和睡觉，所有的时间都得在办公室里，实在困了，就趴在桌子上打一个盹。

一次，韩大匡熬了两天，只睡了几个小时，他实在太困了，巨大的困意如泰山压顶，压着他往下坠、往下坠。"不能睡。"他掐了自己的胳膊，使劲揉揉眼睛，继续趴在眼前的等高图上画着什么。眼睛怎么看不清了，又酸又涩，眼前出现了一片重影，等高图上的曲线怎么开始跳动起来？一条、两条，它们欢快地跳着，拉着韩大匡也进入了一个旋转的欢乐海洋，他在萨尔图的草原上跳啊，转啊，他一头栽倒，面朝蓝天闭眼躺着，鼻子边飘过阵阵青草香。突然，他一个激灵，从刚才的幻境中出来，他心里提醒着自己："要坚持，不能当落后分子。"于是，他站起来，洗把冷水脸，继续坐到了绘图桌前。

这就是当年一个普通的工作片段，不仅是韩大匡的写照，也是所有奋战在萨尔图的石油人的写照。那个时候，劳动光荣，加班光荣，贪图安逸者可耻，这是大家心中最大的规则，赶快建设起大油田是大家心中最大的"劳动法"。

时间长了，组织发现大家的身体慢慢地有些吃不消，于是产生了九天工作制。"九热一冷"，就是把九天的时间用在热火朝天的生产实践上，一天时间用在冷静研究工作中存在的问题和提高认识上。

1960年夏秋之交，草势生长正茂，在一望无垠的萨尔图大草原上，大庆会战的红旗红遍了草原，一面面迎着风招展，猎猎作响。

在一间普通的板房里，台上正坐着石油工业部的几位副部长，包括康世恩、徐今强。台下，已调离开发室，担任油井分析大队队长的韩大匡正在作"油田开发趋势"的汇报。

康世恩，这位大庆会战指挥部的总指挥，此时表情严肃，他眉间微微皱起，黑框眼镜后面，一双洞察世事的眼睛，有疑问、有不满。突然，他右手一挥，打断了正在进行的报告，他说：

"又是压力下降、产量下降，前景有这么消极吗？"

站在汇报席上的韩大匡一怔，会场里鸦雀无声，坐在下面的同志埋着头，恨不得连呼吸声音的大小都要斟酌。板房这么小，他却感觉大得像外面的草原那样，由于沉静显得那么大。

"总是这样的调调，我们能找出大油田吗？我们不去想办法，即使大油田就睡在我们脚下，我们也拿它无可奈何。"康世恩继续说道，由于常年会战于全国各地，他的脸变得粗糙，声调也变得粗犷。由于情绪激动，脸上的皱纹也随着心情在夸大，显得那么沧桑。

"你们下去赶紧研究，找出行之有效的办法。"康世恩的声调里，带着一丝严厉。他太在意了，勘探出了萨尔图草原下沉睡万年的整装大油田，现在却拿不出稳定有效的石油产量，他能不在意吗？他太着急了，川中失利，全国上下都盯着这个大油田，国家经济建设急需原油，他能不着急吗？

走出板房，韩大匡心里很不是滋味，他心里像是放了一块烙铁，有一种火烧火燎的焦灼。他的焦急和康世恩的焦急是一样的，怎样才能将地下的原油长期稳定地开采出来，这是横在他们面前一个重大的课题。

大家都在思考，该怎么制定开发方案。当时，美国的大部分油田的传统方法是先采油，等到地层压力降到饱和压力以下，再进行注水；苏联的做法是先注水，始终保持地层压力的稳定性，然后有步骤有计划地进行采油。"美式"开采还是"苏式"开采？一时间，大家争论不休。

这场争论不禁让人联想到玉门鸭儿峡油田，那本来是个小而肥的油田，但由于要油心切，放大油嘴采油，并且没有及时注水恢复地下压力，最后突涨的产量又突降，地下能量亏空，全部油井都不能自喷了。

康世恩说过:"你看,清朝时候的女人,梳头打扮,就那么条辫子,梳上去,盘起来,垂在脑后头,折腾来折腾去,总是封建社会的形象。用一把剪刀'咔嚓'把辫子剪断,变成剪发头,马上就成了另一个时代的形象了。搞油田开发也一样,你折腾来,折腾去,不管用多少办法,跳不出依靠自然能量开发那个老套套。要更新思想,跳出老框框,只有注水开发才能走出新路。"[①]

不能再重蹈鸭儿峡的覆辙,大庆油田地层压力和饱和压力的差值(即地饱压差)小,弹性能量小,同时边水不活跃,所以必须实行早期注水。注水开发成为大庆油田的不二选择。

当时,世界上两个注水开发的大油田,一个是美国的东得克萨斯大油田,另一个是苏联的罗马什金大油田,前者面积注水,后者行列注水。该向谁学习?综合各方合理意见,结合大庆油田的实际,最后得出的开发方针是进行早期行列注水,力争保持油田压力,提高油田采油率。

那么,在哪里注水?大庆油田长垣面积很大,如果只在边上注水,油田内部的大片地区将收不到注水效果。正确的做法应该在大庆油田中间拦腰一刀,采用内部横切割的方式进行注水。切割以后井距该大该小?又是一番讨论之后,最后决定了试验区的井网,按照两排注水井之间打三排油井部署,排距600米、井距500米的方案进行部署。

要不要注水?在哪里注水?解决了这些问题,接下来要解决的是注水时机的问题。过早注水没有必要,过晚注水地层压力就会不断下降,低于饱和压力,井下就会出气,对生产非常不利。

所以,什么时候注水是个大事,但是,怎样才能找准注水的时机呢?

为了找准注水时机,作为油井分析队队长,韩大匡每个白天都去跑井口,搜集每口井的生产情况,随时捕捉产量和压力的变化。

[①]《康世恩传》编写组. 康世恩传[M]. 北京:当代中国出版社,1991。

天天跑井口，韩大匡拿到了很多第一手资料，之后，他开始进行分析汇总，制成各种图件。那时候，韩大匡画过等压图、油田动态分析图、油井开发动态图、生产试验图等，他把每口井的地层压力画到图上，根据它构成等压线，通过等压线再观察油井压力哪里高、哪里低，然后再根据压力的高低分析有无异常，提出生产措施，总结油田开发趋势。

他画图的时候，常常喜欢躲到蚊帐里。因为，白天需要走井口，晚上才有时间画图。晚上，油田自己发电，板房里亮起了电灯，草原的蚊子没见过灯光，看见亮光就蜂拥而至，不顾一切地飞进来，撞到灯泡上就被烫死，灯泡下面一桌子密密麻麻的死蚊子。幸存下来的，就在板房里四处游荡，"嗡嗡嗡"，韩大匡只好躲进蚊帐里。其实，不只是晚上，白天外出上井，也要戴上防蚊帽，防蚊帽就是帽子下檐挂一圈纱布，就像一个"移动蚊帐"。即便如此，每人脑袋上面还围着一圈蚊子，"忠心不二"地跟着人在跑，人走到哪儿，蚊子就跑到哪儿。

那时候，韩大匡常常用各种颜色的笔，在道林纸①上勾画出各种图件，满满地挂在板房的四周。他和他的同事们，站在这些图画面前进行对比分析。为了预测大庆油田注水时间，他搬出复杂的公式进行推导，把生产试验区几十口井的数据导入以后，算出来的结果却前后不符。哪里出了问题呢？

韩大匡冥思苦想，他常常躲到草原开阔的地方推算着他的公式，因为那里清静，没有人打扰。再怎么算，结果都不对，他一下子陷入了困局。

韩大匡想到了物质平衡的道理。每一天，每口井都在产油，地下的油层每天都有输出的数量，地下的压力每一天都有下降的数量，产出越多，地下压力就降得越多。最后，韩大匡推导出到1961年

---

① 胶版印刷纸，是专供胶版印刷的用纸，也适用于凸版印刷。一般用漂白化学木浆、竹浆、破布浆及草浆抄制，还需适当地多加填料和胶浆，在长网造纸机上抄制，并经过压光制成。

的第一季度末，萨尔图生产试验区的油井，地层压力将会降到饱和压力。

韩大匡向上级建议，一定要抢在次年第一季度结束以前进行注水！

1961年的第一季度，生产试验区的注水大战开始了，让人意外的是：水没法注进地层，就像有一只手，总把注进去的液体给顶出来。韩大匡急出了一身汗。是不是注水时机不对？他在心里问自己。

很快，经过多方排查，大家发现水质不好，水里成分复杂是无法注入的原因。实验室分析结果显示：水里含有各种碎片、泥沙、灰尘等，加上储层的孔隙小，杂质堵塞孔隙，所以水注不进去。得知是此原因，韩大匡松了一口气。

具体负责注水实施的是注水大队。注水大队队长是朱兆明，其他还有刘文章、杨育之、张会智等人。他们吃住在注水井场，一直到作业成功。刚开始的时候，他们设计的注水系统是一个上万立方米的贮水池，由水泵带动，水经由水泵打到注水管线里，然后再注往各个井区。听说注水注不进去的原因以后，康世恩给出指示，他说要彻底清洗注水管线，力争让井下、井口、注水管线和配水站水质都一致，才去注水。

之后，注水大队的同志们拼命冲洗贮水池、注水管线，有的同志爬进上万立方米的贮水池里去，一遍又一遍不厌其烦地擦洗。经过这样严格的大清洗，杂质被去除干净，注水成功了。

实践证明，韩大匡给出的注水时机的建议是完全正确的。对于这件事，在半个世纪以后，韩大匡还引以为骄傲。他说：事情虽小，但也算一点点贡献。

萨尔图的冬天来得特别早，国庆节刚过，大草原上就飘起了鹅毛大雪。松辽大地的冬天是什么样子呢？一场雪能把一年长起来的草完全覆盖；一个冬天下多少场雪没人说得清；一滴水能在零下几十摄氏度的室外温度中瞬间结冰；一个个水泡子冻成冰镜子能五个月不化。

进入九九严寒天气，当地人最怕的就是东北的"大烟炮"。"大烟炮"就是大雪和狂风碰头。在旷野上肆虐的极寒天气，韩大匡领教过"大烟炮"的威力。

一个大雪过后的晴天，他和一个同事到井队上取资料，返回的时候，一位有经验的老职工看了看天气，一脸严峻地警告：要刮"大烟炮"了。由于急着将资料送回分析大队，韩大匡他们犹豫了一下，还是踏上了归程。

果不其然，"大烟炮"追着他们的脚后跟就来了。太阳渐渐黯淡了，一阵阵的风猛烈地吹过来，狠狠地将草地上的积雪举起来，形成一串串的"雪溜子"，像银蛇一样扭动，雪像沙子一样猛击到人的脸上。腾起的雪雾就像释放了一颗巨大的烟幕弹，霎时弥漫了整个草原。

"快走，我们拉起手，不要被吹跑了。"韩大匡朝同事大声喊道。这时候，天和地的分界消失了，草原上鼓起的小山包消失了，狂风裹着大雪横扫一切。他们顶着小刀一样的风雪，手拉着手，向着大队的方向努力地迈脚。最终，他们还是及时赶回了大队，资料完好无损。

风雪呼啸一晚上，第二天起来一看，积雪堆得老高，当地牧民家的马儿没地儿躲，踩着一圈一圈加厚的积雪走上了房顶。

这就是东北的"大烟炮"。

"大烟炮"没有吓跑这支石油之师，在冬天到来之前，他们就向当地的老百姓学习，自己动手打造了一排排干打垒。韩大匡打过干打垒，用木头做一个大方框，置于平地，边上挖土，填到木框里去，下宽上窄，一层层夯实一直到一面墙那么高。这种干打垒就地取土，建造成本低，但是内设火炕，外墙厚实，墙中间留出空间做成火墙，所以干打垒里面非常暖和。

然而，大庆会战初期，大家没有经验，建出来的干打垒质量不高，保暖性不强，所以，他们还要在干打垒里烧原油取暖。大庆的原油是黑稠的，烧起来会冒黑烟，时间长了，干打垒里被熏出左一道、右一道的黑印子。不仅保暖性不好，有的干打垒安全性也不好。

有一天晚上，韩大匡加班到深夜，回到自己住的干打垒。大家都睡了，只有铁炉子上的热水壶在"吱吱"作响。干完了几十口井的资料分析，他感到眼皮酸涩，脑袋晕沉沉，他打着呵欠，摸到了自己的铺位，一头睡倒，很快就跌到了梦境。梦里，他见到了美丽的萨尔图大草原，明镜一样的水泡子边，一只丹顶鹤在优雅地踱步，转而场景又切回了童年时代，他又看见了浙江萧山老家里那口大水缸，里边盛的水那么清澈、那么甘甜，他站在水缸边看自己的倒影。

突然间，耳边"轰隆"的一声，大水缸里的倒影被震成了碎片，都消失了，韩大匡一个激灵，给震醒过来，他睁眼一看，哎呀，屋顶怎么没有了，再看，墙也没有了，墙成了一堆土。他和他的床，正袒露在萨尔图的草原上。

原来，由于质量不太过关，又受到雨水和雪水的长期浸泡，干打垒的外墙软塌了，所以突然之间倒塌下来，堆成土堆，韩大匡离这面倒下的墙就差十厘米，只需十厘米，他就会连人带床"活埋"到那一堆土堆里。

那一刻的他，只需要伸伸鼻子，就能嗅到满鼻子的泥土气息；睁开眼睛，就看到一顶湛蓝的天空；摊开手臂，就好似躺在了大草原上，以天为幕，以地为席。那一刻，韩大匡虽然感到后怕，但是也感到自己命大，他自嘲了一番，很快又和同志们重新修葺好宿舍，重新搬了进去，继续推进他们的工作。

1960年年底，全国范围内都出现了粮食供应紧张，就连有粮仓之称的黑龙江省也不例外。大庆会战职工的粮食定量标准下降了，钻井工从每月56斤减至45斤，采油工从每月45斤减至32斤，干部、专家一律减到27斤。

粮食定量已经下降，食堂里所能提供的副食就是一盆水煮白菜，油水极少，大家都感到肚子总是吃不饱。

越到后来，形势越紧张，物资越紧缺，一个八级工一天的工资买不到一捆葱，在自由市场上，土豆论个卖，甜菜切成片卖。很多人跑到野地里挖野菜，运气好的话，能搞点小秋收，在农民收割之后，捡拾他们落下的粮食，有时能捡到点东北大黄豆，有时能捡到甜菜叶子或者白菜帮子，偶尔还能捡到点豆角，甚至有人会去地里挖野菜。捡回去以后，大家交给食堂，改善改善伙食。

有一天，韩大匡来到大庆会战指挥部，他站在门口，犹豫来，犹豫去，是进去？还是不要进去？突然，大庆会战指挥部副指挥唐克看到了他，大声地喊道：

"小韩，你在那里想什么呢？快进来。"

韩大匡一听，心里有些忐忑，迈进了大门。

"你来是不是有事？你怎么看上去不太舒服？"唐克和韩大匡早就认识，相互间还比较熟络，说起话来总是开门见山。唐克神采英拔，曾在北京外国语学院学习俄语的他不管是穿上中山装还是西装，都仪表堂堂，颇具外交官的风采，他在工作上也甩得开，能用人、敢用人，后来成为石油工业部部长。

"我，我，唉，我得给组织添麻烦了。"韩大匡憋了半天，说出了这句话。

"什么事？别吞吞吐吐的了，快说吧。"唐克快人快语。

"我出差时粮票被人偷了。"韩大匡说。

"什么？粮票丢了，这可不是闹着玩儿的，丢了多少？"唐克脸上露出关切的神色。

"两个月的，都怪我自己不小心，那些小偷也真可恨。"韩大匡非常懊恼。

"是呀，没有粮票光有现钱是买不到粮食的，现在粮食又这么紧张。这样吧，我帮你想想办法。"唐克说。

"那就太感谢了，下次我一定注意，决不能再让这种事情发生。"韩大匡对唐克心里充满了感激，他接过粮票，心里边舒了一口气，口粮问题终于解决了。

他转身走出会战指挥部，走在回大队的路上，韩大匡心想，不能光是依靠组织，组织上也很困难，于是，在接下来的两个月，他将一天的粮食掰成两半，分给两天吃，别人吃三两，他只能吃一两半到二两。

　　所以那两个月，韩大匡总是处于饿肚子的状态。肚子抗议得实在厉害了，就倒碗开水，冲点酱油，骗骗自己的肚子。在安达的时候，当地还有奶牛，还能买到点牛奶喝。后来物资紧缺了，牛奶也没有了，就只能到大街上买冰棍充饥，一直到现在，韩大匡还记得安达冰棍的味道。

　　这就是大庆会战的生活。在这样的艰难时世中，韩大匡常常想念起远在北京的那位姑娘，晚上抬头看见草原上的明月，清清朗朗地铺在大地上，他感慨"明月不谙离恨苦"，他抬笔给李淑勤写去信笺："现在条件很艰苦，吃住都不行，但是大家仍然心怀一团热火，一门心思想把大油田早日开发出来。"

　　已经分配到石油工业部北京石油科学研究院工作的李淑勤，每每盼来韩大匡的信笺，总要看上几遍，再将所有的来信收集起来，包在一块粉红色的方形纱巾里，再压在枕头底下。1960年年底，师傅徐同台过来通知李淑勤去大庆出差，她高兴地收拾上简单行李，带上自己的铺盖卷，和另外一名同事很快就来到了大庆油田泥浆站，在这里，她们要进行钻井液实验，管理钻井液配发等。

　　两个年轻人都从北京来到了松辽盆地，已经近在咫尺，但是会战任务繁重，他们想见一面却又找不出时间。直到有一次会战指挥部召集开会，赶巧他俩都在会议名单里，终于得以一见。

　　会场里，李淑勤看到了韩大匡，他正坐在斜前方。李淑勤歪着脖子，偷偷在后面打量着他。几个月不见，韩大匡又瘦了，他的脸上也显得非常疲劳。李淑勤感到心里一阵难过。散会以后，他们走到了一起。

　　"几个月没见，你怎么这么瘦了？"李淑勤的话语里带着关切。

"没事，就是工作比较劳累。在这里能见到你真好，看见你我的疲劳就没有啦。你现在住哪里呀？带的衣服够不够？工作忙不忙？要问你的问题太多了。"韩大匡连珠炮弹一样地发问，恨不得把所有的惦记和牵挂一股脑倒出来，送给眼前人。

出了会场，他俩并肩走在草原上，聊了很多。这一天，连草原上的风也小了很多，似乎也在细心地倾听两人的悄悄话。

说了会战，说了工作，韩大匡唯独没有提自己的粮票弄丢的事情。直到后来，李淑勤才知道这件事，她埋怨地说："丢了粮票，只补发了一半，你不好意思再去麻烦组织，不告诉我，也不告诉家里人，就这么自己扛着，饿着，看你都瘦成了什么样。"

元旦节，泥浆站给职工们配发了一些小鱼，有位热情的职工给李淑勤分了一小把，小鱼只有一根手指这么粗，小指头那么长。李淑勤用白水和盐将小鱼煮熟，放到饭盒里，托人捎给了韩大匡。韩大匡享用着这些美味，觉得幸福极了。

1961年，由于长期营养不良，缺乏休息，身体超负荷运转，韩大匡的身体被摧垮了，他得了一种周期性循环发烧的怪病，每个月都会发烧一次。发烧的时候浑身筋骨难受，头疼欲裂，最高能烧到40摄氏度，一周左右烧退了，症状都消失了，人跟没事人一样，但是第二个月还会再烧一次，所有的一切再重来一次。大庆的医疗水平有限，一直也没有查出病因。

年中，北京石油学院副院长曹本熹来大庆看望会战的师生。曹本熹看到了正躺在床上发高烧的韩大匡。他看到以后说："这样下去不行，身体会拖垮的。"于是，他跑去和会战领导商量，他们决定让韩大匡调回北京休养。

这时候，韩大匡参加大庆会战正好一年。

1961年8月，李淑勤的母亲从包头来到北京，韩大匡陪着好好地游览了颐和园，老人看中了韩大匡的人品，感觉将女儿托付给他是可以放心的。

就在这个月，按照大庆会战总指挥康世恩的指示，李淑勤所在的北京石油科学研究院钻井机械室立即去大庆参加会战。

通知下达以后，整个钻井机械室立刻就动员起来了，大有"一锅端"的架势。韩大匡听到这个消息，感到啼笑皆非，自己刚刚从大庆回来，李淑勤又要被派下去了，两个人怎么总是错过呢。

是继续错过，还是在一起再也不要分开？顿时，韩大匡心里萌生出一个强烈的意愿。这个意愿，寄寓着他对李淑勤深刻的感情，也寄寓着他对新生活的憧憬。快表达出来，快告诉她，这么想着，他感到心脏一阵狂跳。但是转念一想，还是等等，这是一件大事，需要一个合适的时机来表达，他对自己说。

韩大匡的姐姐韩素侯当时在北京工作，一天，她邀请李淑勤去家里做客。晚饭过后，韩大匡送李淑勤回单位宿舍。北京八月的晚上，没有凉风，白天里升腾起来的热气还氤氲在空气里，只是不再那么躁动。一盏盏的路灯，将橘黄色的灯光投射到大树上，将树叶映衬得一片金亮。学院路20号院里，影影绰绰的大树下，两个年轻人并肩慢慢走着，他们脚步放得很慢，仿佛想要留住这美好的时光，两颗年轻的心同时盛开着一万亩的玫瑰花。那炫灿，能够惊醒所有的黑夜，那香气，能够醉倒所有嘤嘤嗡嗡的蜂蝶。

次日，在王府井的中国照相馆，韩大匡和李淑勤拍下了结婚照。照片上的韩大匡，丰神俊秀，浓密的黑发修剪得干净利落，他穿着一件白色短袖衫，左胸前别了一朵鲜红的绢花。照片上的李淑勤，眉清目秀，微微笑着，齿若含贝，她的黑发用手绢扎成一束，系在脑袋后面，细长的脖颈上，戴着一条鸡心项链。这条项链是韩大匡送的结婚礼物，虽然是黄铜的，今日已经发黑，但是她一直珍藏着。

照完结婚照以后，李淑勤用10尺布票买了一匹花布，做了一个床单以及枕套，再用母亲送的白绸子给韩大匡做了一个短袖衫，给自己做了一个裙子。最后，买上两斤喜糖、瓜子，这个婚礼的筹办工作就算完成了。

婚礼选在礼拜六晚上。下班以后，他们一起去婚礼的现场——一间从出差同事那儿借来的房子，房子只有十平方米，里边只有一张床。晚上七点，参加婚礼的朋友们都来了，喜糖瓜子一发，大家纷纷送上对他们的新婚祝福，热热闹闹，有说有笑。这就是他们的婚礼，喜糖、瓜子和一间借来的房子。婚后第七天，李淑勤就带上行李，奔赴大庆会战前线去了。李淑勤到了大庆油田，感到茫茫的草原美倒是很美，但是吃住实在困难。开始的时候，她们没有房子住，只有一批刚盖好还没门窗的干打垒暂住。晚上，寒风倒灌，实在是冷，她们翻出所有的衣服，连衬衫也披上，皮帽子带上，哆哆嗦嗦地熬过了几个晚上。

后来，她们自己盖干打垒，李淑勤还担任了干打垒小分队的队长。她们学得快，越盖越好，上边来检查的同志说：你们秀才还造反了，房子盖得这么好。于是，给她们发放了奖励——豆腐渣。豆腐渣是制作豆腐剩下的残渣，在那个年代，这可是一等的美味。李淑勤将豆腐渣送去了食堂，给大家加菜，单位的同志在食堂里见着她们，都跷起拇指说：你们真行，给我们挣来了营养品。

1964年，全国工业学大庆，中央决定在全国上下都成立政治部门。当时李淑勤是大庆油田研究院钻井机械研究室党支部书记，她参加了大庆第一次政治工作会。会上决定干部交换，会后她接到通知说要将她调回北京。在这里待了三年，已经对大草原产生了感情，临走之前，她跳上一辆解放牌汽车，在萨尔图转了一圈，留下了她的无限眷恋。

带着行李，回到熟悉的北京。到家了，李淑勤发现房门是锁着的。她就在自己的行李箱上坐着等，等了很长时间，才看见她母亲带着1岁多的女儿韩松回来。母亲看见她，又高兴又怀疑，问她怎么回事，是不是犯了错误了？小韩松看见她，光看不说话，怎么也不肯叫妈妈。李淑勤张开双臂说，我是你的妈妈呀！直到进了屋，小韩松指着墙上妈妈的照片，嘴里叫着"妈妈""妈妈"。在她的意识里，那个才是妈妈。过了好几天，她才明白过来，眼前这位妈妈就是照片中的妈妈。

50多年过去了，李淑勤回忆到这一段，老花眼镜后面闪动着泪花，眼泪止不住地就往下流。她说："那几年，为了工作，我没有怎么管孩子，对孩子感到很亏欠。"

创建石油开发研究室

20世纪60年代初，如果你行走在北京的长安街上，你会发现一个奇特的现象：首都的公交车驮上了黑色的大气包，像是驮着搬家的"行李"，一辆辆鱼贯而过，好似一支庞大的"搬家"车队。公交车有多宽，气包就有多宽；公交车有多长，气包就有多长。它们鼓鼓囊囊，沉沉地压在公交车的"脊背"上，压在石油人的心上。

那时候，铁人王进喜来北京参加"群英会"，看到大街上跑的汽车，就问别人：这上边装那个家伙干什么？人家说，那包里装的是煤气，因为没有汽油，只能烧煤气。王铁人听了，心里五味杂陈，很不是滋味，他憋着一股气说：我是一个石油工人，眼看没有油，让国家作这么大的难还有脸问！难道就眼看着让外国人看我们的笑话？[①]

这个小小的场景，从一个侧面展现出了20世纪60年代初的中国局势。这一切，都源自当时的"内忧外患"：持续的自然灾害，中苏关系交恶，西方石油封锁，年轻的中华人民共和国面临着严峻的考验。进口原油非常困难，到处都喊着：缺油！缺油！

因为缺油，北京很多公共汽车背起了气包，气包里没有天然气，

---

① 王志刚.石油老照片［M］.北京：石油工业出版社，2013.

只有焦煤气，公共汽车开起来的时候，后面冒出浓浓的黑烟；因为缺油，河南等地的汽车，油缸里灌不满汽油，只好混入酒精、老白干，甚至重新启用了木炭汽车；因为缺油，航空油生产困难，空军的训练和执勤受到影响，有些飞机因为油料紧张不能正常起飞。

石油人看在眼里，急在心里。北京石油学院的师生们更是忧心如焚，他们提出"以反右倾鼓干劲的精神迎接1960年！"召开全院师生跃进誓师大会，开展"大比武"和"挑战"活动，在轰轰烈烈的群众运动中，他们想要通过科研攻关来推动油气生产，力求让石油科学技术研究也"开门红、月月红、全年红"。

20世纪60年代初，全国上下一度兴起大搞"超声波"运动。有人说超声波能帮助炼钢，缩短出钢的时间，又有人说它能提高煤的产热量，提高发电的效率。在北京石油学院的校园里，北京市委在此召开过超声波技术现场会，科学技术委员会在这又举办过全国超声波展览会。据统计，全院有上千人参加了这一运动，做了数百个超声波研究项目。

韩大匡受这波浪潮的影响，开始琢磨如何将超声波结合到驱油理论研究中去，但是怎样结合呢？这个前人没有做过，无从着手。

"有条件要上，没有条件，创造条件也要上。"王铁人在大庆会战发出的豪言壮语激励着石油人，搞科学研究也一样，创造条件也要上，韩大匡这么想。于是，他们土法上马，在基本没有科研条件的情况下，挖空心思各出奇招。

首先，他们找来一截紫铜管子，用力将管子敲扁，让气或者水在中间通过，通过的时候产生超声波。他们希望，超声波产生之后，和油水之间发生关联，达到驱油效果。然而，设想是美好的，现实却落空了，韩大匡发现，这个实验越做越难，不管怎么弄，超声波就是不驱油。

当时，李淑勤跟随钻采系钻井专业的老师也搞过超声波实验。她们也是将紫铜管敲扁，将内径变成细细的一条长缝，然后往里吹气，形成超声波，期望让钻井液变得更细腻更黏糊。然而，这个实验同样没有取得预期效果。

科研这事，不是想象中这么容易。

超声波实验失利以后，韩大匡转变思路，开始搞岩石高压物性测量仪——压汞仪。他指导一名研究生做压汞仪，用来测定孔隙分布，这个仪器颇有创新点，把负压都用上了，根据压力不同，可以观察到孔隙的分布。韩大匡指导学生做的压汞仪取得了成功。

初步尝到了科学研究的甜头，韩大匡想到毛泽东主席的《实践论》：你要知道梨子的滋味，你就得变革梨子，亲口吃一吃。你要知道原子的组织同性质，你就得实行物理学和化学的实验，变革原子的情况。你要知道革命的理论和方法，你就得参加革命。一切真知都是从直接经验发源的。

这段话，道出了韩大匡初步接触科研工作的心声。

以前，以教学工作为主，科研任务为辅，科研探索仅仅停留在纸上谈兵，总是站在树下"看梨"，现在，经历了超声波实验失利、压汞实验初步成功，就如同自己亲口"吃梨"，终于知道了"梨子的滋味"。

韩大匡说："曾经认为科研高不可攀、神秘莫测的心理防线被打掉了，经过了这些探索，我们充满了热情，脑子里全是想法，什么东西都敢想。虽然缺乏科学性，但是着实开始了初步的科研工作。"

此时，经过近十年的锻炼，在北京石油学院韩大匡已从助教，经过党支部书记、系主任助理等职位的历练，走到了副系主任的岗位。1959年，他27岁，开始负责北京石油学院钻采系的科研工作，成为系里的主要负责人之一。

当时的北京石油学院钻采系包括石油钻井、石油开采和工业经济三个专业，以教学任务为主，科研任务基本没有。下设三个教研室，分别是石油钻井教研室、采油工程教研室和工业经济教研室。

随着我国特大油田——大庆油田的发现，国家急需解决油田开发和生产过程中遇到的重大理论和技术问题，为此，石油工业部决定在北京石油学院成立专门从事科学与技术研究的石油开发研究机构。

以前的科研探索为这个研究室的成立打下了基础。1962年北京石油学院石油开发研究室正式成立，这是全国石油院校中首个独立于教学的研究室，不承担教学任务，隶属于钻采系。韩大匡兼任主任，陈钟祥任副主任，白振铎任党支部书记。集合了包括石油开采、油田开发、流体力学、油层物理、油田化学、仪表和自动化等方面的专业人才，主要研究成员有韩大匡，留苏副博士渗流力学专家陈钟祥，油藏物理专家张朝琛，开发专家王谦身、白振铎、宋军、项焕章、孙丽媛、陈新民、杨承志、董映珉、陈钦雷、成绥民等，配备两名中专毕业的专业试验员，可谓阵容强大。研究室下设专业实验室四个。

石油开发研究室的主要任务包括三部分：其一，承担石油工业部和油田的重大石油开发和开采的基础理论课题和生产技术课题；其二，培养相关专业硕士研究生；其三，指导石油开采专业学生毕业设计。

与1961年招收的第一位研究生陈钦雷［中国石油大学（北京）教授］合影

有了石油开发研究室，韩大匡脑袋里的种种问题就有了探索的载体。身为主任，他也成了科研工作的"领头羊"。他集思广益，根据当时油田生产中遇到的问题，带着研究室的老师们设计了很多具有代表性的课题。其中比较重要的研究包括：

（1）油田开发电阻－电容电模拟；

（2）油层物理模拟（包括一维模拟、二维模拟）；

（3）油层油水饱和度分布测量（包括放射性法、电阻法、示踪剂法等）；

（4）油层岩石润湿性研究；

（5）油层绝对渗透率和相对渗透率研究；

（6）油层多相流理论研究；

（7）油藏数值模拟研究（数值模拟理论和油藏数值模型）；

（8）提高石油采收率研究（提高石油采收率机理和方法）；

（9）油井清蜡研究（化学法、物理法－玻璃内衬油管和加热法）；

（10）针对重油的热力法开采研究（火烧油层、井底电加热等）；

（11）微生物（细菌）提高石油采收率研究等。

研究方向虽然确定了，但研究室一无项目、二无资金、三无设备，怎么办？他们开动脑筋，采用土办法，自己动手设计实验方案。

比如火烧油层实验。他们参考国外科技文献上的做法，设计了一套简单的试验流程。他们在钻采楼找了一个房间，用砖头和水泥砌了一口井的模型，再架起一个实验架，把油砂放在实验架上边，实验架下边做一个土堆，在土堆中间挖一个圆窟窿，点火，给上边的油砂加热，油砂之上，以盖子盖严。油砂受热以后，油流就从油砂里向四面八方涌出去了。

又如相对渗透率曲线的研究。研究地下原油的流动，就要搞清地下渗流的关系。达西定律是反映水在岩石孔隙中渗流规律的实验定律，是渗流中最基本的规律。但它只反映了单因素流动的规律，在真正的地下，在很多情况下水和油互窜，由于水和油抢路，渗透率就要随之更改，渗透率和油的饱和度、水的饱和度又有直接的关系，所以，需要研究多因素渗流的规律。出于这些考虑，石油开发研究室进行了相对渗透率曲线的研究。在那个年代，这种曲线只在书本中见过，在我国的实验室中还没有做出来。他们进行了创新性的探索，首先是确定一个饱和度数据，求出当时的渗流曲线，然后换一个饱和度数据，再求一个渗流率，最终连起来就是相对渗透率曲线。这个实验做了一个物理模型，用玻璃粉烧结而成，它达到了在不同压力下测试不同渗透率的目的。

尽管当时的实验都非常简单，但是大家渐渐地觉得科研不再是那么神秘，他们勇敢地"摘梨子""尝梨子"，一度走在同类实验室研究的前列。

大庆原油有"三高"：高黏度、高含蜡、高凝固点，是一种石蜡基原油。这种原油从几百米上千米的地下输送上来，在油管内的长途"旅行"中，原油中的蜡析出，蜡晶体长大，就会沉积在井壁上。据韩大匡在石油工业部1965年技术革新、技术革命座谈会上的一份材料中所写：大庆原油，含蜡高达20%～30%，含胶达15%，因此井壁容易结蜡。

结蜡一旦严重，油管的空间就会变窄，原油通过的总量也会相应减少，所以结蜡严重影响油井产量。

解决清蜡问题，原始的办法是使用刮蜡器。井口置一绞车，绞车带动钢丝绳，钢丝绳一头系着刮蜡器，沿着采油管内径下到井内，然后依靠人力向上拉起刮蜡器，它锋利的刀片就会将油管管壁上的蜡晶体刮下来。但是，蜡结晶往往非常厚实，刮蜡片很容易损坏。不仅如此，清蜡工作需要在油井停产时才能操作，这些都是机械清蜡的缺点。

另外一种办法是电热清蜡，用电加热的方法提高油流温度，防止蜡从石油中析出，或者间歇式加热，把已经结在管壁上的蜡融化掉。这种方法虽然不需停产，但是在当时，电贵过油，石油人用不起。

大庆会战的时候，油井结蜡现象普遍存在，考虑到成本因素，大多数油井采用的是原始机械清蜡。实际上，刮蜡片清蜡费时费力，清蜡成为采油工人最繁重的劳动。韩大匡常常看到石油工人们辛苦清蜡的场景。

在萨尔图草原的数九寒天，地表温度掉到零下几十摄氏度。一个晚班上，几名工人正在进行清蜡作业。

"小心！小心！"刚开始的时候，他们穿着棉袄子，戴着棉帽子，小心翼翼地往下放刮蜡片。

"真贼，越到冬天，结蜡越深，估摸着，今天得下到几百米。"一名工人在井边嘟囔着。

下刮蜡片的时候，往往先下几十米，刮干净这一段，再下几十米。进入严冬，地面温度降了，结蜡也更深了，这种"贼贼"的蜡晶就喜欢低温。

在人们的印象中，石蜡是近乎透明的白色无味晶体，大庆的石蜡在地下和原油混合，既含有高构碳烃类，又含有沥青质、胶质、泥沙等，所以工人们刮出来的蜡晶体就像是沥青一样，黑麻麻、黏糊糊、脏兮兮。

黑油油的蜡晶刮出来以后，沾染在工人们的棉袄上，他们浑然不知。

"哎哟，我的妈呀，下边得结了多厚的蜡晶啊，我都快绞不动了。"因为这个时节的大庆温度太低，蜡晶又深又厚，没有两下子还真刮不动。于是，两名工人一起摇动摇把，"哎哟、哎哟"喊着号子，奋力地向上拉着。

绞车一圈一圈地摇，刮蜡片一段一段地上来，他们像老牛一样喘着粗气，豆大的汗珠子从额头渗出，随着身体的节律再"吧唧"摔到地上，带着仅有的温度，瞬间就被地上的残雪吸走。他们甩掉了棉帽子，脱掉棉袄，仍然感到一股热力从脚底板蹿上来，不一会儿就汗流浃背，衣服被打湿了一片。

"能不能用一个机械代替人工在井上拉刮蜡片啊？"一名年轻工人说道。

"那不行，以前不是没试过。井下结蜡情况那么复杂，谁知道里边都结成什么样。机械刮蜡力量没法控制，刮蜡片会坏得更多。"一名经验丰富的老工人说道。

"啥时候能给我们设计一个装置，轻松就能清蜡，咱也不用这么费劲巴拉地干活了。"年轻的工人一边摇着绞车，一边"畅想"着。

一个夜班，他们片刻也不得休息。后半夜，黑漆漆的天空飘下了芦花般的雪，团团绒绒的雪，柔柔地摩挲清蜡工人的脸庞，轻轻地站在他们的肩上，仿佛在说：你们辛苦了！辛苦了！

年轻工人的话，说到了韩大匡的心坎里，怎样才能降低结蜡、保证生产？怎样减轻清蜡工人同志们的体力劳动呢？韩大匡开始思索这个问题。

成立了石油开发研究室以后，有了研究条件和研究力量，韩大匡和陈新民等同事开始着手解决含蜡基原油的结蜡问题。刚开始，他们的研究思路是用化学方法防蜡和清蜡。

在油层里，石蜡一般以液体状态和原油共存着。采油过程中，由于温度和压力的变化，轻质组分不断逸出，高分子烃沉积下来，蜡分子向油管壁扩散，蜡晶大面积地吸附沉积在管壁上，堵塞油流管道。既然是蜡晶"拦路"，那就去掉这个"拦路虎"。那么，怎么样才能减少蜡晶呢？韩大匡他们首先想到了添加表面活性剂。

韩大匡从当时的文献中了解到，在原油中加入微量的表面活性剂（抑制剂）和分散剂，就可以使蜡的结晶不易聚集不易析出，即使析出，也是以很小的颗粒悬浮在油中。

由于这种方法简单高效，便于自动化，生产成本低，苏联、美国、法国等都已经高度重视运用表面活性剂来防蜡清蜡，正在开展相应研究，在含蜡不特别严重的油田取得了一定成效。

但是，结合中国各个油田的实际情况，选用什么样的表面活性剂才能起到清蜡效果呢？韩大匡和研究室的同事们开始了"寻宝"之路。

在北京，韩大匡和他的同事们访遍了药剂店、化工厂。回上海探亲，韩大匡找了高分子聚合物，试了有机的、无机的各种材料，试验了十几种以后，发现效果都不太好。渐渐地，他们发现，表面活性剂适合含蜡量较小的油田，对于大庆油田这种含蜡量特高、含胶质特多的油田，它并不适合。

表面活性剂清蜡不适合大庆油田，那么该如何另寻出路？

一个巴掌拍不响，既然表面活性剂这个"巴掌"不响，那就想想附着体这个"巴掌"，韩大匡心想。蜡晶不可能自己结蜡，它总要有个依附体，采油过程中，它的依附体就是油管。韩大匡突然悟到，蜡晶和油管，就是一个矛盾的两个对立面，既然对付蜡晶无用，那么不如对付油管。

事实上，采油用的钢管就是一种亲油性的物质，原油中的石蜡结晶很容易附着在油管表面，形成结晶。改变油管内壁的表面性质，把管壁由亲油性改变为亲水性，石蜡结晶就不容易黏附在油管壁上了。对，就是这个道理！找对了攻关的方向，韩大匡和同事们顿时振奋起来，投入到了新一轮的"寻宝"当中。

一开始，石油开发研究室的同志们尝试用某种化学涂料涂到管壁上，效果不明显。接着，他们又想到烧一层搪瓷在管壁上，效果还是不明显。

那究竟镀上什么材料才能实现油管的亲水性呢？那段时间，韩大匡常常思考这个问题。一天，他正坐在教研室里专心准备教案的时候，听到外边"淅淅沥沥"的雨声，这才发现外边下雨了。他抬头一看，发现雨水形成珠串，被风吹到办公室的玻璃窗上。一张大大的玻璃窗，沾满了水滴，玻璃上的雨水多了，还形成一条条的"水路"，一条一条地往下淌水。

同事看到韩大匡在看雨，就说："今年的雨水真多啊，你上海老家也这样常常下雨吧？"

韩大匡沉思着，半晌不出声。突然，答非所问地说："玻璃是亲水的，我知道该怎么办了！"原来，他看到沾满雨水的玻璃，想到了玻璃是一种理想的亲水物质，在采油钢管内壁镀上一层玻璃，也许就可以实现防蜡清蜡。

同时，石油开发研究室的同事也发现，做实验的时候，玻璃器皿上容易沾水，不易沾油，由此可见玻璃是种亲水物质。

于是，他们决定，给金属管镀上一层"玻璃心"。

在他们的文章《玻璃、搪瓷涂层油管和表面活性剂、无机盐联合防蜡和清蜡的室内研究》中写道：玻璃、搪瓷的表面性质与钢管不同。玻璃是由二氧化硅等氧化物烧结而成，表面上是连续网状结构，在结构内有一定的化合物存在。这表面上的氧原子与水和抑制剂的亲水基易形成氢键，表面易被水和亲水基润湿，形成很牢的水膜。在油流时，由于水的黏度小，易走边壁，使油更不易粘在管壁上，对蜡的沉积起到了阻碍的作用。

室内研究表面，玻璃油管起到了防蜡清蜡的效果，但是要真正应用到油田，还有很多难题没有解决。比如有人担心，玻璃本身易碎，在运输和下井的过程中会不会震碎？还有人担心，一根油管7~8米之长，怎样才能把玻璃完整地、均匀地烧进去？这些，都不是容易的事。

为了解决这些工艺难题，他们跑了很多玻璃厂，寻找合作单位。北京遍寻不见，他们就把搜寻范围扩展到外地。最后，终于在吉林省四平市找到了一家玻璃厂，可以合作开发这种玻璃内衬油管。通过一段时间的联合攻关，他们终于研制出了第一根内衬玻璃的防蜡专用油管。

"玻璃心"油管做成了，但是到了油井上，这颗"心"是否真的能够起到作用？大家满心期待。

20世纪60年代中期,玻璃内衬油管被拉到了大庆油田。对于油田来说,这是一个新生事物,很多人想都没有想过,能在油管里边装上玻璃。它能起作用吗?很多人一肚子疑惑,甚至有个别领导认为,它不如电热清蜡方便,对这个新鲜玩意有点儿"看不上"。

但通过生产现场普通油管和玻璃内衬油管对比试验结果显示:玻璃内衬油管内壁光滑、亲水憎油,蜡在管壁上不易积附,能够有效地延长油井清蜡周期。

油管的"玻璃心"发挥了作用!

"玻璃心"油管将石油工人们从繁重的清蜡工作中解放出来,保证了油田正常的生产。这项工艺即"油井防蜡清蜡新工艺",一直到20世纪70年代,还陆续被推广到其他油田应用,促进了生产发展,深受油田同志的欢迎。慢慢地,大部分油田都建成了自己的玻璃油管厂,甚至建设一个玻璃油管厂一度成为油田建设流程中的标准配备。

1978年,在我国首次召开的全国科学大会上,这项工艺被授予全国科学大会奖。该项目参加人有韩大匡、陈新民、董映珉、汤克亮和李秀生。此时,韩大匡调入石油勘探开发规划研究院已有五年多了。

1978年"油井防蜡清蜡新工艺"获全国科学大会奖

在此期间韩大匡组织开展了以下研究：聚合物增加注入水流度驱油机理以及聚丙烯酰胺驱油提高石油采收率的现场应用，这项成果是由石油开发研究室首次提出并实践的开创性成果；油层两相渗流力学理论研究；油藏数值模拟基础理论研究；玻璃衬套油管油井清蜡现场应用及推广；示踪剂放射性同位素测量油层饱和度和油层相对渗透率研究等。先后培养了四名硕士研究生，并指导四届本科生完成毕业设计，接待了全国各油田多批次的实习和学习。

1969年10月27日，北京石油学院外迁。第一批搬家物资发往山东。北京石油学院这次迁出，应该说是仓促的，但却不是偶然的。之前就有迁校至大庆油田或胜利油田的说法，考虑到大庆已有一所石油学院，而山东东营地区基建的底子更好，故决定迁校东营。

20世纪60年代末期，北京石油学院从古都北京搬迁到山东黄河入海口，这一切，仅仅用了两个星期。四五千人的大学校园顿时人去楼空，除了空荡荡的校舍，还有一些无法拆卸的大型、贵重设备，另外还有少量留守人员，韩大匡就是其中的一位。

1969年11月，北京石油学院已经彻底搬出北京，昔日人声喧嚣的操场，今天显得格外空旷，昔日书声琅琅的教室，今天却是寂然无声。面对这番景象，韩大匡真有一种"昔人已乘黄鹤去，此地空余黄鹤楼"的感慨。

一些无法拆装的仪器打好了包装，存放在地质楼里。作为留守人员，韩大匡每天晚上都要去地质楼值班看守那些资产。

在北京初冬的晚上，外边一片漆黑，整个校园空无一人。地质楼里，只有一支手电光偶尔闪过，那是值班人员在巡查楼层。一楼的值班室常常会亮起一盏橘色的灯，韩大匡就守在灯旁，翻看自己的书籍，思考着尚未攻克的科研难题。

在这个优美的校园，北京石油学院教职工及其家属基本走光了。冬天一到，锅炉房就要开动起来，韩大匡被派去烧锅炉。

烧锅炉既是一项体力活，又有一定的门道技巧。韩大匡一直是舞文弄墨的知识分子，很少干这种舞刀弄枪的重体力活。刚开始，韩大匡掌握不好，常常弄得自己一头大汗，黑煤印子在脸上弄得左一道、右一道。但是，爱琢磨的韩大匡把这个当作一项新技术，非常认真地研究和练习了一番，他牢记着师傅教给的要领，一招一式模仿着劳动者的架势，很快就"上道"了。

早班的工作完成以后，韩大匡还会给锅炉房不识字的工人们读读报，引导他们学习时政新闻。

1970年1月，韩大匡的第二个孩子降临在这个家庭，为韩大匡和李淑勤带来了无限的欣喜。

孩子出生后不久，韩大匡和李淑勤便将她送到了李淑勤在包头的姐姐家。此后他们将自己家的钥匙交了出去，退掉了单位的房子，将家具物件打包整理好，甚至连煤球都装进了托运的箱子一并带走。这个架势，就是要永久地离别北京了。

第五章

石油规划当参谋

规划院横空出世

为了加强石油总体规划，助推油田增储上产，1970年6月，中共中央决定，石油工业部、煤炭工业部、化学工业部三部门合并，成立"燃料化学工业部"。1972年5月16日，燃料化学工业部正式下发《关于部属科研、供应等事业单位机构调整的通知》，决定将原来石油科学研究院的地质综合研究所单独设置，在北京成立燃料化学工业部石油勘探开发规划研究院（简称规划院），由时任江汉石油会战指挥部副指挥长焦力人[①]担任院长。

组织机构有了，办公地点选在哪里？根据当时主持燃料化学工业部工作的康世恩指示，规划院可以从北京石油学院原址、北京矿业学院原址和六铺炕部机关对面大楼三处选择一处作为院址。于是，焦力人带着筹备处的同志频繁地在六铺炕和学院路考察，条陈利弊，分析高下，最后，从三者中选择了北京石油学院原址办院，也就是今天的海淀区学院路20号院（简称石油大院）。

为了组建规划院，燃料化学工业部从各地紧急抽调石油技术专家和知识分子。1972年6月，从江汉石油会战各分部抽调的60余名同志先期达到北京，进驻原北京石油学院56楼，开始进行筹建规划院的各项工作[②]。

1972年11月15日，在湖北潜江五七干校的韩大匡和爱人李淑勤接到了一纸调令，让他们到规划院报到。

[①] 焦力人（1920—2007），陕西省韩城人。曾任石油工业部地质勘探司司长，石油工业部党组副书记、副部长、顾问，离休干部。中共十二大代表，第六届至第八届全国政协委员。

[②]《中国石油勘探开发研究院五十年发展史》编委会. 中国石油勘探开发研究院五十年发展史[M]. 北京：石油工业出版社，2008.

能恢复工作、重拾科研，做出对国家有价值的事情来，韩大匡和李淑勤激动地感慨着，"太好了，我们终于可以重新搞研究了。"大女儿韩松兴奋地喊着："我们要回北京啦，我们要回北京啦。"看着女儿稚拙的样子，韩大匡笑了。很快，他们踏上北上的列车，回到了北京的家[①]。

回到北京正值十一月。火车到站后，韩大匡全家人随着出站的人流走向出口，"当当当"，站前的大钟依旧奏响东方红的旋律，用浑厚的钟声报时。韩大匡抬起头来看看大钟，这是下午两点。密密的云层均匀地抹在天上，还没有雪意，他吸吸鼻子，用力地嗅嗅北京的冷空气，就像22年前他首次来到里一样。这里太熟悉了，这里太亲切了，像是回到了自己的故乡。

从1972年11月开始，原石油科学研究院地质研究所（"地质二线"）的人员也分批陆续从湖北潜江返回北京。

荒芜的大院，一下子涌入近两百号人马，首先要解决的是吃饭和住宿问题。好在这批30多岁的年轻人，已经习惯了如何面对艰苦的环境。在各种各样的石油会战中，他们向铁人学习，锤炼出天不怕、地不怕、苦不怕、累不怕的作风。越是艰难处，越是见精神，建设规划院没有现成的条件，他们就自己动手创造条件[①]。

劳动建院，用自己的双手建设自己的家园，他们乐在其中。韩大匡等人自己动手，对6号楼进行翻修和改造。那时候没有装修队，轮大锤、敲砖头、铲地面等体力活都得靠自己。大家你一锤，我一锤，干到最后，棉衣一脱，头上直摔汗珠子，而这些没有让他们停止双手的劳作。他们依靠自己的双手，巧妙地改造了楼房的格局，改造之后的房间作为宿舍，用来安置来自四面八方的职工。

在最短的时间内，他们将一个尘封的大院装扮一新，工作生活走上正轨，一切都安排得秩序井然。

在今天成府路口的东北角，有一栋灰色L形的楼房，最早曾是北

[①] 韩大匡访谈，2017年3月7日，北京。资料存于采集工程数据库。

京石油学院炼制系所在地，石油勘探开发规划研究院成立以后，这里进驻了规划院油田开发室。

当时，油田开发室的主要职责包括：在总结和研究国内外油气田，尤其是大庆油田的开发理论和实践的基础上，对油气田开发的重大问题进行综合研究，进一步丰富和提高我国油气田开发理论和水平，为拟定油气田开发的技术政策、夺取油气田开发的高产稳产提供依据；通过各种物理模拟和数学模拟的研究，发展油气层内流体渗流的基础理论，提高和完善油气田地质研究，开发设计和动态分析方法；研究测定油层基本物性，包括油气层孔隙结构、油层润湿性、流体性质等的新方法，设计和试制新仪器，统一全国测定方法和规程；研究适合我国油气田特点的，提高采收率的新方法和新技术；参加并研究重点油气田和特殊油气田的开发研究工作[①]。

当时油田开发室业务范围不仅仅包括石油开采，还包括采油工艺以及储量计算。除了开发室之外，规划院还设有石油勘探室、工艺装备室、油气集输室等。

韩大匡任开发室主任兼书记，和副主任陆勇、支部委员王晓云一起，带领几十名职工组建起了规划院油田开发室。从此他兢兢业业，发挥自己的专业特长，为这个大院的发展壮大，年复一年地付出自己的努力。

最初的职工队伍来自祖国四面八方，有从大庆油田调来的孙希文，曾任开发室的副主任；有大庆油田女子采油队井长陈淑英，是大庆油田的标兵，曾任开发室的副书记；有大庆采油队队长赵常杰，韩大匡后来常常和他一起去辽河油田出差。[②]

值得一提的是，规划院成立之初，张邦杰副院长带领同志们从武汉千里迢迢带回一批堪称"植物界国宝"的水杉苗，在主楼东边精心栽培。经过几十年的岁月更迭，当年不到一人高的小树苗，如

---

① 中国石油勘探开发研究院人事处.中国石油勘探开发研究院组织史资料（1955—2013）[M].北京：石油工业出版社，2017.

② 韩大匡访谈，2017年3月7日，北京。资料存于采集工程数据库。

今已长成快五层楼高的大树。近看,水杉林羽毛般的叶扇如碧玉,层层铺开宛如碧盖;远望,它们的笔直向上,气势端庄、挺拔威武,如同忠诚的石油卫士。

水杉林在这里守卫了多少年,韩大匡在这里工作了多少年。工作劳累之余,他常常绕着这片小林子呼吸新鲜空气,给大脑补充氧气,重新梳理凌乱的思绪。几十年过去了,当年的年轻人如今已白发苍苍,脊背弯了,步子也蹒跚了,水杉林却愈加葱茏,长得直冲云霄。它们一如既往地守卫着这片热土,守望着在这里默默奉献的石油科研工作者,和这所大院一起沐风栉雨。

用石油人的话说:水杉是侏罗纪植物,侏罗纪地层是找油气的重要目的层,水杉林目睹了石油大院的巨大变化,这些活化石也让我们看到了大自然沧桑变化的历史年轮[①]。

水杉林

做参谋殚精竭虑

20世纪70年代,一个普通的晚上,石油勘探开发规划研究院的主楼339会议室灯火通明。路过的人们能看到会议室里暖暖的灯光,能听到传出的汇报的声音和讨论的声音。这一间亮堂堂的会议

---

① 刘兴汉编写的《艰苦创业建院的故事》,收录于《科技兴油再创辉煌》(1998年),存于中国石油勘探开发研究院。

室，在万籁俱寂的夜中，仿佛是黑色大海中的一艘航船，顺着风的方向披风破浪在疾驰。

半夜十二点的时候，食堂值守的师傅会将切好的白面馒头，一片片摆放到大锅里，小心翼翼地翻煎着。他熟练地将馒头铺好在盘子里，并细心地在金黄的馒头上撒上白糖。很快，在大厨的精心烹饪下，炸馒头片被端上了339会议室的会议桌，康世恩对着会场上的同志们说："大家都先歇会吧，安慰下肚子，待会继续干。"

这是规划院里每年必定上演的一幕。每年召开"五级三结合"①会议的时候，康世恩必定会来到规划院，坐镇339会议室，像一根定海神针，听取各方意见，定大方向，拿大政策。

而每年这个时候，339会议室里，各油田的勘探图、注水图等挂满四壁，整个房间都淹没在剖面、曲线、储量、产量等各种图形和数据里。康世恩一根烟接一根烟地抽着，听着、记着、思考着。听会时间长了，他有些疲倦，他或许会"窝"在座椅里，两腿懒洋洋地搭在桌子下边的横梁上，但是只要听到一个精彩的点子，他就像突然触电一样，从椅子里"腾"地坐直，瞪着眼珠子，大声说："什么！你再说一遍。"

这个会不是开一天两天，它常常一开就开一个月两个月。韩大匡说："康部长常常来这里督战，加班到后半夜，大家伙肚子饿得咕咕叫，院里会安排夜宵吃白糖蘸炸馒头。对我们来说，这就是非常高级的夜宵。"

在"五级三结合"会议上，全国各油田会带着当年生产总结和来年规划等进京汇报。每年，每个油田都会有各种各样的情况，有的需要引进人才，有的需要加大投资，有的需要物资援助，有的需要落实材料。

韩大匡和规划院的同志们一起，扮演着"参谋"的角色，这个

第五章 石油规划当参谋

---

① 一种会议制度。五级指小队、中队、大队、指挥部、会战指挥部五级；三结合指干部、技术人员、工人三级结合。

角色是两重的，站在总部的角度上，他们引导油田进行经济化开采，多快好省地节约成本；站在油田的角度上，帮他们想尽办法优化开发方案，提高油田开发效果。

所以，"五级三结合"在形式上是一个会议，实际上是对全中国各个油田的来年生产的指导，在开会的前前后后有大量的工作需要规划院的同志们去完成。为了开好这个会，韩大匡他们提前就开始忙碌，掌握各大油田的生产情况。他们常常扮演总部"钦差大臣"的角色，跑各个油田了解生产动态：产量稳定不稳定？注水量够不够？压力是不是下降？油气比是不是很高？①

他们将这些情况搜集起来，拿到会上，和油田的同志一起分析，向总部汇报。最后再做出决定，下一步要打多少口井？怎么铺设井网？钻机怎么调配？如何进行投资？等等。

说到这里，就要说到规划院设立之初的定位。

规划院起源于石油科学研究院。1958年11月15日，面向全国石油工业的综合性科学研究机构——石油科学研究院诞生，标志着中国石油科技事业正式进入正规发展阶段。石油科学研究院是石油勘探开发规划研究院的前身。1965年2月2日，随着石油工业的快速发展，为加强对油田生产建设科学技术方面的指导，石油工业部组建了石油科学研究院地质综合研究所，行政事务工作由石油科学研究院管理，研究任务由石油工业部勘探司统一安排。当时勘探司主要管理生产调度一线工作，工作重点投入到油田现场，研究人员分赴各油田，主要负责收集资料、编制勘探开发规划方案、组织技术座谈会等工作②，甚至把实验室和实验仪器都搬到油田，在北京只留下了"地质二线"③这个留守机构。

---

① 韩大匡访谈，2017年3月7日，北京。资料存于采集工程数据库。

②《中国石油勘探开发研究院五十年发展史》编委会.中国石油勘探开发研究院五十年发展史[M].北京：石油工业出版社，2008.

③ 当时勘探司主要管理生产调度一线工作，地质研究人员分赴油田，主要负责收集资料、编制勘探开发规划方案、组织技术座谈会等工作。因而，勘探司显得"热一点"，研究所显得稍"冷一点"，故石油地质综合研究所又被称为"地质勘探司二线"，简称"地质二线"。

按照燃料化学工业部的要求，规划院首先是参谋部，而非科学研究机构①。所以，不从事具体的科研课题或项目的研究，而是参与和指导全国各大油田的勘探部署、开发方案和生产建设的规划、设计的审查和评估性的工作。

规划和科研，有相通之处，但绝不能混为一谈。

规划院的定位，直接牵涉到韩大匡自身的定位。韩大匡曾在北京石油学院创立了石油开发研究室，初涉石油科研领域。虽然各种研究工作尚处于摸索阶段，但是已经小有成绩，比如玻璃油管防蜡新工艺的研究、数值模拟技术的研究等。

如果说原先是攻其一端，深挖一隅，那么现在就需要站位全局、统筹兼顾，要对全国各油田进行全局的规划和评估。原来只熟悉一个油田或者几个油田的情况，现在需要对全国各油田的情况了然于胸，这对韩大匡提出了更高的要求。

规划院的设置和定位与燃料化学工业部的设立是分不开的。在石油工业部、煤炭工业部、化学工业部三部委合并之前，石油工业部设有地质司，主管全国油田的勘探开发。三部委合并之时，机构编制有一些不同以往的变化：司局改大组，处改小组，地质司改为油气开发大组（简称油开组），主管范围不变。油开组就是现今中国石油天然气股份有限公司下属的油气和新能源分公司的前身①。

除油开组以外，总部还设有科技大组，总管全国油气田生产科研事宜。科技大组组长沈晨，1956年曾与韩大匡共赴苏联考察。科技大组每年将科研项目和经费一分为二，上游拨给规划院，下游拨给石油化工科学研究院。从上游来讲，项目和经费拨到规划院以后，由规划院拨给各个油田立项，并且分配经费。

韩大匡回忆说："当时，在全国各油田的科研院所中，规划院相当于总院，它们之间的关系是从属关系。规划院的地位，相对于全国各大油气田而言是比较高的①。"

---

① 韩大匡访谈，2017年3月7日，北京。资料存于采集工程数据库。

所以那几年，在石油勘探开发规划研究院，你常常可以看到这样一幅景象：常常有一些标有外省车牌号的车辆远途赶来，风尘仆仆开到学院路20号院主楼前。苏式风格的主楼南北向摆开，在主楼的西面，矗立着一尊毛泽东主席像。他矗立在那，不管风里雨里，仿佛都在注视着这些来自各油田的人们。他们拎着公文包和资料袋，里面装满了油田勘探生产与开发部署的数据和报表，疾步走进主楼。

这是按照部里的规定，各油田要定期进京，向规划院报送生产数据和资料，油田的规划工作逐步由规划院收拢。

1972年9月，燃料化学工业部下发《关于给石油勘探开发规划研究院寄送资料的通知》，要求各单位按时将石油勘探、工程技术装备、油气田开发和建设方面的资料寄送规划院。1973年4月，燃料化学工业部在大庆召开全国油、气田及长输管道设计会议，正式指定规划院为部经常性的设计管理机构，各单位有关设计管理问题必须经常与规划院联系，定期向该院反映重要规划的制定情况。

收拢生产资料，制定第二年度的生产计划和五年内的生产规划，是规划院非常重要的一项职能。规划指明大体方向，在一定范围内可以弹性变化；计划提出第二年的生产总量，在来年的生产里，吨吨都要落实，少一吨都不行。

所以，韩大匡说："搞规划，就是要求你的心里有一本账，能够对全国各油田的生产烂熟于心。"那时候的韩大匡，宛若一位"账房先生"，他心里装的账本，就是各个油田的储量、产量和生产数据。

规划本身是一种科学，需要使用一定的方法，到今天，对规划的认识还在不断地深化，关于规划方法，仍然是一个重要的研究课题。

20世纪70年代，规划编制所能依靠的方法还非常原始，通行的做法是从堆积如山的实际资料中，凭经验捋出规划编制的条目。中国地大物博，油气田类型很多，分布广泛。做规划首先要了解各油田情况，了解油田开发的历史和现状，了解当前还存在什么问题，以及它在未来五六年以内发展的可能，然后才能考虑如何进行规划编制。

韩大匡回忆原来的规划方法："针对油田的老油区，要摸清油井生产的递减情况，针对递减，要提出增产的措施，同时，要根据其地层好不好、渗透率怎么样、整个油田的面积大不大，来估计将来的产量；针对新油区，要考虑到勘探最新成果，以及勘探有可能形成的新的储量规模，预计能达到的产量规模。经过这些工作，老油区和新油区加起来可能发展到什么规模，心里就有了一个总数。"

要命的是，当时还没有数值模拟计算那一套方法，没有电脑，只能依靠人脑来进行估计。老油田的变化大致遵循递减率的规律，可以根据递减率，大体上确定老区的产量。新油田没有递减率可遵循，就要根据勘探情况、勘探资料、最新成果，来确定它的产量。凡此种种，就是一条，就是要对油田生产特别熟悉。

韩大匡保留着一本旧时的工作笔记[1]，记录着他通过原油产量、石油产品总量、汽煤柴油产量、工业总产量四个要素，从1949年到1973年每年的发展速度来确定石油工业发展速度；记录着他通过石油、天然气、水力煤炭等几个因素，对比研究我国和美、日、德等国家燃料消费总量和构成。

他说："我们当时为了便于规划，将全国各大油田划分为东北、西北、渤海湾、三线地区和新区等几个部分来进行研究。"

针对这些地区，开发方面需要提出的一个是产量表，另一个是注水表，同时还要附上详细的说明，要说明每个预计的储量产量都会怎样变化。

韩大匡回忆当年的"规划生活"，感慨地说："虽说只是两张表，但是得来也非常不容易，做对了，对全国石油工业开发战略起到很大的作用；做错了，那对油田生产将造成不可想象的损害。"[2]

---

[1] 韩大匡的补充材料，2017年4月26日，存于科学家学术成长经历采集工程资料档案。
[2] 韩大匡访谈，2017年3月7日，北京。资料存于采集工程数据库。

在那个陈旧的笔记本上，工工整整地记载着采油量、新井产量、自喷井产量、产水量、实际注水量等几个参数，涵盖大庆油田、胜利油田、大港油田、扶余油田、玉门油田、青海油田等，从20世纪60年代到70年代，十几年的数据，一个不落。

韩大匡的书面材料字迹秀逸、格式工整，表格做得横平竖直，连标点符号都写得清清楚楚，看上去就像是一个模范卫生城市的街道，干净、美丽，没有一点污垢。今天看来，几十年前的笔记本还能给人如此感觉，足以说明韩大匡"严细精实"的工作作风和时刻保持"弓张弦满"的工作态度[①]。

在这个本子里，还有一个"'五五'期间每年增长二千万吨油、一百亿方气规划表"，表头整齐清晰地写着含油面积、生产井、进尺、酸化压裂等几十个因素、几百个数据。这些数据后面，凝结着一批以韩大匡为代表的石油科研人员的心血和努力付出。

这批人是石油工业的"谋士"。那些年，韩大匡常常被要求去部里组织的开发大会作报告。每一次，韩大匡都要精心准备好几个月，认真对待每一次大会报告。他认为，准备发言报告的过程，就是整理思路的过程，在思路整理的过程中，对规划工作能够产生全局的综览，还能激发出一些创意和灵感。所以，韩大匡很多好的观点，都是在准备报告的过程中形成的。

石油工业部主管开发工作的副部长闵豫[②] 工作能力强，一表人才，风度翩翩，他很早就当上了大庆会战的总地质师。他和韩大匡年龄相差无几，对油田开发中许多重要的问题他们都有共同的认识，他也很欣赏韩大匡对油田开发独到的见解。所以，在全国各个油田的开发工作上，他非常重视听取韩大匡的意见，常常安排韩大匡在会上作报告。

---

① 韩大匡的补充材料，2017年4月26日，存于科学家学术成长经历采集工程资料档案。

② 闵豫（1934—1999），江苏省昆山市人。1951年毕业于南京地质探矿专科学校。曾任石油工业部副部长、中国国际信托投资公司副总经理、中国石油学会第一届和第二届副理事长，第四届至第六届全国政协委员。

韩大匡回忆闵豫说："他这个人绝对聪明，而且敢干，敢于提出别人提不出的事情。"[1]

韩大匡还记得："有时候任务急，领导催，一两天时间就要求改好一个表格，实际上后面有很多工作要做。有时候出个报告，几易其稿，几乎就是压着上会场的最后一刻，稿子才能定下来。"

那时候，为了把汇报材料做好，韩大匡带着他的团队常常加班加点。地质楼开发室的灯光，常常亮到半夜，有时甚至通宵达旦。

除了编制规划，每年油田开采中遇到的各种难题，也都会拿到参谋部来解决。部里的领导常常坐镇参谋部督战，康世恩经常选在规划院主楼的339会议室开会听报告。

有一次，长庆油田的勘探开发会议在规划院召开，康世恩提出必须通过地面压裂设备向地下油层施加几百个、上千个压力，才能打开油的通道。他号召长庆油田进行压裂攻关，并且说："你们延长统这个油层的勘探任务已经结束，今后要取消你们打探井的资格。要打就打压裂井组。以后你们来汇报，就汇报打了几个压裂井组，压开了多少油层，产量有多高。"[2]

在硬似"磨刀石"上的地层进行压裂，无疑是一场挑战。所以，长庆油田发动了轰轰烈烈的压裂大会战，石油工人们在压裂战场上自发地编唱了一首《压裂歌》，回荡在整个战区："压、压、压，狠狠地压，压开地层千条缝，压进地层百方砂，压得石油哦滚滚流。"

成功的压裂攻关离不开成功的压裂液，因此，康世恩还点将侯祥麟[3]负责压裂液研究。在侯祥麟的带领下，以陈立滇为首，组建了一个团队，专门进行压裂液的研究。

---

[1] 韩大匡访谈，2017年3月2日，北京。资料存于采集工程数据库。

[2]《康世恩传》编写组. 康世恩传[M]. 北京：当代中国出版社，1998。

[3] 侯祥麟（1912—2008），广东省汕头市人。中国炼油技术的奠基人和石油化工技术的开拓者之一。中国科学院院士，中国工程院院士。1935年毕业于燕京大学化学系，1938年加入中国共产党，1948年获美国卡内基理工学院博士学位。曾任石油工业部生产技术司副司长、石油科学研究院院长、石油化工科学研究院院长、党委书记，石油工业部副部长等职。2023年获小行星命名，编号为236845号的小行星被正式命名为"侯祥麟星"。

实践证明了康世恩作为一个战略家的远见和胆识，1978年，一个年产130万吨的石油基地崛起在黄土高原。

还有一次，康世恩提出了"少井高产"的政策，提倡在全国各大油田开发方案的制定中，井尽量少打，单井产量尽量高走，否则生产成本太高，单井产量太低。按照这个思路，韩大匡带领开发室给各大油田制定开发方案，一个重要的衡量标准就是是否做到了"少井高产"。

愿望是美好的，可实际情况是：全国油田情况各不相同，有些油田适合"少井高产"；有些油田含水量在上升，就无法实现"少井高产"。

比如新疆油田。克拉玛依的砾岩储层中，实际上夹杂着砂岩，两者一混合，孔隙结构就出现了差异性，因此会出现"双模态"现象。如果少打井，那就要多注水，注水一旦增加，"双模态"的地层结构就会导致水窜[①]。

因此，从油田的长远发展着想，新疆油田方面坚持"温和"注水的开发方式，同时还强调尽量减低产量，甚至在最小的油嘴里还要加根钢丝。

韩大匡他们经过多番的调查研究，来来回回的分析，也认为新疆油田的情况实属特殊，确实适合"温和"开发的方式[①]。实践证明，他们的认识是正确的。

走油田踏破铁鞋

20世纪70年代中期，在山东东营，鲁北平原黄河入海口的一片三角洲上，这块"共和国最年轻的土地"曾经是风沙翻滚、人烟

[①] 韩大匡访谈，2017年3月7日，北京。资料存于采集工程数据库。

稀少的盐碱地，此时已建设起一座崭新的油田，胜利油田挺立在渤海之滨。

这一时期，为了增产的需要，副部长张文彬[①]曾带领专家团队到胜利油田调研生产情况，韩大匡就在其中。

韩大匡对胜利油田机关那间会议室再熟悉不过，曾有多少个白天黑夜在这里度过，又有多少种开发方案在这里反复论证。

张文彬带领专家来胜利油田调研的目的，是要定下胜利油田将来的"总盘子"。

在会议室里，油田研究院的同志先作了汇报，一一分析了油区目前的产油量、注水量以及生产潜力，提出了他们心中的预期产量。听完汇报以后，张文彬对油田的产量规划并不满意，他提出胜利油田有很好的基础，未来的5年，希望胜利油田的产量能定在2500万吨的"总盘子"！

胜利油田1966年产量才过百万吨，即使是在当时，产量也才1000多万吨，想要达到2500万吨，还是需要做大量工作的。直到1984年7月发现了中国第一个滩海大油田——孤东油田，1986年的孤东会战实现年产323万吨，并于此后连续5年年产量稳定在500万吨，从而使胜利油田年产量达到3160万吨，突破了3000万吨大关，这是后话。

当时，胜利油田也有一支比较有实力的地质、开发技术干部队伍，比如刘兴才、帅德福、叶大信、赵良才、李兴国、杨中标、周自立等，他们对油田的了解深入细致，每次康世恩、张文彬去油田调研都要听取他们的汇报。

张文彬是部队出身的干部，起初是石油师的政委，后来转业当西北石油管理局的副局长，是康世恩的得力副手。他虽然并非石油科班出身，但是工作经验多了，对油田开发方面大的概念一清二楚，工作起来很有魄力。

[①] 张文彬（1919—2013），山西省忻州市代县人。曾任石油工业部党组副书记、副部长。

在东营的几天，张文彬带着韩大匡等人，白天转井场，晚上扎在会议室，在全面地了解了胜利油田的情况以后，他领着他的"参谋团"和胜利油田方面的工作人员，反反复复地沟通，研究制定年度计划和长远指标。多年后韩大匡回忆那时候的工作，就是"跟着部长，一天到晚地跑井场、听汇报。"[1]

可以这么说，张文彬定"盘子"，是出于他对油田生产的直觉，更是建立在大量的调研和生产数据之上。大的方向定下来以后，韩大匡和规划院的同志就要留下来"守城"。

在这里，韩大匡是监督者，他的工作任务就是保证总部指示能够得到彻底执行。因此，油田方面都将他们看成是部机关常驻油田的代表，是"钦差大臣"。因此，除了生产会，韩大匡有时还被邀请列席胜利油田的党委会。

那段时间，韩大匡常常去胜利"蹲点"，最长的一次出差，竟然待了8个月。除了作为陪同人员下油田以外，为了做好规划工作，他们常常自发地跑油田。

有一次，韩大匡来胜利油田，同行的还有规划院开发室的同志方宏长等另外两位同志。本次来的目的是了解孤岛油田的生产情况，优化下一步开发方案。

"黄河歌唱，渤海歌唱，歌唱祖国年轻美丽的地方，钻塔歌唱，油井歌唱，歌唱孤岛淌金流银的地方。"

这曾经是孤岛油田采油厂的厂歌，歌词里寄托了对孤岛深厚的感情。孤岛油田地处山东省东营市孤岛镇，是胜利油田非常重要的一个采油基地，但是这里曾经是百里荒滩，人烟稀少，仅有的主人，就是芦苇和红柳，一片沉寂。

韩大匡一行人第一站来到了孤岛采油厂了解注水开发方案。此时的孤岛油田仍旧沿用切割注水方案。切割注水最早从苏联学来，在大庆油田的开发生产历史中，发挥了很大的作用。但是，到了

---

[1] 韩大匡访谈，2017年3月7日，北京。资料存于采集工程数据库。

20世纪70年代,这种开发方式已经不太适应这类油藏的特点,无法有效地驱动油田快速上产。

在采油厂厂部他们只看到了生产资料,没看到一个个的井口。于是,从采油厂出来,韩大匡他们跳上跑井队的皮卡车,在各个井场之间来回穿梭,实地调研。皮卡行驶在黄泥地上,发出"嘎吱嘎吱"的摩擦声,成片成片的芦苇荡随着海风的节奏摇摆,有时候轻轻点头,有时候躬下腰身,仿佛在作揖欢迎北京来的客人。柔绵的海风吹在脸庞上,带着海的潮润,掠过嘴角,有一点腥咸。

来到采油站,韩大匡和方宏长跳下车来,就开始仔细地观察井场的地面情况、井网设计、注水效果等。在板房搭起来的会议室里,规划院和油田两边的技术干部坐下来,开碰头会。韩大匡他们向孤岛油田提出建议:改成面积注水,进行层序细分。

统一思想之后,大家开始仔细分析如何进行面积注水。一番交道打下来,油田的同志感觉到:规划院的专家们统揽全国的油田,跑的地方多,见过的情况多,经验丰富;他们和总部联系紧密,总部的方针政策他们掌握得"门清"。所以,和他们一起工作,能长知识。

很快,面积注水的方案实施以后,井与井之间注水强度提高了,井网整体收效更加明显,有力地推动了增储上产。

这一系列的工作不可能一蹴而就,为了搞好面积注水,韩大匡和他的同志们就常常住在井上,便于跟进生产情况[①]。井队上的招待所十分简陋,空旷的井场上搭起几间板房,板房里搭起两张床铺。尽管简陋,但他们知道,不能光坐在机关的会议室里听汇报,只有亲自在井场上掌握第一手资料,才能有发言权,否则什么都是空谈。

在孤岛油田的调研过程中,韩大匡发现,孤岛油田上面有个小气顶,就像在油藏上面有顶"小帽子"。经典开发理论认为,这种情况下,地层压力等于饱和压力,但是在孤岛油田,油井资料分析结

[①] 韩大匡访谈,2017年3月7日,北京。资料存于采集工程数据库。

果却显示，存在着地饱压差。现实的生产和书本上的理论不一致，究竟是什么地方出了问题？韩大匡心里打了一个问号。

于是，他每天行走在芦苇荡里的泥路上，在井场间来回穿梭，在每口井边细细观察，反复揣摩每口井的资料。他冥思苦想，细细追踪线索。最终，他发现套管压力很高，这说明油管在地下深处的某一个地方，气体在此处分离，套管里的气出不去，聚积在上端将油向下压，所以套管压力高。这个情况说明井里已经脱气。照理说，油田实验室里做高压物性实验，应该取没有脱气的原样。如果混入了已经脱气的样品，做出来的实验结果肯定会显示饱和压力偏低，因此就会产生地饱压差。

所以，书本上的传统观点没有问题，有气顶的油藏，地层压力就等于饱和压力，问题出在取样和实验操作上。

韩大匡将资料上的错误指出后，大家都感到心服口服。他们说："专家就是专家，一来就看出了我们的问题。看来搞油田开发，还是要发扬严细的精神，要潜心钻研、仔细琢磨。"

1973年，辽河石油勘探局正式成立。就在这一年的春天，位于西部凹陷的兴隆台构造在进一步的勘探中，连续打出了3口千吨井，以及30口百吨以上的高产井，抱了一个"金娃娃"。

1975年4月，部署在西斜坡曙光构造的杜7井和欢喜岭构造上的杜4井连续获得百吨以上的高产油流，给长期勘探成功率较低、总体上只作为战略侦察区的西斜坡带来曙光，西斜坡会战由此打响。

金秋十月，康世恩带着专家团来到辽河油田，部署这场大会战。后来，刚刚上任的副部长兼大庆油田党委书记宋振明[1]来到辽河油田作动员，特别强调：干部要选强的，队伍要选好的，要把大庆油田著名的标杆队伍都拉上去。这其中就有作为工作组组长的李德生和张文昭。

---

[1] 宋振明（1926—1990），河北省邯郸市馆陶县人。曾任玉门矿务局运输处处长、采油厂厂长、大庆石油会战指挥部副指挥、大庆油田党委书记、石油化学工业部副部长、石油工业部部长、国家能源委员会副主任、中原油田会战领导小组组长等职。

在这场芦苇荡里的会战中，也能看到韩大匡的身影。作为总部下派的工作组组长，韩大匡常常留守在那里，贯彻总部的指示，为会战提供技术支持，一蹲几个月都是家常便饭[1]。那一段时间，规划院开发室的赵常杰常常随同韩大匡去辽河油田蹲点，他曾担任过大庆油田采油队的队长，对生产现场的情况非常熟悉。这次，他们蹲点的办公室和胜利油田一样，非常简陋，就是板房一间，里边布置了一张办公桌和一部电话，白天可以办公，还布置了两张床，晚上他们就在那里睡觉。

刚开始的时候，打出了好多日产油量达几十吨的井，大大鼓舞了士气，大家抱着再找到"半个大庆"的热切希望，想一鼓作气，将产量突击到 2500 万吨。

但是，辽河油田的油藏就像娃娃的脸说变就变。早期的高产量油井生产一段时间以后，产量突然大跌。渤海湾盆地上的辽河坳陷，断层多，区块多，本来就情况复杂，现在产量直线下降，更让人摸不着头脑了。

在北京六铺炕石油化学工业部总部的大楼里，大家都关注着辽河油田，他们想不明白：产量为什么掉得这么快。

大家心里着急，韩大匡心里更着急，他每天蹲在井边，跟踪生产情况。他发现，西斜坡 2 区渗透率好，总体情况乐观。但是在别的区，开始在构造高的部位打井产量都很高，达到每日几十吨，但是越往构造下部打，原油就变得越稠，甚至靠近南边的区块深处，冒出来的居然是水。为了及时向总部汇报辽河油田会战情况，韩大匡回了一次北京[1]。

这次回京，他带着辽河油田的地层构造图、含油图、每口井的出油试油图，向宋振明副部长一口井一口井地汇报，逐个分析辽河油田会战主场上 1 区到 4 区探井的情况，并初步总结了产量不稳定的原因。

---

[1] 韩大匡访谈，2017 年 3 月 7 日，北京。资料存于采集工程数据库。

汇报会结束以后，从石油化学工业部那栋灰色的办公大楼出来，韩大匡没有回家，他又风尘仆仆地赶回辽河油田，他想尽快将总部的指示落实到油田，让探区找到更多的油流。

次年底，曙光油田探明含油面积200平方千米，探明储量1.3亿吨。随后编制开发方案，进行正式开发。

产量稳定以后，总部要求提高辽河油田年产量指标。20世纪70年代的中国，太需要石油了，石油作为工业的血液，为各行各业的发展提供支撑，甚至可以出口为国家换取外汇。

为此规划院的工作组再一次来到辽河油田。他们还是坐着井队上的皮卡车，从油田机关下到大队，在大队部里研究整体情况，又从大队部下到井队，在井队里了解重点井的具体情况。这么走了一圈，哪口井表现最好，哪个区块最为有利，他们已经了然于胸。

有了初步意见以后，他们就与油田方面沟通，共同研究怎样在最有利的井位和区块上，既能放大油嘴提高产量，又能保证持续开发。在他们的共同努力下，1977年底，曙光会战结束，当年生产原油50多万吨，后来又上升到130万吨、191万吨。随着欢喜岭、杜家台等油田的勘探开发，辽河油田的石油产量节节上升，最高产量达1500万吨。

学理念西德考察

说到工业区，很多人想到的是黑色和灰色，高高竖起的烟囱和数不清的机械装置，有的是轰隆作响，有的是粉尘扑面，甚至黑烟滚滚。但西德（联邦德国的简称）的鲁尔工业区，却给韩大匡留下了完全不同的印象。

站在这里，你仰望到的，是辽阔湛蓝的长空；你倾听到的，是树梢上鸟儿的鸣唱；你忍不住做几个深呼吸，清新的空气充满肺叶，都能感觉到大自然里泥土混合着草叶的芳香。工厂里燃烧无烟煤，烟囱高高地矗立在工厂园区里，你却看不见一丝烟尘，仿佛这只是一个空烟囱，就像工厂已经停产休息一般。实际上，整个工厂都在井然有序地运作。远处可以看到连绵的山峦和美丽的河流。

除了环境控制，这个钢厂对标准的把控也十分严苛。韩大匡观察到，工厂里有很严格的标准尺寸，用来测量钢铁产品的长度、直径、厚薄等，所以他们拥有一整套的量规。一级量规放在恒温室，保温保湿，平时不拿出来使用，仅仅用于校正二级量规，一定时间以内还要送到国家专业测量机构去校正。采用一级量规校正二级量规，再用二级量规校正三级量规。日常工作中，只有三级量规是拿出来使用的，二级量规也只是"量规的量规"[1]。

这是韩大匡第一次访问西欧国家。

这次考察，西德工业区的环境保护给他留下了深刻的印象，天然气工业也令他大开眼界。

他们第二站到访第二大城市汉堡。汉堡是一座港口城市，处于欧洲的中心，城市旗帜的图案是一座城堡的大门，所以常被形容为"通往世界的大门"。在汉堡附近，有一个阿尔特马克大气田，这个年产量几十亿立方米的气田，以盐丘作储气库，给了韩大匡很大启示。

盐丘是由于盐岩和石膏向上流动侵入围岩，使上覆岩层发生拱曲隆起而形成的一种构造。盐丘虽然深埋地下，但是通过注入淡水溶解后，形成卤水并提升到地面，形成一个"梨形"的地下空腔，在加压情况下，空腔可储存天然气，甚至存放放射性废料。盐丘采出的卤水可以继续加工成盐，在废弃的盐矿中注气，又可以稳定地质结构。而且，盐丘储库造价便宜，比修建在地面上的金属储气罐要经济得多。

---

[1] 韩大匡访谈，2017年3月9日，北京。资料存于采集工程数据库。

在盐丘的中间"开膛破肚",掏出一个空洞作为气库,为人类使用,这真是一种创举!就当时的工业技术而言,科技含量极高,韩大匡第一次见到这种类型的气库,产生了浓厚的兴趣。他在参观盐丘的时候,不住地提出各种问题,观察良久。

几十年后,中国石油工业开始重视气田的开采,油气并举,发展到今天年产两千亿立方米的规模。韩大匡一直坚持倡导"重视天然气储气库"的建设,这与他早年造访德国盐丘气库有密不可分的关系。

一般来说,石油和天然气的赋存都与盐丘有关,美国、巴西、墨西哥、罗马尼亚都发现有盐丘,但是在中国没有大规模的盐丘,只有盐层。由于盐岩层系较多,要做成天然储库有一定困难。但也有例外,比如江苏省金坛区,历史上就以盛产岩盐而闻名,拥有"江南第一矿"的盐岩矿。由于盐层条件较好,在此基础上,目前正在建设3000亿立方米的储气库,但是到现在建成的容量还远未达到最初目标。

因此,中国仍需大力建设地下储气库,这是韩大匡一直坚持的观点。从国际惯例来看,一个国家储气库的储气量应该相当于全年用气量的15%,这样才能达到安全用气。

"北京2005年的春冬之交,闹了一次气荒。虽然北京附近有几个小储气库,但是冬季寒潮一来,小储气库的存量很快就用光了。所以,我们还要加大储气库建设的力度。"韩大匡说。

德国北部就有200多个大小不一的盐丘,它们大多被用作天然气的储气库。韩大匡到访西德的时候,这些储气库就在易北河西岸。易北河旁的托尔高是二战中美苏两军会师的地方,看着易北河的滚滚流水,既接触到先进的科技文明,又回顾历史的沧桑记忆,他内心感慨万千。

在阿尔特马克大气田,考察小组还参观到了高度自动化的管线联网系统,虽然当时年产量只有几十亿立方米,与今天的大气田不可同日而语，而且在那里，夏冬用气量差别也很大，但是它还是全部实现了自动化操作，庞大的联网系统只需要十几个工人管理①。

在自动化的监控中心，韩大匡还了解到，与国内按照体积数计算天然气不同，西德将热值作为计量单位。因为纯天然气的热值高，商品气的热值低，所以，用户需要按照热值来购买，以 BTU 为单位。生产公司将天然气输给用户的时候，会通过科学严密的自动化系统，在纯天然气里掺一定量的空气，以保证输送给用户的商品气每立方米的热值是一致的①。后来，韩大匡在石油学会、新疆油田等地也介绍过这个做法。

除了气田，考察小组还参观了一所能源研究院，由于这是个原子能的研究机构，很多地方禁止参观。但是这里也有一个石油研究所，它人员不多，小巧精干，专攻石油地质勘探，在世界上小有名气。尤其这个研究所的所长在油气运移、生油方面很有建树，后来还到访过中国，并在韩大匡所在的单位进行讲学。

参观石油研究所

---

① 韩大匡访谈，2017 年 3 月 9 日，北京。资料存于采集工程数据库。

这次石油研究所的参观，对石油专业知识要求较高，原来一直陪同参观的德国工业部专员，有些专业名词他翻译不过来。由于德文和英文有些相似之处，有些名词韩大匡就帮忙翻译，比如运移。韩大匡回忆说："基本是边猜边翻。"后来驻西德的大使馆派出一位二秘，原来在国内的计量研究院工作过，德文很好，虽然不是石油专业的，但还是翻译得比较正确，大家都能明白其中的意思。

考察小组还参观了考来斯塔尔工业大学，给韩大匡留下极深印象的是一个井的实体模型。工作人员带领他们走进一个实验室大楼，在一楼乘坐电梯，可以直接下到地下。在电梯里，通过玻璃观察窗，可以亲眼观察钻头钻进泥地，一米一米往下打井的过程，还可以看到完井、固井的过程。这些工艺在地面上是看不见的。这种井的实体模型当时在国内还没有，考察小组对此非常称赞："这个非常直观，对于教学科研都非常有效。"韩大匡想起他在苏联考察的时候，也看到过一个巨大的油井举升模型。后来，国内油田和高校陆续引进研发了此类实体模型。

第一次出访西方国家，韩大匡感到收获很大。但是他有些水土不服，肠胃总有不适感，还总出虚汗。考察团长担心韩大匡得的是冠心病，让他吃硝酸甘油，但吃了之后没有好转。慢慢地，韩大匡发现，和国内饮食不同，德国人饮食味道清淡，好饮咖啡。后来每次用餐，韩大匡就自己拿着餐桌上的调料瓶加点食盐，并且不再喝咖啡，这样一来，症状自动消失了。

尽管饮食上有些不适应，但是西德的美丽还是让韩大匡感到陶醉，慕尼黑、新天鹅堡、黑森林……湛蓝的湖泊、翠绿的山林、清冽的空气，让他们感到放松。更重要的是，这里先进的工业科技，现代化的管理经验，让韩大匡他们有紧迫感，中国的石油工业需要学习的地方太多了[①]。

[①] 韩大匡访谈，2017年3月7日，北京。资料存于采集工程数据库。

第六章

研究院精彩华章

创建开发科研体系

1978年的春天清明节前夕，韩大匡收到了一封特殊来信，信件不厚，拆开信封，他发现里面竟然是一张奖状。韩大匡这才知道，他们早年在北京石油学院做的"油井防蜡清蜡新工艺"获得了全国科学大会奖。

1978年的3月18日，在人民大会堂，全国科学大会胜利召开。邓小平在大会上指出，"科学技术是生产力，这是马克思主义历来的观点。"这一次大会正式为科学技术事业拨乱反正，让千千万万个科研工作者获得了精神上的重生。"这是革命的春天，这是人民的春天，这是科学的春天！让我们张开双臂，热烈地拥抱这个春天吧！"会上，郭沫若《科学的春天》成为中国知识分子解放的宣言，象征了一个科技新时代的开始。

中国石油科技工作沐浴着科学的春风，进入了欣欣向荣的发展新时期。多年以来，石油勘探开发科研机构很不健全，力量薄弱，缺少一个全国性的研究中心。在这样的时代大背景下，石油工业部决定，在原有石油勘探开发规划研究院的基础上，成立石油勘探开发科学研究院，希望它站位全国，着眼长远。

然而，石油勘探开发规划研究院原来只搞规划，如何对石油勘探开发进行全面的科学研究，大家都不知道怎么办。为了建立石油勘探开发科学研究院，取回世界上石油勘探开发科学研究的"真经"，1978年9月，石油工业部决定派出一个赴法、美的科技考察团，申力生院长为团长，李欣吾为副团长，其他成员有蒋其垲、邱中建、汪品先、秦同洛、韩大匡、张金泉、吕志良、王秀明、何武魁、应凤祥等。这是一个高层次、综合学科的石油科技考察活动，韩大匡作为油田开发专业的负责人，参与了这次考察。

出发之前，康世恩副总理和宋振明部长亲自给这支石油科技考察团作动员，韩大匡至今还记得康副总理的嘱托。他说，此行有三个目的：一是如何建立一个全国性的石油勘探开发科研中心；二是如何评价盆地资源并迅速定位油气的有利地区；三是如何在老油田中后期开发中提高采收率。

这时候，韩大匡已经被确定为石油勘探开发科学研究院主管开发的副院长。所以，他一直都在思考这些问题：如何建立健全油田开发科研体系？如何解决油田开发科研力量不足、专业不配套的问题？中国的油田开发最适合哪一种方式？油田开发学科怎么建设？油田开发方面的实验室应该包括哪些？因此，韩大匡非常珍惜这次赴法、美考察的机会，他希望在此次考察学习中能找寻到心中的答案。

考察团首站是世界花都法国巴黎，他们访问了法国石油研究院。这个研究院成立于1944年，曾是拿破仑的前妻约瑟芬的宫殿所在地，它处处都是宽阔的草坪、雕工精美的塑像和优雅的法式建筑，看上去环境非常优美，流露出一种华贵的气息。该院学科专业门类齐全，业务领域涵盖勘探开发到炼油化工，实力雄厚。

法国是最早与新中国建立外交关系的西方国家，戴高乐总统也是西方最有远见的政治家之一。中方考察团受到了法方的热情招待，院长柏拉悉纽亲自带考察团成员参观了生油实验室、提高采收率实验室、地震实验室和计算中心等。

韩大匡印象最深的是，这个研究院做了两张地质断层分布图，一张是用数学公式推导出来的预测图，另一张则是实测图，两幅图并排着挂在墙上，看上去相似度非常之高，当时的韩大匡由衷地佩服法方的油藏描述水平。

在本次考察结束以后，中国石油勘探开发科学研究院相继派出十几位不同专业的科研人员赴法国石油研究院，进行为期近一年的学习培训和技术交流。一直到今天，两院之间还保留着非常好的合作关系。

1985年，与法国石油研究院柏拉悉纽院长商谈中法技术合作事宜（右2韩大匡）

1978年参观法国石油研究院高压岩心驱替实验室
（左4何武魁，左5应凤祥，左7秦同洛，左8韩大匡）

1978年参观法国石油研究院高压物性实验室
（左1何武魁，左2应凤祥，左3韩大匡，左4蒋其垲，左5秦同洛，左7申力生）

考察团第二站是美国。从1858年到1978年，美国已有120年的油气开采历史，开发的油气田有两万多个，大部分都是中小型老油田。石油和战争密不可分，20世纪70年代，美国遭受了两次石油危机的冲击，均是由于中东战争局势，产油国发起对美石油禁运、减产、提价等运动。当时美国的已开发油田已到"中老年期"，产油高峰已过，同时在国际上与各主要产油国关系紧张。因此，美国的石油开发技术政策也在随着形势的改变而改变。

赴美考察之前，大家都认为，美国在油田开发过程中人为地将油田分割成很多块，各石油公司之间互相保密，致使整个油田不能全面部署，统筹安排。而且，按照利润最大化的要求，资本家在开采初期尽量少投资多回报，尽快收回勘探找油井、开发建产能的成本，避免打注水井、布设注水管线等投资。因此往往利用天然能量比较旺盛的初期拼命开采，油田产量压力很快下降，这就是所谓"衰竭式开采"，即"一次采油阶段"。

与此相反,"上世纪40年代末期,苏联第一个在杜伊马兹油田开始采用注水保持油层压力的开发方式,引起了注水开发方式的重大变革,使之进入了一个新的阶段。"韩大匡在《多层砂岩油藏开发模式》[①]中写道。在苏联专家特拉菲穆克的倡导下,20世纪50年代,中国石油工业史翻开注水开发的篇章。1955年,老君庙开始边外注水;20世纪50年代后期,克拉玛依油田开始内部切割注水;20世纪60年代初,大庆油田根据10项开发试验,确定了早期注水保持压力的方针,并付诸实践。这就是所谓"二次采油阶段"。

"二次采油"比"一次采油"是否更加合理,更加符合油田开采规律?这是牵涉到中国油田开发政策的方向性问题。韩大匡和考察团的成员们带着这个问题,走进了美国埃克森石油公司。

在埃克森石油公司,数值模拟专家Watts为中国考察团作了详细的介绍:杰埃油田发现于1970年,1975年全面投入开发,地质储量一亿吨,是美国近年来发现的大油田之一。为了给数值模拟提供参数,全部102口井,每口井都进行了取心,共取岩心7600米,每口井平均取心73米,耗资500万美元。

500万美元,韩大匡一听,心里一惊,他心想,埃克森石油公司不愧是实力雄厚的国际大型石油公司,舍得投资这么多资金、以如此大手笔开展取心工作,完善基础资料,真是有魄力。

听到大家发出的惊叹声,Watts耸耸肩,摊开手掌,幽默地说:"500万美元不会打水漂的,最后我们的回报没让公司做亏本买卖,至于为什么,请听我继续往下讲。"他接着说:"通过取心资料分析和数值模拟计算,我们发现了一个重大的问题,杰埃油田边水不够活跃,边水能量不足,压力就下降很快,从原始压力537大气压下降至335大气压,一次采收率只有17%左右,太低了!""17%,那么低?"考察团中一名成员说,"正常的采收率应该在35%到40%左右。""是呀,现在美国能源形势紧张,我们决定,不等产量

[①] 韩大匡,万仁溥.多层砂岩油藏开发模式[M].北京:石油工业出版社,1999。

下降，就开始早期注水，运用数值模拟办法，预测各项开发指标，制订注水方案。注水后压力逐步回升，产量也有所增长，效果很好。目前日注量3万多立方米，日产量1.4万吨，年产量500多万吨，收益远远超过那500万美元的投资。所以，你们实施早期注水开发油田，是有一定的合理性的，从长远看还是注水开采比较好。"

Watts 的介绍，极大地扭转了考察团对美国石油开采的"尽量减少投资，只采用衰竭式开采"的认识，美国并非是一刀切的衰竭式开采方式，他们也有注水开采技术。而且，在油田开发过程中，他们也极好地运用了数值模拟方法指导油田开发。

后来，美国联合石油公司还介绍到，著名的北海油田开发成本很高，为了避免油田产量很快降低，也采用了早期注水的方法。

和 Watts 的交流之后，考察团对于国内油田早期注水方式更有信心了。

如果说这一次谈话颠覆了韩大匡对美国"一次采油"的认识，那么接下来，在美国马拉松石油公司，他得到的一份赠品引导他超越了对于美国的"二次采油"的认识。

这份赠品是一套表面活性剂胶束驱油的岩心样品。里边的岩心一半为深黑，一半为白色，这引发了油田开发专家韩大匡的好奇心。他将岩心放在手心里，左掂掂、右掂掂，时不时放到灯光下观察，他自言自语地说："这块岩心白色的部分一定经过了表面活性剂的浸泡，白色部分非常白，可以推断表面活性剂的浓度很高。"

"你说对了。"一位给考察团介绍的工程师说："这就是我们马拉松公司开发的新产品，表面活性剂胶束溶液驱油。胶束溶液是一种浓表面活性剂溶液体系，具有很强的促使油水互溶混相的能力。"

"那它的原理是什么呢？"韩大匡继续发问。

"它所用的表面活性剂胶束溶液其实属于石油磺酸盐类，并用醇类作为助剂。在注入胶束溶液以后往往再注入聚丙烯酰胺等聚合物的水溶液，使胶束可以均匀推进，防止水窜。"工程师回答道。他对胶束的基本原理、实际应用方法、相态变化、吸附和抗盐性问题作出了解释。他最后说："胶束几乎可以将全部岩心中的油驱替出来，在实验室内采收率可达90%～95%以上，甚至100%。"

韩大匡倒吸一口冷气。"100%啊，这岂不是达到了提高采收率研究的最高境界。"他们同时了解到，这个东西好是好，但有一点不好，那就是成本太高，真正要推广到工业化应用，太不划算。

当时的美法各大石油公司非常看好这项技术，都在加大力量研究，因为要用到很浓的表面活性剂，所以攻关方向主要是如何减少表活剂的使用量。并且，马拉松公司还在27个地区进行了现场试验，在1600公顷的矿区进行了大型试验，建立了一个日产7000桶的石油磺酸盐生产厂。

这种技术在当时的中国还没出现，来自中国的石油技术专家们倍感新奇。美国埃克森石油公司也有自己的化学驱技术，但是保密性极强。在一次宴会上，中国的技术专家们向埃克森公司的工程师了解技术问题，说得多了，他就无奈地耸耸肩，苦着脸说："今天要是我告诉你，明天就该我滚蛋了。"

由于能源紧张，美国的石油专家除研究胶束溶液驱油以外，还进行了注碱水、注二氧化碳、注热蒸汽等提高采收率技术研究。

注碱水的基本原理就是注入水内加入氢氧化钠碳酸钠等各种碱性物质，使它们和原油中的有机酸作用产生表面活性剂，从而增强活性，提高洗油效率。美国联合石油公司介绍了影响驱油效果的几个因素及选层要求，法国石油研究院也做过一些室内实验。

韩大匡还注意到，在美国，各大石油公司、咨询公司都普遍使用计算机，他们都有自己的计算中心，系统配套成网，使用极为方便。这一点令他印象特别深刻。

在美国埃克森石油公司，韩大匡见到了数值模拟领域的元老级人物，Donald W. Peaceman。以前只在专著和期刊上见过他的名字，这一次可以面对面地谈一谈，韩大匡感到很兴奋。

Peaceman 戴一副厚厚的黑框眼镜，穿一身呢料西装，很典型的知识分子形象。他非常亲切地与中国代表团成员一一握手，介绍了他的专业领域。他说：

"在美国，常规油气的数值模拟已经非常普遍了。但是在模型里组分很多，另外，还有损失平衡的问题。"

通过他的介绍，代表团了解到数值模拟技术在美国的进展情况。同时还了解到当时美国各大石油公司都有自己的成套软件，可用以模拟各种类型油田及油井的产量、含水率等变化，并预测油田的动态，还可以反求地层参数。

Peaceman 还讲到压裂过程也可以进行数值模拟，能够计算裂缝的长度、高度、宽度、压裂的效果及所需的压裂工艺。

听到 Peaceman 这些介绍，韩大匡非常兴奋，他恨不得快点把数值模拟学回去，用到中国的油田开发当中去。

"数值模拟真是个好东西，是我们下一步发展的方向。但是，我有一个问题，有了数值模拟，还用物理模拟吗？"韩大匡问道。

"我们现在只用物理模拟研究机理，并为数值模拟提供实验室依据。至于考虑很多复杂的地质现象，如油藏非均质性等，往往使用数值模拟。大型的物理模型太复杂，已经大大减少。"Peaceman 微笑着回答。

通过这次参观，大家认识到这是未来技术发展的方向，引进大型数值模拟技术已成当务之急。

然而，这种引进谈何容易，这不仅仅是引进软件技术的问题，还涉及购买计算机硬件的问题。要购买硬件，首先自然想到美国著名的IBM公司，代表团找到IBM公司接洽的时候，他们竟然对送上门的买卖不感兴趣，也婉拒了想要参观的中国代表团。这是为什么？

当时的 IBM 公司为巴黎统筹委员会的会员单位，委员会控制了一切高科技的东西，比如计算机的型号，超过了一定的技术指标，它就一律不对外销售。据说，当时他们对苏联控制更严苛，连最基本的机型 286 都不准出口。

在美国考察的过程中，韩大匡还发现了美国石油工业的一个特点，这里低渗透油气田分布很广，尤其是低渗透气田储量很大，大体相当于全美当时可采天然气储量的五倍左右，但是，想要把这些地下的"神秘来客""请出来"却非常困难。后来，迫于能源危机的影响，政府下决心开采这些资源。

美国能源部的工程师 Stosue，是一位油气管理部门的官员，他给考察团介绍说：

"目前，我们能源部主持，内政部联邦地质调查局参加，至少集中了 15 个单位的力量，准备花 8 年的时间研究如何开发低渗透气田。现在已经制定全国性大规模开发规划，各公司的研究项目由能源部予以补贴，计划 8 年内投资费用 1.5 亿多美元，仅 1979 年就计划对各项研究课题补助 530 万美元，对各种现场试验补助 1500 万美元。"

Stosue 还重点介绍了美国开发西部低渗透砂岩气藏的情况。他说："对待这种低渗透砂岩气藏，我们尝试过以下几种方法：地下核爆炸、液体炸药层内爆炸、注入干气进行井底脱水处理和巨型压裂。以上几种办法看起来最现实的还是巨型压裂。所谓巨型压裂就是在地层内造成高度为整个压裂井段、长度每侧 150 米以上的裂缝，最长的两侧合计达到 1200～1800 米，压裂液用量可达 2800 立方米以上，压裂砂最高达 630 吨以上。"

后来，韩大匡了解到，就在他们考察期间，美国进行了一次液量 3400 立方米、砂量 1350 吨的巨型压裂，号称当时是世界上最为大型的一次压裂。

Stosue 非常热情，他是美国非常规天然气资源研究顾问组的成员，又是其中低渗透气层组的主席，他为中国考察团提供了美国能源部有关低渗透气田的开发研究计划，还有1977年的小结、1978年的月报和1979年的计划。

考察团成员如获至宝，他们将资料从美国带回，回国以后为长庆油田的低渗透气藏开发提供了很多宝贵的意见。

1979年在美国Mobil石油公司参观访问
（左1何武魁，左2蒋其垱，左3韩大匡）

这一次美国之行，韩大匡还去了华盛顿，那里有个大型的油气历史展。一进展厅大门，韩大匡抬眼就看见一幅巨大的画面，一个中国古代宋朝人正在使用顿钻打盐井，钻井井筒有碗口大小，井深可超百米，这就是著名的卓筒井。图下配有说明：古代钻井技术来自古老的中国。站在这幅图画之前，韩大匡感受到一种既自豪又矛盾的心情，一方面，钻井技术来自中国古代，他为先人的智慧感到自豪，另一方面，中国当下的钻采技术、勘探开发技术与美国相比太落后了，他又感到这种落差带来的压迫感，像一块巨石压在胸口。尤其在参观了 NASA 休斯敦航天中心，看到了登月车模型以后，他愈发觉得只有虚心学习，奋起直追，才能赶上世界的步伐。

中国石油科技考察团在美、法行走了一圈，对于"怎么建立研究院""怎么开展研究工作"等问题基本胸中有数了。国外有些公司技术壁垒森严，有些公司却给予了无私的帮助，比如南加州大学晏德福教授提供了包括同位素标准、质谱仪标准的一批标准样品，德士古公司将他们研发成功的能谱测井仪器全部打开详细介绍，尤其重点介绍了其关键部位。考察团成员们感到，此行收获很大，他们带着几大箱子的资料，在1978年11月返回了北京。

回国以后，韩大匡被正式任命为石油勘探开发科学研究院主管开发的副院长。"我记得很清楚，一天，焦力人副部长专程到研究院宣布我被任命为副院长，院长申力生[①]列席。"韩大匡后来回忆说。

依照法、美考察学回的经验，油田开发方面需要建设哪些实验室，韩大匡心里基本有了一个蓝图。1980年，研究院建立了开发实验室，当时叫油层物理实验室，开展岩心测试、PVT 高压物性实验等，还有提高采收率实验室、热采实验室、采油工艺实验室以及数值模拟实验室等。

研究院的框架搭起来了，实验室有了，攻关方向明确了，"万事俱备，只欠东风"，那就是还需要一批高素质的科研骨干。所以，研究院各路主管业务的副院长四处调研，多方打探，开出了一份从油田调往北京的名单，这里面都是在油田生产一线从事勘探、开发、钻采等科技攻关和生产组织工作中表现突出的领军人才，他们在油田中具有很强的影响力，也是油田的重点"保护对象"，甚至有些人

[①] 申力生（1919—1989），陕西省渭南市大荔县人。1933年3月加入中国共产党。1936年年初担任陕北关中苏维埃政府秘书，同年5月去陕北瓦窑堡中央党校学习，6—12月在中共陕甘工委白军工作部工作。同年12月—1937年4月任中共陕北省委秘书长。1937年12月任陕北公学党总支书记。1938年5月任陕北公学分校党委书记。1939年1月任陕北公学党委书记。1950年5月任长春市市长。1952年7月调任辽宁省抚顺老虎台煤矿代矿长。1955年参加筹建中国第一个全国性的石油科研机构——石油科学研究院。1970—1974年任江汉石油会战指挥部政工组副组长、大港油田党委副书记。1974年任石油勘探开发规划研究院党组副组长，主持院的常务工作。1978年任石油工业部石油勘探开发科学研究院院长。

才由石油工业部副部长出面才得以调动成功。他们来到北京都是为了学以致用，有所作为。当时工作调动来到北京，并没有优厚的生活条件，比如他们入院以后，也只能挤住在临时的板房里，很多人户口进京有困难还得留在油田，粮票还得回到当地去领。

韩大匡说："那时候的人想法很简单，就是想干出点事业。"对于开发方面的人才，他也"网罗"了不少，比如从事渗流力学的、从事数值模拟的、从事油田化学的，都是各油田的拔尖人才。

到1985年，开发所几经发展，已经达到近300人的规模，为了更好的专业发展、学科建设和科研管理，开发所一分为四，从大变小，由繁变精，分成了开发所、采油工程所、开发试验室以及油气储量管理室。

中国油田开发科研体系逐步实现了机构健全、人才配齐、先进设备成套引进与自主研发相结合的局面，从而拉开了中国石油油田开发阔步前进的序幕，掀开了油田开发科研体系建设的新篇章。

成立采收率研究所

石油勘探开发科学研究院是当时石油工业部唯一的一所直属科研机构，这就决定了研究院既要做好油田勘探开发的技术支持工作；同时也被寄予厚望，担负起为中国石油发展战略提供决策参谋的重任。这也决定了研究院必须追踪世界石油勘探开发的最新技术成果及发展趋势，并期待有朝一日能引领世界石油技术的发展。身为研究院主管开发的副院长，韩大匡从来不缺乏大局观和战略眼光，他心系研究院的发展，心系中国石油的发展，上任伊始就开始规划研究院的学科设置和未来发展，谋篇布局，表现出卓越的科研管理与组织才能。国外考察的经历及油田开发的发展进程促使韩大匡在考虑适时成立石油采收率研究所（简称采收率所）。

成立石油采收率研究所，韩大匡可谓费尽心思，整个过程长达8年，历时4个阶段，可以说是一点一点谋划、一步一步推进。

第一阶段是筹建开发试验室的阶段，主要在1978—1980年。韩大匡在1978年担任主管开发副院长，兼开发所所长。上任伊始就在开发所紧锣密鼓地筹建开发试验室，成立了开发试验室筹备组。开发试验室的筹建过程主要做了以下几项工作：一是确定了开发试验室的研究任务和今后发展的方向；二是确定试验室仪器装备的采购和订购清单；三是对试验室场地的改造；四是试验室人员的调集。还有一条他非常重视的，就是解决技术骨干与人才问题。

韩大匡一向重视人才，可谓求贤若渴。曾任研究院党委副书记的孙希文回忆，韩大匡为建试验室，亲自到油田去调查，筛选顶尖人才目标，再想方设法挖"墙角"。为了工作的推进，韩大匡先后调进了油层物理与采收率方面的专家沈平平（后成为研究院院长、中国石油集团公司副总裁）、杨普华、杨承志、杨贵珍、孙平、李秉智、梅佑黔和何武魁等十几名人员。另外，还把刚从法国石油研究院博士毕业，后来成为中国工程院院士的袁士义引进研究院采收率所，形成了一支强大的开发试验研究队伍。

开发试验室筹备组早期有陈光前等5人，院里又从其他处所抽调了任义宽等3人，从石油机械厂先后调来了吴征、牛佳玲等9人。随着杨承志、朱琪昌等的到来，至1978年底已形成了二十余人的队伍。1979年至1980年上半年石油部又陆续从油田调来了孙平、王法求、岳青山、沈平平、杨普华等近十人，这样就逐渐形成了开发试验室的核心和技术骨干，已经拥有石油系统开发试验方面最强的技术阵容。

由于一部分同志以前没有接触过试验室工作，因此按主业方向，如常规岩心分析与高压物性组、润湿性组、相对渗透率与驱替试验组、胶束溶液组、微波组等组织讲课。有的还派往大庆、辽河等油田的试验室学习，使一些初进试验室的人很快掌握试验室的基本技能。

在试验室筹备阶段，还特别加强了对外技术交流，派出多个专业考察团赴美国、法国、德国、加拿大等国进行专业实地考察；派出专业科研人员赴国外知名研究机构和油田现场进行学习和培训，组建近十人组，不同专业学者赴法国石油研究院长达近一年的学习培训和技术交流。

1978年9月何武魁参加以申力生、李欣吾带队的石油科研考察团赴法、美两国访问。先后考察了法国石油研究院、道达尔石油公司等，在美国考察了埃克森、莫比尔等石油公司，访问了得克萨斯、斯坦福等大学，了解了开发试验方法、物理模拟和数值模拟方法，参观了开发试验的先进仪器以及普遍使用的Isco泵、Ruska泵以及为实现自动化、半自动化使用的压力、压差、温度传感元件和二次仪表。

1979年，派杨承志到法国石油研究院进修，了解法国在三次采油工作中的思路，全面学习了化学驱油的机理和试验方法，重点是表面活性剂的合成，表面活性剂溶液及聚合物溶液性质和浓度的测试方法；学习了碱水的驱替后出口溶液中离子的变化；同时也了解了岩石润湿性的测定和岩心老化的方法，了解了法国石油研究院的技术特长，为以后中法合作进行玉门老君庙油田含黏土油藏进行表面活性剂-聚合物驱提高采收率试验研究打好了基础。

1980年10月，派李秉智参加渤海石油公司研究院的试验室考察团，到法国埃尔夫-阿奎坦石油公司在波城及布桑斯两地的研究中心试验室，学习了应用高压计量泵实现地层条件下驱油试验的油水自动计量；学习了大型注水平面模型（约1平方米）以及用放射性示踪剂在岩心驱替试验过程中测量岩心的油水饱和度变化。还参观了法国石油研究院的试验室和研究院下属的地质仪器厂，看到了他们新开发的几套注水及三次采油试验流程，其中小型恒速注射泵对我们很有启发。

另外，还曾派技术骨干去美国巴特实维尔能源研究中心研究碱水驱半年和研究二氧化碳驱半年。

第二阶段是成立开发试验室阶段，主要是1980—1984年这个阶段。

1979年石油工业部在玉门召开科学大会上，开发试验室筹备组的成芸心和杨贵珍分别作了《油层物理基础试验国内外研究状况和近期科研规划》和《我国三次采油方法研究状况及今后科研规划》的报告。成芸心被任命为油层物理学科的带头人，以后部科技司又任命杨普华为三次采油学科带头人。部领导对试验室工作、油层物理和三次采油学科的重视，给了研究院试验研究人员极大鼓舞，加快了开发试验室筹建步伐，到1980年6月，试验室工作人员已经达到38人，其中具有工程师职称的约占职工总数的四分之一。试验室的成立已经水到渠成。

第三阶段是油层物性测试中心与合资的中国岩心研究有限公司（简称中国岩心公司）阶段，主要是1984—1985年这个时期。

由于对外合作的需要，在1978—1980年成立了油层物性测试中心，1984年成立了合资的中国岩心公司。油层物性测试中心与合资的中国岩心公司是一套人马，两套班子，借助合资的中国岩心公司培养了大量油层物理测试骨干。

第四阶段是1986年成立石油采收率研究所时期。

随着我国许多老油田进入开发后期，许多油井已处于高含水阶段，提高采收率已刻不容缓。1986年，研究院决定将油层物性测试中心与隶属于开发所的开发试验室合并组建成立石油采收率研究所。1986年3月采收率所正式成立，第一任所长沈平平，党支部书记叶延红，副所长孙平、杨普华、李秉智。至此，一个完备的提高采收率学科体系建立起来了[1]。

---

[1]《中国石油勘探开发研究院 石油采收率研究所所志》石油采收率研究所编印，李秉志主编，2004年7月。

石油采收率研究所是石油勘探开发科学研究院的主要研究机构之一，主要从事提高油田采收率和油层物理方面的基础理论和综合应用研究。它以科学研究为主，探讨各种三次采油机理，研究开发三次采油新方法，同时为石油工业部，以及后来的中国石油天然气集团公司三次采油的宏观决策起参谋作用，为全国各油田三次采油和油层物性、地层流体测试提供技术咨询、技术培训和技术服务。

　　在石油采收率所的成立过程中，为了加速推动提高石油采收率、油层物理试验、数值模拟试验等方面的进展，韩大匡积极建议并推行走出去，请进来及合作研究的办法。

　　走出去就是如前所述，派出专业科研人员赴国外知名研究机构和油田现场进行学习和培训。

　　请进来就是邀请专家、学者作为研究顾问。如邀请中国科学院感光研究所知名胶体化学专家作为提高石油采收率研究顾问等。邀请国外知名专家学者如美籍华裔聚合物驱油专家张罗、微生物专家林懋夏、物理化学专家晏德福、法国高分子专家法郎素、化学驱油专家舒曼等，来华进行专业学术交流。这些都为研究院的科学研究研究工作提供了可借鉴的宝贵经验。

1982年重返清华大学，与化工系书记黄圣伦商谈合作事宜（左2韩大匡）

邀请美国南加州大学著名油田化学专家晏德福教授夫妇来华讲学（右3韩大匡）

积极开展与国内外相关专业的合作。例如与美国岩心公司合资成立中国岩心研究有限公司，借助这个合资公司培养了大批的业务骨干。与法国科技部签署合作进行提高石油采收率理论研究。与法国石油研究院合作共同进行玉门老君庙油田化学驱油提高石油采收率的室内研究和现场试验等。另外，韩大匡积极组织开展与国内各有关大学、研究机构的合作。如，与中国科学院青岛海洋研究所合作研究增加注入水黏度的增稠试剂。与中国科学院感光研究所、大连化学物理研究所以及新疆化学研究所成立联合实验室，并担任学术委员会主任，开创了工业研究机构与专业学术研究机构合作研究的新模式。这些合作大大地促进了研究院石油采收率研究工作的进行。

在担任主管开发的副院长期间，研究院参加了国家"七五"国家重点攻关项目"油藏数值模拟和三次采油技术"的研究，韩大匡担任国家"七五"攻关项目"三次采油技术"领导小组组长。借助该国家项目的大平台，韩大匡积极组织并促进研究院开展了提高采收率开创性和前沿性的重大研究课题，获得了重要成果，并为中国石油提高采收率技术发展给出了技术路径和发展方向。

创办中国岩心公司

石油工作者都知道岩心分析的重要性。岩心分析是了解油藏流体高压物性和油藏岩石特性的重要依据，是为油田开发设计和油藏动态分析提供物理参数和物理依据的一门实验科学。岩心分析数据也是油藏数值模拟的基础资料。

20世纪80年代改革开放初期，我国的岩心分析主要是学习苏联，或自行研制，比较落后，也不完整，亟待提高开发试验测试水平。石油工业部希望尽快能采用国际通用的设备、测试技术和方法，如常规的岩心分析，专项岩心分析和PVT测试等等，提高我国油田物理试验水平。作为油田开发专家，韩大匡担负了这项使命。

1982年，石油工业部科技司在无锡召开全国石油系统第一次开发试验室工作会议，会议认为油层物理测试中方法不统一，使得不同地区缺乏对比性，因而统一测试方法以及提高分析质量和分析速度都是急需解决的问题。这次会议和1981年全国油层物性调查的结果，促使石油工业部决心要通过进一步国际合作来解决。为此，闵豫副部长指示石油工业部外事部门与当时国际上开发试验领域最高水平的美国岩心公司联系，争取通过合作或合资经营的方式，把国外在油层物理测试方面的新方法、新技术和分析质量控制方法以及对外服务和经营管理的经验学到手。

在韩大匡的相册里，有一张珍贵的黑白照片。照片上的他正当盛年，穿着笔挺的中山装，脸上写着自信的笑容，正在和美国岩心公司代表魏勒两手相握。他们的后面，站着一排人，其中包括石油工业部副部长张文彬、美国岩心公司总裁罗杰斯，石油勘探开发科学研究院院长申力生，他们都在拍手鼓掌，人人脸上带着微笑，面若春风，现场的气氛非常热烈。

1984年4月，在人民大会堂参加与美国岩心公司合资成立的中国岩心研究有限公司的签字仪式［前排左起：魏勒（美方副董事长）、韩大匡（中方董事长）；后排：右1申力生，右2张文彬，右3美国岩心公司总裁］

1984年4月，在人民大会堂参加与美国岩心公司合资成立的中国岩心研究有限公司的签字仪式［前排左起：陈斯忠（中方董事）、魏勒（美方副董事长）、韩大匡（中方董事长）］

经历了几十年的风风雨雨，这张照片已经非常陈旧，但是照片上每个人的面部表情依然那么清晰，那热烈的气氛仿佛呼之欲出，感染着每一位看到它的人。它永久地定格在1984年6月5日，人民大会堂一间小会议厅，中国石油勘探开发公司和美国岩心公司正式签署合作协议，双方各注资50%成立中国岩心研究有限公司。韩大匡任中方董事，并在接下来十年的时间里，一直兼任董事长。

当时整个石油工业部只有两个合资公司，石油工业部上上下下对成立中国岩心研究有限公司都十分重视。由于石油工业部当时是国家政府机关，不能与海外公司直接谈判，所以借用石油工业部下属中国石油勘探开发公司的名义，与外方商谈合作。

招标信息发布以后，美国岩心公司来投标了，法国研究院下属的Francelab等几家公司也来投标了。

在北京西直门附近的第一机械工业部，坐在谈判桌这边，已过不惑之年的韩大匡显得沉稳老道，虽然聘请了翻译，但是他可以用英文流利地和外方进行交流。Francelab公司来了一位销售部门经理，美国岩心公司则派出副总经理托马斯挂帅亲征。美国岩心公司报价尽管刚开始偏高，但是在谈判过程中，托马斯表现出足够的诚意，不断地抛出优惠，考虑到美国岩心公司在世界范围内都是领先水平，价格也十分优惠，最后标的花落大西洋彼岸的美国岩心公司，中美两家公司达成合作。

经过谈判，合资公司设在深圳蛇口。中美各占50%股权，各出四名董事，董事长由中方人员担任，即韩大匡，总经理由美方人员出任。为了合作协议不出纰漏，韩大匡他们逐条审阅，几易其稿，最终成形。他们秉持一条原则，就是保证中国的权益、石油工业部的权益。

有人说："为了解决员工办公住宿问题，在蛇口买点房产吧。"美方回答说："美国岩心公司有规定，不能购买房产。"蛇口公司的办公场所极其简易，外形简单得就像集装箱一样。也有人说："在中国，人家一开公司，就先把高级汽车买上。"美方说："我们没有配车制度，我们的总经理出去也不配专车，只提供路费报销。"

韩大匡对合作伙伴廉洁务实的工作作风非常欣赏，他心想，看起来这家公司选对了。

中国岩心研究有限公司创办以后，一个很重要的任务是给中国海油南海公司对外招标的区块提供可靠的基础资料。外国公司非常重视取心、做化验分析这一套规程，而且要求向世界同行的规范看齐。当时，美国岩心公司技术水平世界领先，在世界同行内广受赞誉，BP等国际知名公司非常认可他们做的岩心分析。为了学习他们的先进技术，石油工业部决定，一方面引进技术成立合资公司，另一方面派遣二三十名技术人员去美国岩心公司学习。

岩心分析是获取地层资料一个最基本的手段，岩心从地下取上来以后，要做各种化验分析，取得孔隙度、渗透率、饱和度等参数，最后岩心柱要进行完善的保存。

美国人的做法非常规范，岩心取上来以后，一剖两半，其中一半以伽马射线拍照，拍照结果和测井资料进行对照。经过伽马射线拍照的一半，观察荧光照相和普通照相的区别，观察它的油气水分布状况。这是做化验分析的一半，另外一半交还给客户永久保存。

除此之外，他们还会在岩心中间纵向取一块薄皮，被称为铁柱子，永久保存。铁柱子两边刷上油漆，和测井曲线一样，它是一个柱状剖面，被放置在一个木头盒子里，旁边注上年代。因此，看岩心只需看这个铁柱子就行了。

令韩大匡印象深刻的是，他们还有一套给松散砂岩取心的技术。有些储层非常酥松非常"娇气"，岩心取出来以后，酥松似薄脆饼干，一不小心就会"粉身碎骨"。因此，操作中需要轻拿轻放，先将岩心拿去冷冻，冷冻到一定程度以后再进行分析。

整套工序完成以后，做出来的所有资料都会替客户保密。

1984年，参观美国岩心公司特殊岩心实验室（左2韩大匡）

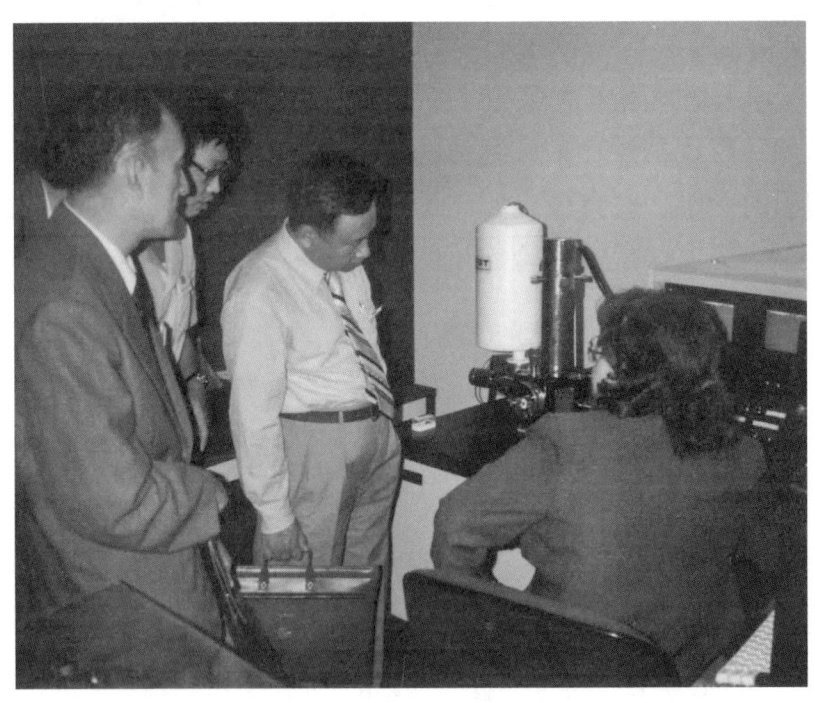

在美国岩心公司参观电子扫描显微镜实验室（右2韩大匡）

参观美国岩心公司密特兰中心实验室高压取心实验装置
（左2韩大匡，左3沈平平，左5李秉智，左6朱琪昌）

那时候，韩大匡的董事长当得并不轻松。很多事情为了维护中方的利益，需要他通盘考虑，多次反复地与美方沟通。

一天，在蛇口的办公室里，韩大匡他们和美方人员正在商谈今年的仪器进口计划。美方派出的总经理很年轻，也许正是因为年轻得志，他不免有些过度自信，非常坚持自己的观点。

韩大匡和中方的董事们认真深入地研究了美方的清单，征询了各方意见，得出了一致看法，认为有个别仪器以中国的现状并不需要，进口过来只会加重负担。于是在董事会上，韩大匡提出："经过我们多方商议，认为这张清单有些项目有待商榷。"

韩大匡话音刚落，美方总经理就站出来，口吻坚定地说："韩，你不知道，这份清单是我们考虑了美国技术发展现状得出的，缺一不可。"

韩大匡回答说："追赶美国的先进水平是必须的，但是我们也要考虑中国的国情，中国老话说'心急吃不了热豆腐'。"

在中方反对的情况下，美方总经理仍然固执地坚持己见，最后甚至有点情绪激动，言辞非常激烈，在意见不能达成一致的情况下，竟然拂袖而去。后来，在韩大匡的主持下，董事会还是作出了决议，决定遵循中国国情进口仪器，砍掉不需要的项目。那位美方总经理，因为不尊重董事会，个人作风过于强硬，最终遭到解雇。

20世纪80年代初，改革开放的春风刚刚吹过南粤大地。蛇口处处都是吊塔、推土车和钢筋的"森林"，羊城广州的经济也活泛起来，服务业和物价水平都上了一个档次。那时候，每次去蛇口公司，都需要先到广州，再转乘巴士。

首次来到广州，韩大匡带着几位同事穿行在这榕树林立、珠江水蜿蜒的城区里，倍感新奇。有位同事说，听说广州的早茶特别有名，既然来了，不如尝试一下。于是大家相约一起去吃早茶。

他们来到一家茶楼，看到粤式早茶都非常精致，小推车上放着小碗、小盘、小盏，任由挑选。这让习惯了"大盘吃肉、大碗喝酒"的北方同事感到一种精细。只是早茶分量小、价格贵，买单的时候，韩大匡大吃一惊，这一顿饭吃掉了他们两顿饭的预算。于是他跟大家说："这顿饭咱们算是体验一下早茶，下顿饭我们就在宾馆里吃泡面吧。"韩大匡的"抠门"，其实是他一直以来为公司精打细算过日子的习惯，也和他从小的生活境遇养成的朴素作风息息相关，一直到现在，同去的人对这件趣事还记忆犹新。

除了常常跑蛇口处理工作以外，韩大匡还要出席每年一次的董事会。中方和美方轮流主持召开董事会，由美方召开的时候，韩大匡还去参观了美国岩心公司的实验室。

在那里，他看到了一种极低渗透率的分析技术。在常规油情况下，通过渗透过来的油量，计算渗透率。在极低渗透油藏中，油量流通性很差，但是压力可以传递，所以他们改变思路，通过倒算压力的方法，测出了渗透率，这给了韩大匡很大启发。

另外，通过合作，韩大匡也了解到了美国企业的董事会如何进行公司财务的预决算，以及美国企业里整个的财务运作。

中国岩心研究有限公司存在了十年，在韩大匡和众多同事的努力下，早早就为中方收回了成本，后续阶段里，为中方创造了不可小觑的效益。而且，他们学会了美国岩心公司的全套做法。但是，在这之后，美国岩心公司一套先进的流程在中国并没有得到推广。这又是为什么呢？

韩大匡说："因为我国各油田也有岩心实验室、岩心分析组，中国的油田主要是陆相沉积，与国外海相沉积油田不同，岩心分析没有受到足够的重视。而且，中国岩心研究有限公司的服务报价按照美国标准，在各油田看来，价格不菲。这些因素都妨碍了美国那套岩心分析技术在中国的推广。"然而，不可否认的是，通过这次中美深入合作，通过引进、消化与吸收，我们逐步建立了一套适合中国陆相沉积特点的岩心分析流程。

当时参与岩心公司成立工作，后来成为研究院院长、中国石油副总裁的沈平平回忆说："成立中国岩心公司之前，我国的岩心分析主要是学习苏联的，或自行研制，比较落后，也不完整。"中国岩心公司的建立，开辟了了解国外实验技术的窗口，实现了开发试验室与国际接轨，为赶超开发试验技术的世界先进水平创造了条件。

成立岩心公司后，韩大匡一方面组织力量参加中美岩心公司在蛇口的实验室工作，另外在研究院挑选从事岩心分析和PVT分析的骨干科研人员参加岩心公司在新加坡公司的培训工作，这些人后来都成为我们的技术骨干。

1984年访问美国岩心公司（左1韩大匡，左2沈平平）

1984年，参观美国岩心公司实验室（前排：左2韩大匡）

华北油田战略调整

40多年前,白洋淀边的小城任丘成了全中国的焦点。

1975年2月,3269钻井队开钻任4井,该井在碳酸盐岩层段油气显示活跃,7月喷出高产油流,日产油1014吨,中国第一口千吨井就此诞生。任4井是任丘古潜山油田的发现井,被誉为华北油田功勋井。1976年钻探的任9井酸化投产后日产油5435吨,是中国石油史上单井初期产量之最。先后相继钻探的6口井,探明了任丘潜山油藏,"六口井定乾坤"传为美谈。1977年底总共投产油井27口,油田产量高达1227.3万吨,无异于为当时脆弱的中国经济打了一剂强心针。利用如此少的井建成如此高的生产能力,在中国石油史上前所未有。

然而,到了1987年,潜山油井普遍见水,产量下滑严重。石油工业部决定派出工作小组,调查产量锐减是否正常合理,韩大匡任调查小组组长。

工作组到达油田后,韩大匡发现油田的同志很有顾虑,油田领导咸雪峰局长对他说:"老韩啊,你这是手擎尚方宝剑,随时会斩马谡啊!"韩大匡也深切感到责任重大,他对油田的同志说:"任丘油田是我国第一个元古界海相碳酸盐岩高产大油田,规模之大、单井产量之高、勘探开发效益之好居全国油田之首,这功绩是不会被抹杀的,但我们一定要依据大量的静态资料和积累十余年的动态资料,找出问题,并提出解决方法。"

工作组随即投入了紧张工作,通过地质录井、取心、野外地质调查,对任丘雾迷山组地层进行了详细的地层对比,同时结合岩心观察、岩心分析化验资料、测井资料对储层结构进行了细致研究，对储集岩和非储集岩的岩性特征进行了分析。研究认为，泥质岩类不含油，藻白云岩类溶蚀孔洞发育，普遍含油，这与原来认识一致，而原来认为含油的硅质岩和硅质条带实际不含油。如果剔除这部分硅质"储层"，储量就会发生很大变化，重新计算的储量为37461.59万吨，较之原来计算的52955万吨少了约15500万吨。由于原来计算储量时缺乏岩心资料，储层与非储层没有研究清楚，没有扣除潜山储集体内部的非储层，而实际储层厚度要比原来计算的小1/3左右。这样一来按原来计算的偏高的原始地质储量计算确定的采油速度为3%，而实际采油速度为5%，指标太高，从而导致了油井普遍见水，产量下滑的严重问题。通过复算储量，很多现象就好解释了。工作组同时强调原始储量应与开采动态相吻合，需要用动态资料加以检验。

工作组写出调查报告向石油工业部作出汇报，同时，韩大匡代表工作组在华北油田干部大会上宣读了这份报告，报告在指出油井普遍见水，产量下滑的原因的同时，提出油气并举、积极勘探第三系的指导思想，将勘探工作的重点转向古近系—新近系砂岩油藏。石油工业部依据工作组的调查情况，对华北油田的开发政策进行了相应调整。也正是这次战略调整，使得后来的砂岩油藏产量以约30%的速度增长，有效地弥补了潜山油藏的产量递减，实现了开发重点的转变，为华北油田开发后期的稳产创造了条件。

第七章

油藏数模先行者

数值模拟早期研究

1960年7月至1961年8月，韩大匡参加了大庆油田石油会战，并担任油井动态分析队队长。工作中他发现一个问题，用经典渗流公式进行油井生产预测时，本来不该出水的油井却预测出水来了，令人困惑不解。描述地下油藏流体渗流运动规律的数学公式通常称为数学模型。长期以来，人们一直使用经典渗流公式，采用数学解析方法求解数学模型。通过仔细分析，韩大匡发现问题正是出在经典渗流公式上。经典渗流公式中油藏的渗透率是给一个确定值，这意味着油藏各个地方流体的渗流能力是一样的，即假设油藏为均质油藏，而实际油藏各个地方流体渗流能力是不一样的，甚至差别很大，具有较强的非均质性。采用适合均质油藏的经典渗流公式计算非均质油藏渗流问题，进行生产预测当然会出错。这引发了他浓厚的研究兴趣，他认识到如何把握油田地下流体的分布规律，建立合理的数学模型是亟待解决的一项技术难题，必须突破经典渗流公式中对于均质油藏假设的限制，实现非均质油藏复杂的渗流计算问题。

他苦思冥想，尝试各种可能的解决方案。最初，韩大匡试图将油藏渗透率的高低假想成粗细不同的管子，油藏就是许多不同粗细管子的组合。细管阻力大，渗透率低，油流跑得慢；粗管阻力小，渗透率高，油流跑得快。这种方法考虑了油藏不同部位渗透率的高低差异，一定程度上考虑了非均质现象，能大体把握油田开采规律，比原来仅仅假设渗透率相同的均质油藏的计算有进步。但实际油藏两口井之间情况复杂，当时的技术手段又无法准确采集到井间诸多数据，依靠几根管子的假设无法完全表征油藏非均质性的实际情况，这条路行不通。虽然没能取得满意的效果，但是要探索正确表征油藏非均质性的方法，从而解决复杂渗流问题的技术思路已经在韩大匡的脑海中形成，深深地扎下了根。

认识流体在油藏中的运动规律，直接观测是最易接受的方法，如岩心实验、井下电视、油井试采、井下测试及开辟生产试验区进行试生产等。但是直接观测常常受到诸多条件限制，得到的也是井点局部现象，而利用模拟实验来认识油藏内部流体运动规律更重要。油藏模拟主要分物理模拟和数值模拟两大类。物理模拟是根据同类现象或相似现象的一致性，利用物理实验来观察和研究其原型或原现象的规律性。自然界的物理现象，常常可以用某一数学方程来加以描述，这个方程称为原现象的数学模型。数值模拟就是建立数学模型，通过求解描述某一物理过程的数学方程来研究这个物理现象的变化规律的方法。

解析方法是用公式表达求解变量与各物理量之间的函数关系，属于精确求解。数值方法的解不是一个数学函数关系，而是分布在足够多的点上的一系列离散数据，是近似解。虽然是近似解，但只要求解的数据点足够多，就可以满足精度要求，足够逼近解析解。更重要的是数值方法可以使复杂的偏微分方程求解成为可能，实现在满足工程精度的情况下，解决用传统解析方法所不能解决的问题。

物理模拟和数值模拟都是研究油藏中渗流规律的重要手段。物理模拟能够保持模拟原型的物理本质，这是其他方法所不能替代的。特别是对那些物理问题还不够清楚时，首先要靠物理模型来进行研究，才能正确地从中抽象和提炼出反映其物理本质的数学关系，建立数学模型。因此，可以说物理模拟是数值模拟的基础。但是，实际油田的渗流问题十分复杂，如考虑各种非均质因素的多维、多井等问题，要用物理模型来进行严格地模拟是不可能的。采用数值实验即数值模拟方法却代价低、速度快，对于地质条件十分复杂的渗流问题，也可以在短时间内进行多种方案的运算和对比。因此，数值模拟要比物理模拟更为便捷、简单。数值模拟需要大量的计算，单纯依靠人工、采用简单的计算工具，计算效率很低，也难以满足实际需要，这制约了数值模拟在生产中的应用。直到20世纪50年代，随着电子计算机技术的发展，才推动了数值模拟计算在油田开发中的应用，人们开始使用数值计算的方法来求解复杂的渗流微分方程组，一门新的学科——油藏数值模拟在石油界悄然兴起。

油藏数值模拟是将油藏在空间上划分成许许多多的网格，时间上再分若干小时间区间，借助计算机强大的运算能力，根据实际生产情况，采用严格的数学数值计算方法，求解渗流数学模型在某一时间区间各空间网格上的近似值，从而得到我们所需要的每个网格块的流动参数，只要网格足够多，就可以反映非均质油藏特定时间地下流体的分布状况。

这门学科兴起于20世纪50年代末，美国油田开发专家最早将数值模拟技术用于油藏开发研究。在大庆会战时，在开展油井动态分析工作中，采用经典数学解析方法遇到的问题，使韩大匡敏感地意识到数值模拟能够解决复杂的非均质油藏渗流问题，他预感到数值模拟技术将会在油气田开发领域拥有广阔的应用前景。

1961年8月，因患上"周期热"，身体健康状况难以适应艰苦会战工作的韩大匡，被组织上调回北京石油学院，并于1962年组建了石油开发研究室。回到北京石油学院后，韩大匡开始钻研数学离散化问题，查阅数值模拟的相关技术文献，并开始关注计算机技术的发展。他第一次读到的数值模拟文献是G.H. Bruce和D.W. Peaceman等合著的论文《Caculation of unsteady-state gas flow through porous media》[1]，即《多孔介质中气体不稳定渗流计算》。这是最早论述数值模拟技术在油气藏中应用的文献之一，正是这篇论文开启了韩大匡研究油藏数值模拟技术的那扇门。

---

[1] Bruce G H, Peaceman D W, Rachfort H H, et al. Calculations of unsteady-state gas flow through porous media [J]. Journal of Petroleum Technology, 1953, 5 (3): 79-92.

那个时候，世界各国运用数值模拟技术解决非均值油藏渗流力学计算正在起步阶段，美国20世纪50年代末才开始进行这项研究。而在中国，20世纪60年代初期，韩大匡就开始带领石油开发研究室的同事们，尝试将计算机技术和油气田开发结合起来进行研究，这在中国尚属首次。

当时的计算机发展处于晶体管时代，一套计算机设备体积十分庞大，价格昂贵。北京石油学院还没有计算机，只有电模型。韩大匡了解到，中国科学院计算技术研究所（以下简称中科院计算所）从苏联引进了M1-3型计算机，但计算速度一分钟只有几千次，稍强过大庆会战时的人力手摇计算器，并不能解决真正复杂的问题。后来，中科院计算所自主设计了一台104型计算机，每秒能运算万次。这台计算机没有使用晶体管，而是用电子管作为原件，即使这样，一台计算机仍然十分庞大，能够满满当当摆一屋子。为了将更先进的计算机技术引入到油藏开发研究工作中，韩大匡和他的同事主动找到中科院计算所，开展合作研究。他们的技术思路是，先从最简单的方程求解开始，从简单的单相流体渗流研究到油水两相渗流研究。油水两相渗流研究也从原来采用解析解数学模型改为离散的数值模拟方法求解。但是，由于资金短缺以及第三方的加入，最后这一次合作无疾而终。虽然没有得到成果，但这是中国在油藏数值模拟技术上踏出的尝试性的第一步。

与中科院计算所开展的合作中，韩大匡正式招收了他的第一个研究生陈钦雷，主攻油藏数值模拟研究。韩大匡指导研究生用数值方法求解一个圆形油藏水驱油的数值解问题。

冯康是我国著名的应用数学和计算数学专家[1]，是中国现代计算数学研究的开拓者，1978年起担任中国科学院计算中心主任，1980年

---

[1] 冯康（1920.9.9—1993.8.17），浙江省绍兴市人。数学家、应用数学和计算数学专家，中国现代计算数学研究的开拓者，独立创造了有限元法、自然归化和自然边界元方法，开辟了辛几何和辛格式研究新领域，为组建和指导我国计算数学队伍作出了重大贡献，是世界数学史上具有重要地位的科学家。

入选中国科学院院士。在研究过程中，韩大匡和陈钦雷经常向冯康教授请教，冯教授没有任何学术权威的架子，反而非常热心，提供了不少帮助。在陈钦雷研究生毕业答辩会上，韩大匡请来冯康教授当专家评委。

韩大匡指导研究生陈钦雷开展的圆形油藏水驱油数值模拟研究，虽然没有用到油田的实际资料，只是在室内通过计算机，用逐次替换的方法求解，但还是得到了冯康教授的高度评价。他认为，韩大匡指导陈钦雷的研究首次在油藏工程里应用数值模拟方法，这是一个很好的创举。

1980年，于石油勘探开发科学研究院开发所讨论开发方案中的数值模拟问题
（左1桓冠仁，左3韩大匡）

"风起于青𬞟之末"，一切大思想都从微细之处源发。对油藏数值模拟技术的敏感性与韩大匡扎实的数学基础有很大关系。在清华大学，他师从数学大师程明德、钱伟长。进入工作岗位以后，他一直保持学习的劲头，自学有关数学算法及应用数学方面的知识。韩大匡说："搞自然科学就是要不断地探索未知的东西。在当时看起来难以解决的问题，只要持之以恒，总有一天，终将会找到解决的办法。"正是这种对科学前沿问题的敏感和持之以恒的精神和韧劲，

成就了韩大匡在我国油藏数值模拟技术研究方面踏出了尝试性的第一步，成为当之无愧的开拓者。

开拓油藏数模技术

1978年3月，全国科学大会在人民大会堂召开，我国科技的春天来到了，石油科技发展也随之开启了新时代。1978年也是韩大匡职业生涯中的一个重要里程碑。

这一年的4月26日，石油勘探开发科学研究院成立了。韩大匡被任命为主管开发的副院长，并兼任油气田开发研究所所长。

同年9月，他被石油工业部选派参加赴法国、美国考察团。考察团陆续考察了法国石油研究院、美国能源部、埃克森石油公司、联合石油公司等国外知名石油研究机构和企业。

这一年，他在石油工业部成立的全国六大学科小组中，被推举为渗流力学小组组长，主抓油藏数值模拟研究。

这一切，为韩大匡推动我国油藏数值模拟的发展创造了有利条件，也激发了他赶超西方国家油藏数值模拟先进技术的决心。

韩大匡在赴法国、美国考察期间，注意到西方油藏数值模拟技术在20世纪70年代已经借助现代计算机技术得到了突飞猛进的发展，美国和法国大型石油研究机构都设有石油计算中心，基于非均质模型的油藏数值模拟通过大型计算机的高速运算，对地下流体的渗流特征和流体的分布特征，实现了高精度的呈现。他敏锐地意识到，要迅速提高我国油田开发水平，必须充分利用计算机，发展中国的油藏数值模拟技术。

油藏数值模拟是利用数学模型通过数值计算的方法模拟油气田开发过程中油气水及注入剂的渗流规律的技术。油藏数值模拟技术集中体现在油藏数值模拟软件的研发与应用。油藏数值模拟软件是油田开发的有力工具，可以用于模拟地下油气水的分布，帮助油藏工程师制定油藏开发方案，预测油田采收率。

一套油藏数值模拟软件的研究包括以下4个方面。

一是建立数学模型：一组描述地下油、气、水及注入剂渗流规律的偏微分方程；二是建立数值模型：偏微分方程离散化、线性化，以及线性代数方程组的求解数值计算方法；三是建立计算机模型：将数值模型编成适合计算机求解的程序；四是建立图形显示模型：用人机交互界面控制计算过程，以图形方式显示输入输出结果。

由此可见，油藏数值模拟技术的发展包含的理论、方法、技术及软件推广应用，与油藏开发技术、渗流力学与偏微分方程理论、数值计算方法及计算机软硬件技术的发展是密不可分的。油藏数值模拟既是一门多学科综合的基础理论科学，又是一门应用技术。

迎头赶上国际先进水平，这成为已近"知命之年"的韩大匡为自己确立的新使命。

解剖黑油模型软件

如果从大庆会战开始算起，我国数值模拟研究也有20多年的历史，积累了一定的数值模拟的经验，但进展缓慢。20世纪70年代末到80年代初，我国油藏数值模拟技术处于非常落后的状态。虽然研制了自己的两维两相油藏数值模拟软件，也在不断地发展自己的数值模拟方法，但两维两相油藏数值模拟是平面模型，离实际应用相差甚远。而美国、法国等国家早已普遍使用三维三相油藏数值模拟软件，油藏数值模拟已成为油田开发的必备技术了。让人不禁感慨，我国油藏数值模拟技术与国外相比真是差距太大了。是该迎头赶上的时候了，韩大匡暗暗地想。

在石油勘探开发科学研究院油气田开发研究所成立之初，韩大匡就开始了发展数值模拟技术的谋局部篇。研究机构设置、队伍组建、人才培养、研究方向确定、技术路线确定等等，各种工作可谓千头万绪。他力主设立渗流室，主要负责油藏数值模拟技术的攻关。有了专业队伍，石油勘探开发科学研究院的油藏数值模拟技术研究紧锣密鼓地开始了，从此也引领了中国石油界此项技术的发展。

研究中，韩大匡深感人才不足滞后科研工作。尽管1977年恢复高考，但我们国家人才断层现象特别严重，石油行业也是人才奇缺，懂油藏数值模拟技术的人员更是屈指可数。韩大匡非常重视人才的引进和培养，通过他招兵买马引进的油藏数值模拟方面的人才包括恒冠仁、陈文兰、吴湘等人。他们后来成了国内知名的油气田开发专家，为我国油藏数值模拟技术进步作出突出贡献。

同时韩大匡还积极培养研究生。早期的学生中包括1980年入学的张祯贵、1982年入学的彭力田、1983年入学的韩殿立、1984年入学的王东明，1985年共招收了6名学生，他们是刘合年、宋杰、景凤江、于浩方、王克非和卢洪垓。这些学生为我国早期的油藏数值模拟研究作出了积极的贡献。随着培养的学生越来越多，他追赶国际先进技术的步伐也越来越矫健了。

韩大匡办公室留影

20世纪80年代，我国各项事业百废待兴，石油工业部的领导们在思考，我们如何才能尽快追赶上世界油藏数值模拟技术的先进水平？是自主研制追赶，还是引进追赶？韩大匡认为当时国内数值模拟研究的主体还停留在两维两相研究水平，美国等先进国家早已步入三维三相发展阶段，差距太大，于是把先引进后自研的想法向主管开发的副部长闵豫作了汇报。闵部长当即拍板决定，引进国外数值模拟软件，并责成韩大匡负责运作和招标工作。很快，石油工业部批下来在当时极为宝贵的100万美元外汇，以此作为发展国产数值模拟软件的起点，走引进、消化、吸收、再自主研发追赶的技术思路，开启了我国油藏数值模拟技术大发展的10年，也是韩大匡为数值模拟发展建功立业的关键10年。

从1981年起，韩大匡组织调研国外油田开发数值模拟软件。了解了国际上几家著名的数值模拟公司，如美国的INTERCOMP、SSG、CORELAB，以及法国的FANCELAB公司，这些公司的数值模拟以黑油模型方法为主。在对国外技术调研与考察过程中，韩大匡认为美国岩心公司不仅岩心实验水平世界领先，数值模拟基础理论研究也是实力雄厚，油藏数值模拟软件研发处于国际领先地位，拥有先进的油藏数值模拟软件产品，且软件价格还相对便宜。1982年开始引进美国岩心公司（CORELAB）的软件，之后又引进了美国岩心公司的姊妹公司NOLEN公司的VIP、CVIP软件。后来还引进了混相驱、化学驱油藏数值模拟软件，还有SSI公司的SIMBEST Ⅱ、comp Ⅲ等热采方面的油藏数值模拟软件。

1982年，在韩大匡主导下研究院成立了由软件工程师和油藏工程师组成的引进工作组。软件工程师重点学习描述油藏的微分方程、求解方法、程序结构等。油藏工程师侧重点学习该软件的使用方法、原始资料的前处理、计算结果的后处理及软件应用等。当年派桓冠仁、李福垲、王晓云、吴湘、陈文兰、陈焕章、关春林、曹洁8位同志外加1名外译去美国4个月，接收软件，初步学习了4个软件模型。之

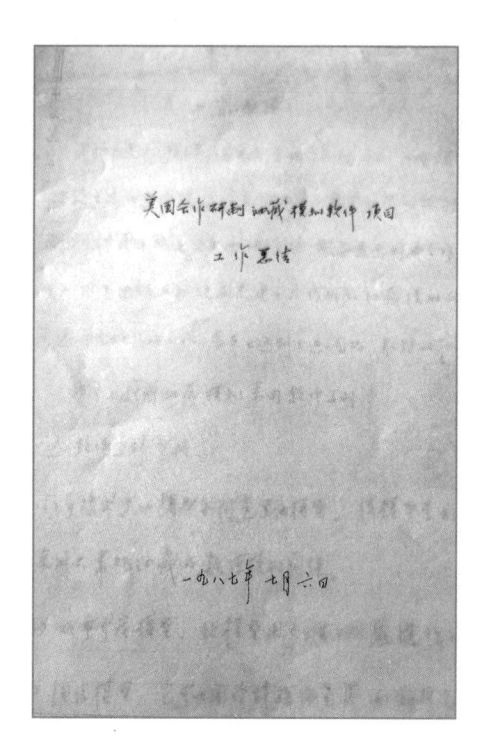

韩大匡手稿《美国合作研制油藏数值模拟软件项目总结》

后，美国专家又多次来北京培训，油田也陆续派人来参加软件培训。油藏数值模拟技术在百废待兴的中华大地就此生根、发芽。

随后，石油勘探开发科学研究院又与美国岩心公司签订了合同，共同研制软件。作者在查找档案材料时，欣喜地发现了这份韩大匡亲笔写的《美国合作研制油藏模拟软件项目》工作总结。它详述了合作的目的、成果经验、问题及建议，也提及了研究人员在美国为国家艰苦工作的忘我精神。

合作项目是从1985年10月至1987年6月，为期1年零9个月。1985年，研究院派出早年留苏，具有深厚数学功底，又在油田从事开发工作多年的数值模拟专家桓冠仁教授，数学专业毕业曾在科学院计算所从事软件研究的陈文兰高级工程师，以及师从渗流力学名师陈忠祥的研究生由军3名同志去美国工作。工作模式为中方为主导研制软件，美方提供资料和设备，并定期开展讨论的方式进行。美方负责人是美国岩心公司的E.O. Parker先生。

在美国，桓冠仁教授主要负责编制数值模拟软件，陈文兰和由军主要负责解剖VIP全隐式黑油模型软件。

黑油模型是油藏数值模拟应用最广泛，也是最基础的模型。掌握数值模拟软件研制技术从解剖黑油模型开始。"六五"期间，重点解剖了美国NOLEN公司的VIP黑油模型。对黑油模型软件进行了全面解剖，对软件结构、编程技巧、算法及工程应用方法全方位地深入研究。这大大加快了油藏数值模拟技术在国内的普及、应用和发展,为"七五"期间,研制具有自主知识产权的油藏数值模拟软件打下坚实基础。

在美国期间,桓冠仁带着大家夜以继日地工作。身在发达、先进的美国花花世界,他们没有心思去游览,去观光,一门心思在工作。来美国不久,有一次由军看见桓冠仁在流眼泪,问他为什么?他说:"美国那么发达、富裕,而我们的国家还是那么贫穷,我们要努力赶上来呀!"老一代科技工作者怀着振兴中华的强烈责任心,为了尽快掌握先进的油藏数值模拟技术,只争朝夕,除了吃饭、睡觉外都在工作,充分展示了我国科技工作者的业务水平,获得了美方的尊重,也给美方留下深刻印象。

陈文兰和由军两位女性科研工作者,把女性特长的耐心、细致和条理用在软件解剖了。她们把十几万行的VIP源程序代码打印出来,逐行逐行读,做了大量的解剖笔记,详细梳理了VIP软件子程序功能说明、程序的调用关系框图、变量表、算法说明。她们硬是把号称天书的程序代码读懂了,回国后带回了厚厚的一大摞资料和解剖笔记,解剖笔记细致、有条理,作为内部资料多次刊印,为后来人学习、研究油藏数值模拟打下良好的基础,为技术的积累和传承积累了宝贵的经验。

之后,组织安排把陈文兰和由军换回国,改派王荷美、陈素珍协助桓冠仁参与美国岩心公司共同开发软件。

两批出国人员积极利用美国的科研资源开展科研工作,研制了包括全隐式黑油模型和闪蒸黑油模型、裂缝模型、组分模型,后来增加了挥发油模型和气水两相选件。

桓冠仁教授在美国研制软件的过程中,大量地阅读文献,集思广益,并应用到自研的软件中。在研制裂缝模型时,中方设计的模型考虑了我国油田的实际情况,把国外用6个变量求解的问题缩减到

3个变量，大大节省内存，缩短了计算时间，美国负责人 E.O. Parker 先生给予了高度评价。

在美国的工作小组与美方保持着良好的关系，获得了美方在工作条件和资料获取上的支持保障。工作小组也与国内保持密切联系，不断向项目负责人韩大匡汇报，讨论工作方案，还托人带回中间成果，供国内测试应用。而国内也提供生产实际问题在美国那边解决。工作小组的工作是卓有成效的。

通过软件引进，研究院和全国各油田数值模拟软件研制及应用水平得到了快速提升，也为研究院乃至国家培养了一大批油藏模拟软件工程师和一批油藏数值模拟应用工程师，为自行研制油藏数值模拟软件打下坚实的基础。

当时参加软件引进，后来成为数值模拟软件专家的陈文兰教授回忆起当年，说："韩大匡英明决断，引进软件，现在想来真是太伟大了。"

通过这项工作，也孕育培养了一批油藏数值模拟应用人才。桓冠仁在油田工作多年，熟悉油田，数学基础又好，他研制的软件模型经过油田应用，最后证明更符合我国油田的实际情况。他不断丰富完善软件，形成了一套具有我国自主知识产权的多功能软件。该软件在中国石油进行了推广应用。陈焕章编写了热采数值模拟软件，陈文兰和邓宝荣研制了并行软件。

研发国产数模软件

通过"六五"期间对国外引进数值模拟软件的消化吸收，以及数值模拟技术的积累，发展符合我国油田实际情况的、具有自主知识产权的油藏数值模拟软件已经水到渠成。当时的石油工业部科技管理处申请到了"七五"国家重点攻关项目"油藏数值模拟和三次采油技术"。韩大匡被委任负责该项目的第一子课题"油藏数值模拟技术"（项目代号75-14-01），需要组织全国数值模拟的骨干力量进行攻关，以期迎头赶上国际先进水平。

爱因斯坦说过，提出问题有时比解决问题更重要。"七五"国家重点攻关项目每个专题的设立都要斟酌考量。要考虑中国石油的主要油藏类型和主要开发方式，解决软件的覆盖面和实用性问题。既要承前、考虑现有的技术积累；又要启后，探索未来超越国际水平的可能性。参与单位、主要的研究人员、甚至具体研究内容、技术方案、计划进度安排等，要了然于心。

经过反复酝酿，确定了"七五"油藏数值模拟技术攻关从以下4个方面开展。一是砂岩油藏数值模拟，牵头单位是大庆石油管理局，参加单位是中国科学院兰州分院渗流所；二是数值模拟新技术，牵头单位是石油勘探开发科学研究院，参加单位有中原石油管理局、胜利油田、中科院软件所、石油大学、南开大学；三是裂缝性油藏和凝析气藏数值模拟技术，牵头单位是华北石油管理局，参加单位有物探局、西南石油学院、石油大学；四是气藏数值模拟技术，牵头单位是四川石油管理局，参加单位有中科院成都分院和四川大学。

这4个三级课题又包括42个子课题。研究内容包括6个方面：对引进模型的消化、移植、改造及应用；国内自研软件的移植改造；研制和发展我国自己的大型、中型、小型数值模拟软件；数模新方法新技术；数模辅助工具和开发环境研究；数模软、硬件调研和分析。

"七五"油藏数值模拟技术攻关四级子课题表

题目编号	名称	方面	类型	负责单位
01	砂岩油藏数值模拟技术			大庆
01-01	VIP软件消化和改造	砂岩	a	大庆
01-02	VIP模型向银河机移植研究	砂岩	a	大庆
01-03	矩阵解法研究	砂岩	d	勘探院
02	油藏数值模拟新技术			勘探院
02-01	引进黑油模型的消化、改造及应用	砂岩	a	中原、勘探院
02-02	全隐式黑油模型的解剖和推广应用（大型机、高档微机）	砂岩	a	勘探院
02-03	微机黑油模型及多层二维二相软件研制	砂岩	c	胜利
02-04	多层二维二相软件移植	砂岩	b	勘探院
02-05	多功能油藏模型	砂岩	c	勘探院
02-06	中小型黑油模型的改进、移植和应用	砂岩	a	石油大学
02-07	引进组分模型的消化改造及应用	凝析	a	中原、勘探院
02-08	引进组分模型的消化改造及移植（大型机、高档微机）	凝析	a	勘探院、中原
02-09	全组分组分模型	凝析	c	勘探院
02-10	流体PVT相态研究	凝析	a	勘探院
02-11	多层三维三相裂缝模型	裂缝	c	勘探院
02-12-01	自适应隐式方法研究	新方法	d	勘探院
02-12-02	局部网格加密技术研究	新方法	d	勘探院
02-13	阵列机可行性研究	新方法	f	勘探院、南开大学
02-14-01	预处理共轭梯度法调研及剖析	新方法	f	南开大学
02-14-02	黑油模型解法的研制	新方法	d	勘探院
02-15	编码和测试工具的研制	新方法	e	中科院软件所、勘探院
02-16	油藏数值模拟软件辅助开发工具研究	新方法	e	勘探院

续表

题目编号	名称	方面	类型	负责单位
02-17-01	软件工程规范和文档标准	新方法	e	中科院软件所、勘探院
02-17-02	油藏数值模拟软件开发环境	新方法	e	中科院软件所、勘探院
02-18-01	油藏数值模拟工作站软件（静态）	新方法	d	勘探院
02-18-02	油藏数值模拟工作站动态显示	新方法	d	中科院软件所
03	裂缝性油藏和凝析气藏数值模拟技术			华北
03-01	组分模型及相态软件包向银河机的移植应用	凝析	a	物探局、华北
03-02	三相四组分模型	凝析	c	华北
03-03	双重介质三相四组分模型	凝析	c	华北
03-04	零维多组分模型	凝析	c	华北
03-05	全隐式裂缝性三维三相黑油模型	裂缝	c	华北
03-06	三维三相黑油模型	砂岩	c	华北
03-07	全隐式黑油模型向VAX机的移植与应用	砂岩	c	华北
03-08	拟四组分三维模型软件研制	凝析	c	西南石油学院
03-09-01	凝析气藏相态计算软件包研制	凝析	c	西南石油学院
03-09-02	相态软件包的研制	凝析	c	华东石油学院
03-10	微机数模工作站	凝析	d	西南石油学院
04	气藏数值模拟技术			四川
04-01	砂岩边水气藏二维二相数值模拟软件研制	气藏	c	四川
04-02	裂缝性边水气藏二维二相数值模拟软件研制	气藏	c	四川
04-03	砂岩底水气藏三维二相数值模拟软件研制	气藏	c	四川
04-04	裂缝性底水气藏三维二相数值模拟软件研制	气藏	c	四川
04-05	气藏数值模拟新算法研究	气藏	d	四川、中科院成都分院
04-06	气藏数值模拟简易工作站技术	气藏	d	四川、四川大学

作者从档案馆找到了当年"七五"油藏数值模拟技术攻关四级子课题表。从四级子课题表可以看出，研究单位涉及中国石油勘探开发科学研究院、大庆油田、中原油田、华北油田、物探局、胜利油田、四川油田，以及中国石油大学、南开大学、中国科学院兰州渗流所、中国科学院成都分院、中国科学院计算所、中国科学院软件所等多家科研院所、油田和高校等。实际参加的单位有12个之多，参加人数多达200多人，可谓阵容庞大，精兵强将，足以显示我们要全面追赶国际数值模拟技术的决心和勇气，也展示了韩大匡在数值模拟领域的丰富知识和科研管理才能。整个课题分46个专题开展研究，涉及数值模拟技术的方方面面，包括"六五"期间不敢碰的算法弱项，像预处理共轭梯度迭代解法等；模拟技术难点，像隐式井底压力，过泡点处理等；提高软件模拟效率探索，如不规则网格技术；制定数值模拟软件工程规范和文档标准，为可持续发展打下基础。难能可贵的是，课题设立项目之初，明确要求各自课题的研究要达到现场应用水平，在试用中改进、完善和提高。

作为中国石油勘探开发科学研究院主管开发的副院长，韩大匡在研究院调兵遣将，选派技术骨干加入"油藏数值模拟技术"课题研究。人员包括油气田开发研究所油藏数值模拟室的桓冠仁、王荷美、陈素珍、李福垲、由军、李效清、章寒松、刘合年、李成刚、龙天行，以及油气田开发研究所渗流室的刘明新、计算所的陈文兰、邓宝荣等人。

组织协调众多单位和人员对高难度、极富挑战的项目开展联合研究，不是一件容易的事情。韩大匡为此付出了巨大的努力，甚至经历了一次次严重疾病的考验。

担任石油勘探开发科学研究院的副院长，繁重的管理工作和会议占据了他白天的大部分时间，科研工作只有在下班后，挤占晚上的休息时间。日积月累，他终于积劳成疾了。一个晚上，老伴李淑勤给韩大匡端茶，走进书房，发现韩大匡背靠在椅子上，手捂着胸口，脸色煞白，双眉紧锁，冷汗正一颗颗冒出来，密密地布满额头。李淑勤大惊失色，赶紧打电话叫救护车，把韩大匡送进了医院。在项目研究最繁忙的时候，韩大匡累倒了，住进了医院，被诊断为冠心病。这是第一次冠心病发作，韩大匡并没有引起足够的重视，躺在病床上，心里却时时惦记着他的工作、他的研究项目。病情稍稳定以后，他就让老伴把资料带进病房，别人床边都是水果和补品，而韩大匡的床边，却是一摞摞的书籍和资料。起初医生反对，批评他不要命把病房当办公室，韩大匡总是跟医生解释，说他太忙了，有许多工作要做。后来，医生也拿他没办法，只好与他约法三章，要求治疗时间不许看书写字。出院以后，韩大匡立即投入到紧张的工作之中，依然白天黑夜的工作，将巨大的工作压力背负在肩上。之后，他的心脏病一而再、再而三地发作，入院、治疗、出院、工作，反反复复，留下了冠心病的病根，对他的健康造成了极大的影响。

韩大匡以他对科研事业的拳拳之心，感动了项目组的每一个人，大家齐心刻苦攻关，终于圆满完成了项目的所有科研工作。

通过这项"七五"国家项目的攻关，在韩大匡的主持下，我国的数值模拟技术水平上了一个大台阶，掌握了当时国外的最新数值模拟，并应用到自研的软件中，研制了符合我国油藏类型的46个适合8种主要计算机机型的软件模型和专用模块，形成了适用于砂岩黑油模型、裂缝碳酸盐岩模型及挥发油模型等4种我国主要油气藏类型、适合大、中、小三种不同主要机型上配套的数值模拟软件系列，其中有的软件已达国际水平。并在全国十几个油田62个区块的开发及调整方案中得到应用，其中砂岩油藏44块，裂缝性油藏9块，凝析油藏4块，砂岩及裂缝气藏5块。其中比较重大且在矿场实际应用中取得很好效果的有：多层二维二相黑油模型、碳酸盐岩裂缝性三维三相黑油模型、双重介质三维三相四组分模型、三维三相砂岩黑油模型、砂岩底水三维两相气水模型和三维三相热采模型等。

在孤东油田，基于自主研发的油藏数值模拟软件，提出了适合于稠油、高渗透亲水、疏松砂岩的开发方案，比原设计提高采收率2.88%。

在柯克亚凝析气田，大量凝析油粘在岩石壁上开采不出来，采用组分模型作循环注气研究，可回收凝析油近30万吨。

在大庆油田采油四厂杏五区开展高含水油层开发调整模拟，指导生产，含水率下降5%，多采原油25.4万吨；采用自主研发的"DQ-HY软件"对采油六厂5个区块进行数值模拟研究，预测了油区的水驱特征曲线，提出了线状注水的注采系统调整方案，预计可累计增产原油100万吨。

在华北油田，"裂缝性油藏和凝析气藏数值模拟技术"应用，截至1992年新增原油370万吨，共计6.18亿元（按167元/吨计）。

在中原油田，"黑油模型""组分模型"应用，为油区提供了最佳方案，据此方案四年内增产原油25万吨。

如果说"六五"我国数值模拟技术与国际水平相比接近0，经过"七五"攻关，我国数值模拟技术与国际水平相比接近1，进步是显著的，有的甚至达到国际先进水平。

桓冠仁教授组织研发的"闪蒸黑油模型"第一次将多组分模型使用的状态方程用于黑油模型，克服了传统黑油模型过泡点问题，提高计算的精度和稳定性，这在国际上是首创。

华北油田研究院尹定研发的"裂缝性碳酸盐岩油藏数值模拟模型"是当时唯一的一个以单块模型概念建立的"裂缝性碳酸盐岩油藏数值模拟模型"，而不是采用传统的基于连续性假设的双孔双渗方法，这种新方法对基岩与裂缝的交换有更好的描述，机理表达更清晰。而且，网格剖分采用的是任意多边形网格，至今依然可以说是领先的。

王瑞河教授承担并完成的"三维三相四组分数值模拟模型"是黑油模型的升级，或组分模型的变种，其核心就是将黑油模型简便的相态计算引入到组分模型当中，并在模型中同时设置黑油和挥发油组分，使得模型不仅能模拟黑油油藏，也能模拟凝析气藏抑或带油环的凝析气藏，且并不明显额外增加计算量，计算速度要远快于组分模型。这在当时属于首创，该模型在当时国内凝析气田开发的方案优化设计发挥了重要作用。

实际上，作为主管开发的副院长，韩大匡同样支持研究院热采数值模拟和化学驱数值模拟的研究。

一张张科研成果应用证明彰显了油藏数值模拟技术研究成果在油田生产中的作用。"七五"攻关结束后，中国石油勘探开发科学研究院成为我国油藏数值模拟技术与软件研发实力最强的科研机构，基本掌握了20世纪80年代以来数值模拟领域的先进技术。也为中国石油培养了一批具有大型软件研制及实际应用能力的数值模拟研究队伍，中国石油界形成了生机勃勃的油藏数值模拟研发、应用与培训的火热场面。

这个项目的成功，使我国油藏数值模拟基本摆脱了依靠引进软件搞油田开发设计的局面，中国成为当时世界上有能力自主研制大型油藏数值模拟软件的六个国家之一。上述研究成果在1991年获得中国石油天然气总公司科技进步一等奖，1992年又获得国家科技进步二等奖。韩大匡在"六五""七五"推动数值模拟技术与软件的发展，为我国油气藏数值模拟事业后来的发展奠定了良好基础，可谓功勋卓著。

著书立学推广数模

除了行政和科研管理工作，韩大匡始终紧盯油田开发技术的新动向，始终紧盯国际数值模拟技术发展，始终关注着整个国家科技发展的新成果。他大量地阅读海内外文献，经常与科研人员交谈，有机会就向现场的技术人员咨询，向海外归国人员求教。他的勤奋学习以及兼收并蓄的开放态度，使得他的学术视野开阔，知识面很宽，学养深厚，学术洞察敏锐，同行和晚辈都愿意与他交流，向他求教，与他合作开展研究。家里也是经常宾客不断。

20世纪80年代初，韩大匡与油气田开发研究所的桓冠仁、谢兴礼合作，利用研发的两维两相数值模拟软件，开展了"非均质亲油砂岩油层内油水运动规律的数值模拟研究"。该研究开启了利用数值模拟对非均质亲油砂岩油层内进行油水运动规律开展机理研究的先河，获得石油工业部优秀科技成果一等奖。基于该项研究成果，发表了两篇重要的论文，《非均质亲油砂岩油层内油水运动规律的数值模拟研究》发表在《石油学报》1980年第1卷第3期，《改善亲油正韵律厚油层注水开发效果的数值模拟研究》发表在《石油勘探与开发》1981年第4期。这些研究加深了韩大匡对油藏数值模拟技术的认识，同时也看到了国内技术与国外先进技术的差距。

"石油工程师协会"是一个国际石油协会组织（The Society of Petroleum Engineers，简称SPE）。SPE协会负责组织大型国际石油学术会议、学术论坛，出版石油杂志。鉴于油藏数值模拟的重要性，SPE每年都要举办一次SPE油藏数值模拟会议。1987年1月，第十届SPE油藏数值模拟大会在美国德州举办。在这个会议上，韩大匡宣读了他和学生韩殿立、彭力田等合作完成的论文《动态局部网格加密方法研究》。局部网格加密是解决精细模拟大型、复杂油藏的有效方法，是数值模拟计算方法的重要研究方向之一。这一研究成果标志着我国在油藏数值模拟网格加密技术上已经走在了国际前沿。

1979年，石油工业部决定举办一期油田开发理论进修班，对各油田主管开发技术的副总经理和总工程师进行培训。为此，石油工业部组织多方力量为这期"老总班"讲课，指定韩大匡负责"油藏数值模拟基础"课程的教学。好雨知时节，这个任务，来得太及时了，韩大匡深知油田许多主管生产的领导了解数值模拟这项高精尖技术的人不多，只有让更多的油田开发主管技术干部了解油藏数值模拟技术，懂得油藏数值模拟技术对开发决策的作用，才会重视和支持油藏数值模拟技术的发展。他欣然领命。

讲课得有教材，什么样的教材才适合油田这些工作在生产一线，日理万机的"老总"们呢？韩大匡开始物色合适的教案，国内中文文献很少，他就去翻国外的外文文献。但是，他失望了。国外的这些著作太过精深，读懂要有流体力学和数学深厚的功底，不适合给现场做工程的老总们作教材。美国学者 Donald W. Peaceman 在 1977 年出版的《Fundamentals of Numerical Reservoir Simulation》[①]，写得很好，但是以矩阵来表述，跟油田的老总们讲，不合适。G.H. Bruce 等合著的《Calculations of unsteady-state gas flow through porous media》[②]以油水两相分析为主，且数学公式太多，跟老总们讲，也不合适。既然这样，不如自己动手，韩大匡决定自己动手编写适合中国油田开发现状的油藏数值模拟教材。

那时，韩大匡身为石油勘探开发科学研究院负责油田开发的副院长，各项事务纷繁杂扰，他只能挤时间编写教材。每当开会，油田开发部分汇报完后，他就见缝插针地拿出油藏数值模拟教材的手稿开始编写。经此一举，他还练就了一个新本事，能够"一心二用"，一边听汇报，一边写教材，捕捉其他专业的新动向的同时为数值模拟著书立说，两不耽误。

1980 年，在林海苍茫、烟光岚影的北京西山，油田开发理论进修班如期举行。在这古刹环绕的山里，心容易沉静下来。韩大匡在这里，用自己编写的教材开始了"油藏数值模拟基础"的讲课，他编写的讲义成为国内油藏数值模拟领域第一本教材，这也是国内该领域第一次开讲这门课。

---

① Peaceman D W.Fundamentals of Numerical Reservoir Simulation [J].Developments in Petroleum Science，1977，1（1）：18-23.

② Bruce G H，Peaceman D W，Rachfort H H，et al.Calculations of unsteady-state gas flow through porous media [J].Journal of Petroleum Technology，1953，5（3）：79-92.

在进修班上，韩大匡对"老总"们开宗明义，油藏数值模拟是提高油田开发水平的重要手段，其目的是根据油气藏实际情况，模拟和预测油气藏的开发动态，为制订最经济、最有效的油、气开发策略和措施提供科学依据。

他还讲到，油气藏的原始资料是否齐全准确是数值模拟成败的基础。数值模拟的应用人员必须是很好的油藏工程师，善于综合分析各种原始资料，包括地质、测井、钻井、岩心分析、生产测试等各方面的资料，并鉴别其可靠性和可信度，选出其中最符合油藏实际的数据。

然而，油藏地质情况是复杂多变的，特别是我国陆相地层，非均质性比一般海相地层要严重得多。可以想象一下，我们取得的资料都是从直径十余公分的井眼中取得，两口井之间的距离却又好几百米，因此，井间的油层变化情况不可能认识非常清楚，反映这些认识的数据输入到软件里，常常带有相当的不确定性。因此，韩大匡告诉学员，对一个油藏进行数值模拟，是一个综合性很强的工程研究项目，而不仅仅是一次计算机简单的数学运算。

韩大匡强调，油气藏类型不同，所选用的数学模型也不同。在具体选择时，应尽可能针对油气藏静、动态中的主要矛盾，选取一个既能解决问题，又相对简单的数学模型。一般的做法是，对没有活跃边水、底水的气藏，可以选用最简单的单相气体渗流模型。对于常规油藏，即不发生反凝析现象的油藏，可以选用黑油模型。复杂的情况是，当气相的作用不明显，可以忽略气相，采用油水两相模型。当烃类的反凝析现象比较明显时，一般要用组分模型。对于裂缝型油藏，如果油层岩石的双重介质特征比较明显，则要选择双重介质模型；如果是连通性非常好，就可以用普通单一介质的黑油模型。数学模型有零维、一维、二维和三维之分，三维更能反映油藏实际情况，但是要求的运算量也十分巨大。模型差分格式有五点和九点之分，九点差分格式有利于解决网格取向性问题，但是所需计算机工作量大。

课堂上，几十位学员全神贯注地听韩大匡讲课，西山的虫唱、碧云寺的钟声都没有扰断他们的思路。但是，他们感觉这门课有些难。

按照教案，他们将学习主要渗流方式的模型、微分方程的离散化、线性方程组的解法、多相渗流问题的数值解法、油藏数值模拟软件的向量化、局部网格加密技术、历史拟合方法等。

可见，这门课对听课对象的数学基础要求较高。但是这些学员在油田平时忙于生产，数学基础普遍较弱。于是，韩大匡从最简易的数学入手，用老总们熟悉的物理现象来剖析，深入浅出地讲解。学员们的神经终于不再那么紧绷着，脸上流露了轻松的神色。

为期三个月的进修班结业时，石油工业部副部长闵豫来参加结业典礼会，他在讲话中说："这个培训班意义非同小可。培训班要求你们做习题、考试，是为了让你们真正能够掌握这些知识，带回油田，真正用到生产里边去。"

然而，在油田现场推广应用油藏数值模拟技术谈何容易，在与进修班学员油田老总们交流时，韩大匡发现一个问题。当时，我国在油藏数值模拟方面的中文文献很少，有限的参考资料几乎都是英文的，而油田现场的技术人员英文基础普遍薄弱，妨碍技术人员了解和掌握数值模拟技术。由此韩大匡萌发了编写一本有关油藏数值模拟技术的中文书籍的想法。这本书既要讲清油藏数值模拟技术的基础理论、发展方向和应用实例，又能结合我国油田开发实际，必须是一本适合我国油藏工程师学习和使用的教科书。

韩大匡将编书的想法告诉了他的两名早期研究生弟子，陈钦雷和另外一名学生，邀请他们一起加入书稿的编撰。

在撰写书稿的过程中，韩大匡认真研读国外油藏数值模拟方面的专著，其中美国斯坦福大学教授、油藏数值模拟大师 Aziz 和 Settari 合著的《Petroleum Reservoir Simulation》[1] 即《油藏模拟》，给他

---

[1] Aziz K, SettariA. Petroleum Reservoir Simulation [M]. London：Applied Science Publishers Ltd, 1979.

的启发较多。这本书是油藏数值模拟界的权威专著，堪称经典，只是原理介绍得不够清楚，不适合当作教材。韩大匡汲取国外专著里面有益的成分，还参考借鉴了国外的论文和国内同期的研究成果，将当时国内外最先进的理论和技术充实到他编写的书里。

身为石油勘探开发科学研究院副院长，韩大匡的日常事务繁忙，再加上油藏数值模拟涉及的渗流力学和数学公式多而复杂，他又是一个极其细致认真的人，每一个公式都要和其他两个作者亲自推导无误，每一个公式的字母、上标下标都要反复核对，方可以放心定稿，这使得书稿的编写工作进展缓慢。两名年轻的作者还曾经为书中浩瀚的公式推导打退堂鼓。韩大匡用他一贯的循循善诱和春风化雨的思想政治工作鼓励着他的两位学生，并且率先垂范，用坚韧不拔的精神坚持书稿的写作。

在这本书初稿完成，进入二稿修改阶段，意外发生了。1983年夏天，韩大匡出差辽河油田，在去往辽宁盘锦的途中发生了车祸，司机打盹将车翻到了路基下的土沟里，韩大匡的颈椎和腰椎受到严重的挫伤。他被送往辽河医院进行急救，三天三夜脖子和腰都不能动，医生要求他哪也不能去。直到几天后脱离了危险，他才被担架抬上火车送回北京治疗。

住院治疗后很长一段时间，韩大匡的脖子和腰依然疼痛难忍，想要彻底康复，没那么容易。在北京，他看了西医、中医，效果都不明显。后来，经同事推荐在华北油田医院接受按摩康复治疗，很有成效。治疗期间，他仍然惦记着对书稿的修改。病房里，韩大匡的床位边上，总是放着一摞书和那本即将完成的厚厚的书稿，爱人李淑勤常常打来电话关心治疗的进展，临了总要嘱咐他别总是低着头看书，不要着急写书，要小心保护颈椎、腰椎。韩大匡怕老伴担心，总是满口答应。但只有他病房里的护士知道，只要不是治疗时间，他一准拿起厚厚的书稿来，不停地翻看和修改。韩大匡利用住院的这段时间，一鼓作气完成了书稿最后的编写、修订和定稿工作。

这真是祸兮福兮，正是这次车祸住院，他才有大块的时间完成了多年的夙愿。

1983年，韩大匡与两位学生共同编写的《油藏数值模拟基础》由石油工业出版社正式出版。这是我国有关油藏数值模拟技术的第一本专著，书一经问世，很快售罄，石油工业出版社再版也很快脱销。该书1993年又修订再版，依然深受欢迎。一位日本同行来中国商谈合作事宜的时候，看到了这本书，认为它深入浅出，将高深的理论化解为浅显易懂的公式，因此大为赞赏，将它当作宝贝带回了日本。

多少年来，《油藏数值模拟基础》作为石油院校的教材，培养了一批又一批油藏工程专业的学子，许多从事油田开发的科技人员，在大学期间就是从这本书开始走进油藏数值模拟世界的。如今已成长为油气田开发专家、油藏数值模拟专家的王瑞河教授就曾说，他就是因为读了这本书，仰慕作者的大名，才申报并跟随韩大匡做博士后的。毫不夸张地说，国内搞油藏数值模拟的人，几乎都读过韩大匡编撰的《油藏数值模拟基础》。

数模软件推广应用

数值模拟技术既是一门多学科综合的基础理论科学，又是一门应用技术，是用数值模拟软件来帮助油藏工程师直观地了解油藏地下油水分布规律，从而制订合理、优化的开发方案的工具。让油藏工程师、油藏地质师掌握这门技术才能真正对中国石油开发起到技术支撑的作用。基础知识的普及、油藏数值模拟软件的推广，操作的培训和应用技巧的积累始终在韩大匡的谋篇布局中。

在他的领导下，研究院当仁不让地成为我国石油界数值模拟技术研究中心和培训中心。研究院在开发所专门成立了数值模拟室，十几个人，学中干、干中学，总结的经验及时向油田推广，编写了大量的讲义及内部资料。像陈文兰和由军解剖的软件VIP，软件子程序功能说明、程序的调用关系框图、变量表、算法说明等多次印刷成册，作为内部资料供研究院及油田相关人员学习，是学习油藏数值模拟的珍贵的一手资料。韩大匡本人编写的《油藏数值模拟基础》以及李福垲编写的《黑油和组分模型的应用》也深受欢迎，一度再版发行。此外，人员的培训始终在进行。

1979年，韩大匡自编讲义给各油田主管开发技术的副总经理和总工程师培训油藏数值模拟基础理论。

桓冠仁教授也多次在研究院研究生部给开发专业的研究生专门开设《油藏数值模拟》专业课。

软件培训在引进软件初期，主要是美国岩心公司负责培训。开始主要在国外，后来逐渐转为国内培训，研究院相关人员辅助外国公司培训。据陈文兰回忆，研究院派桓冠仁、陈文兰和由军三位同志去美国研究的时候，有条件的油田，像大庆油田、胜利油田、辽河油田也选拔技术骨干，多批次地去美国培训软件应用，为期1个月。美国岩心公司也多次派人员来北京培训，各个油田有条件的就派技术人员来京培训。

陈文兰回国后，稍事休息就开始去多个油田讲学，给油田安装软件、提供技术指导。

经过韩大匡及数模团队的不懈努力，我国的油藏数值模拟技术无论是基础理论，还是软件研制、软件应用水平和普及程度都上了新的台阶。在此基础上，中国石油天然气总公司规定，油田开发方案必须要有油藏数值模拟的论证才能通过。

2000年后，中国石油责成研究院引进Eclipse软件，研究院负责对油田大规模的软件培训，多达30多期。数值模拟软件成为油藏工程师和油藏地质师必备、必会的研究工具。

混相驱油数模之争

1987年1月，临近中国传统农历春节的时候，神州大地正张灯结彩、鸣锣舞狮，韩大匡却远离家人，身处大西洋彼岸美国的德州。他受石油工业部委托，带领专家组，就文南油田混相驱问题赴美国，督促美国Keplinger公司尽快给出准确客观的评估方案。

1986年，河南中原油田管辖的文南油田建设时，因经费紧张，需向日本申请贷款。按照国际通行规定，贷款方必须向放贷方提供评估报告，这个评估报告，必须由第三方出具。文南油田找了美国知名的咨询公司Keplinger公司，委托他们评估文南油田的混相驱油藏数值模拟方案。文南油田是非常复杂的断块油田，油田非均质性严重，层间、层内矛盾突出，注水压力极高。注水的办法不行，油田转而考虑注气，采用混相驱。然而，中原油田当时还从没有搞过混相驱数值模拟，技术上是没有底的，只能是摸着石头过河。然而，石头在哪里？石头有多大？当时大家并不清楚。

一下飞机，韩大匡就带着专家小组直奔Keplinger公司。Keplinger咨询公司在美国是同行业中的"龙头老大"，技术过硬、实力雄厚。韩大匡依然记得在一间装修考究的会议室里，Keplinger公司文南工作小组和来自中国的专家进行激烈讨论的情景。这间会议室四壁铺满铅灰色的墙纸，简约、理性，硕大的落地窗，将城市里的高楼和街景一网打尽，在明亮的光线映射下，好似一幅印象派的油画。在这幅"画框"前面，Keplinger公司一位负责地质部分的部门经理质疑中方的地层对比存在问题，说他们采用了最先进的数值模拟软件，对文南油田进行了模拟对比，他们的结果更科学。他的话语间带着那么一点傲慢，美方骨子里认为中国落后，中国的技术水平差。双方的观点僵持不下，只有事实才胜于雄辩。韩大匡带领专家组，迅速开展对美方方案的审查。中国专家很快发现了一个关键的问题，Keplinger公司的数值模拟计算结果与物理实验不一致，数值模拟存在问题。

在第二次的碰面会上，韩大匡他们把这一关键问题向美国专家提了出来。这个问题一经提出，一下子反倒让美国专家错愕。他们尽管承认数值模拟的结果和物理实验结果不一致，但并不松口，坚持己见，强调他们采用的油藏数值模拟技术的先进性，要求以数值模拟的结果为准。

油藏数值模拟是认识油藏的有效工具，但是数值模拟的结果是受很多因素影响的，如果不加分析地认定数值模拟的结果永远正确，而不顾油藏本身的地质条件和物理现象，那是会被模拟的结果误导的。混相驱数值模拟的模型主要分两类，一类是基于黑油模型简化的四组分模型；另一类是真正的组分模型。混相驱机理符合组分模型，但是组分模型太复杂，模型成本高，实际应用中常用四组分模型代替组分模型，简化计算。实际上，Keplinger公司既无组分模型，也没有以黑油模型为基础的四组分模型，所以他们在对文南油田进行模拟计算时采用的是偏密度模型。韩大匡带领专家组，经过分析认为，尽管偏密度模型在处理一般黑油模型问题时比黑油模型更精确，在一定程度上可处理组分模型问题，但文南油田的混相驱模拟采用偏密度模型计算，仍然存在一定问题。第一，该模型所需要的PVT数据，均由该公司的P-R软件包状态方程软件包提供，而该软件包并不能很好地解决临界点附近的相态计算问题，对混相驱计算的精度带来一定影响。第二，该模型没有考虑混相驱毛细管力、相对渗透率的变化，也没有对饱和度进行必要的处理。第三，Keplinger公司采用的拟函数构造方法对数值模拟人员的地质认识依赖程高，例如人工构造地质剖面模型时资料的选取，各种不同孔隙度范围岩石的组合等，在很大程度上取决于对油藏地质情况的认识。对于不同的人来说，所取的值可能是不一样的，从而拟相对渗透率曲线也会有一些差别，最终影响到数值模拟结果的精度。而且这种方法基本上只考虑了纵向上分层的影响，至于各层本身平面上的不连续性所产生的影响，则没有考虑。

中国专家组向美国同行提出了上述观点，这回美国专家没有吱声，他们认识到这些中国专家是内行，说到了"点"上。专家组中的中原油田总地质师指出，构造地质剖面模型完全依靠计算机是不行的，必须依照实际的地层对比，要符合实际的情况。文南油田的地层和砂体都在中方专家的大脑里，地层对比没有错，是美方人员在数值模拟中使用的人工构造的地质剖面不符合实际情况。在历史拟合问题上，韩大匡他们提出，在静压资料不足的情况下，以井底流压或动液面资料作为参考，这样在考虑动态变化趋势时也可有一定的依据。

但是，Keplinger公司依然认为，他们的混相驱方案是可行的。虽然韩大匡等中国专家们对此提出了质疑，这些疑点仍旧未能动摇他们的自信。

彼时恰逢第十届SPE油藏数值模拟会议在德州圣安东尼召开，Keplinger公司专家和韩大匡都应邀参加了这次会议，韩大匡在大会上还宣读了自己的论文。会下，Keplinger公司专家搬"救兵"，找来几位美国数值模拟的权威专家，试图让他们证明计算机数模计算和物理实验不符合的时候，以数值模拟为主。但是，那些权威专家并不认可这个观点，反而赞同中国同行所指出的问题，Keplinger公司的人碰了一鼻子灰。面对科学，最后他们不得不承认韩大匡他们的认识是正确的，对文南油田混相驱数值模拟方案进行了修改，Keplinger公司从此对中国专家刮目相看。韩大匡带领的专家组不辱使命，在国际学术技术交往中，敢于坚持自己的观点，表现出优秀的专业素质，标志着这一时期我国油藏数值模拟技术有了长足的进步。

创新精细油藏数模

"问渠那得清如许，为有源头活水来"。韩大匡一直重视油藏数值模拟技术的创新，认为技术创新是油田开发不竭的动力源泉。进入新世纪，当选中国工程院院士后，他基于对中国油田地质条件和开发现状的深刻认识，不失时机地提出开展精细油藏数值模拟技术研究。

韩大匡是位老石油、老开发，经过多年的研究与总结，在2005年中国石油学会油气田开发技术大会暨中国油气田开发科技进展与难采储量开采技术研讨会上，他应邀作主题报告《确定剩余油相对富集区提高注水采收率的思考与认识》，针对我国老油田的开发现状，对地下剩余油分布像个老中医一样，"把脉问诊"找问题，"对症下药"开良方。经过多年的开采，我国综合含水超过80%的高含水老油田所占有的储量比例已达68.7%，可采储量采出程度大于60%的油田所占储量达82.4%，已开发油田总体上已进入高含水、高采出程度的开发后期。他认为，地下剩余油分布呈"整体高度分散、局部相对富集"的格局。其实早在1995年他发表的《深度开发高含水油田提高采收率问题的探讨》文章中，韩大匡就提出了这个论断[①]，这个观点获得石油界专家的高度认可。他在报告中进一步指出，准确认识和确定剩余油富集区的位置是提高水驱采收率重要的基础和关键，油藏数值模拟的任务应从常规的研究油田开发策略向精细量化剩余油分布发展，准确预测剩余油富集区的部位，要发展高效、

---

① 韩大匡.深度开发高含水油田提高采收率问题的探讨[J].石油勘探与开发，1995，22（5），47-55。

准确和快速的大规模精细油藏数值模拟技术。对于聚合物驱、化学复合驱等三次采油技术的应用，以及裂缝性低渗透油藏等复杂油藏的有效开发，也需要研制适合不同渗流特点的模型，发展相应的数值模拟新技术。

如何才能实现精细数值模拟？韩大匡基于对中国陆相油藏非均质性强的地质条件，长期分层注水开发现状的深刻认识，认为精细数值模拟技术要牢牢抓住两个关键点，既要能模拟大幅增加的网格数，还必须进行分层历史拟合。

韩大匡梳理精细数值模拟研究的技术路线，提出了一整套的方法，带领项目组开展了长期的攻关研究。

我国陆相油藏非均质性强。一般来说，平面上砂体的连通性差，纵向上小层多，砂体内及层间物性差异大，小层和砂体的各个部位之间剩余油的多寡也差别很大，因此必须尽可能准确地模拟各小层的剩余油分布状况。为此，在平面上要细分网格，在纵向上不能轻易合并小层，对于主力层，必要时还需要进一步细分。由此，建立的油藏模型网格数通常达几十万、上百万甚至数千万的数量级。尽管油藏模型的网格数越多，对油藏的表征也就越精细。但是，这也意味着进行数值模拟所消耗的时间会大幅度增加，对数值模拟的效率会产生严重的影响。高效模拟超大数量的网格，对于传统的数值模拟软件，百万节点数值模拟已是如牛负重。如何既提高数值模拟的精度，又提高其效率，仿佛是一件自相矛盾的事情。面对瓶颈难点问题，韩大匡带领项目组进行了多项有针对性的探索。

针对我国油藏在高含水后期剩余油分布呈现的"整体高度分散、局部相对富集"的格局，实现高效挖潜首先要搞清楚油气相对富集区的分布状况。为此，韩大匡兼顾数值模拟的精度和效率，提出"粗细结合"的精细油藏数值模拟策略。根据这一策略，先采用粗网格系统对整个研究区块进行计算，找出剩余油相对富集区，然后再逐级地采用细网格对剩余油相对富集区进行比较精确的计算。即只对局部剩余油富集区域采用细网格进行更精细的计算，其他地方在不失计算精度的情况下采用粗网格，这种粗细网格结合的方法，被韩大匡称为多尺度油藏数值模拟方法。该方法可以有效地减少网格数，加快计算速度。

多尺度油藏数值模拟方法在大庆油田研究区进行试算取得令人满意的好效果。原模型的网格总数是 $80 \times 60 \times 74 = 355200$。实际计算时分出两个剩余油富集区子模型，F4 和 F11。其中 F4 的网格数是 $18 \times 19 \times 74 = 25308$，F11 的网格数：$22 \times 27 \times 74 = 43956$，F4 和 F11 两个子模型的网格数分别为总模型的 7.1% 和 12.4%。在数模的过程中，仅对这两个剩余油富集区子模型进行精细模拟，模拟速度大大提高，节约了大量的模拟计算时间。

韩大匡指导学生李建芳运用窗口技术进一步提升了"粗细结合"油藏数值模拟计算的效率。采用窗口技术可以在进行粗网格计算后对剩余油富集区开多个窗口进行细网格计算，有效规避了海量地质模型网格数据对数值模拟计算效率的影响。

李建芳还将博士研究的适合多尺度算法的自适应组合网格方法（Flexible Adaptive Composite Grid 简称 FAC 方法）发展为动态网格加密技术，并应用于追踪化学驱驱替前缘的研究，取得了良好的效果。

在提高油藏数值模拟计算效率方面，韩大匡指导学生王经荣开展流线法的研究，编写了流线法软件。在粗网格计算时，可以应用流线法进行计算。流线法将三维模型还原为一系列的一维流线模型。这种方法虽然精度不是很高，但优势还是很明显的。第一，计算速度快，同样的网格数，流线法较传统的油藏数值模拟全隐式方法要快 2~5 倍，可以模拟更多网格。第二，流线法可以用图形直观地显示注采关系和剩余油大致分布。

随着计算机并行技术的发展，当网格非常多时，采用并行计算技术，可以大幅度加快计算速度。实际上，20 世纪 90 年代工程问题就提出了进行百万节点数值模拟的设想，但依靠当时单 CPU 串行技术，几乎不可能进行百万节点运算。后来随着并行计算机的出现，油藏数值模拟的并行算法也开始研究，尤其是大规模微机集群并行计算机的快速发展，并行计算机价格越来越低廉，并行软件也从黑油模型逐渐向组分、热采等模型发展，并行算法的应用越来越广泛。

我国"八五"与"九五"期间就开展了多项包括国家"863"计划在内有关并行计算的重大科研项目。中科院、国家智能计算中心、清华大学、南京大学等均开展了油藏数值模拟并行计算研究。在韩大匡的倡导下，自20世纪90年代，中国石油勘探开发研究院也开始了并行技术的研究，首先是与北京计算物理研究所合作，将"七五"研制的多功能油藏数值模拟软件并行化，研制了并行多功能油藏模拟软件。后来又分别与清华大学、中国科学院软件所等多所院校和研究机构合作，发展了自己的油藏数值模拟并行软件系列。

搞过实际油藏数值模拟的人都知道，要准确地模拟油藏动态，关键的一环就是历史拟合。历史拟合实际上就是通过反复修改地质模型中的各项参数，使得计算出的生产指标和实际生产数据相吻合的过程。在历史拟合中，每修改一次参数计算一次，都要分析对比计算结果同实际的吻合情况，需要一口井一个动态指标地反复从所有井的所有动态指标中选择，花费很长时间才能将所有井的各项生产指标分析完。因此，历史拟合是数值模拟中工作量最大、耗时最多的过程。特别是中国的油田储层非均质严重、断层复杂、层多、井多、生产时间长、作业又频繁，难度更大。油藏数值模拟工程师一直在探索如何加快历史拟合进程，如何更快捷地进行历史拟合。

一般来说，静态模型越准确，数值模拟计算结果越合理，与实际数值越接近，拟合的工作量越小。为此，提高历史拟合的效率要努力做到以下三个方面：第一，尽可能使模型更接近地下实际地质状况，这属于地质建模的范畴；第二，实现自动历史拟合，但是由于影响因素太多，实现的难度很大，自动历史拟合尚在探索之中；第三，计算机辅助历史拟合，通过建立拟合参数（压力、含水率、产量等）和可调参数之间的敏感性关系，采用优化方法，并结合油藏工程师的经验，实现人机交互联作进行历史拟合。

为此，韩大匡指导学生王经荣，在其博士后期间开展了高效历史拟合方法研究，建立了采用多元统计确定历史拟合调整参数和采用模糊评判确定参数调整幅度的方法，并研制了数值模拟快速历史拟合辅助软件工具，有效提高了历史拟合的效率和精度。

油田开发以地质小层为基本单元，高精度量化地质小层剩余油分布是老油田深度精细开发的基础。为此，准确预测地质小层剩余油，油藏数值模拟历史拟合需要从常规的单井整体拟合向分层精细拟合发展。

开展分层历史拟合的关键是将多层合采油藏的单井合注的注水量合理分配到各个地质小层。然而，目前采用的数值模拟软件中注水量是按流动系数 kh/μ 分到各小层，没有考虑层间干扰因素，难以正确劈分小层注水量。我国油藏多为陆相多层砂岩储层，各个小层之间存在较大的渗透性差异，渗透率大的层段进水量大，对渗透率低的层段会产生一定的"屏蔽"作用，存在层间干扰问题，实际各个小层的注水量并不完全遵循常规数值模拟软件中那种按流动系数 kh/μ 进行分配的原则，有时差别还会很大。如果油田现场有足够的分层测试资料，如吸水剖面、产液剖面等，那么可以按这些资料来进行注水量或产量的分配。但是，实际上油田分层测试资料很少，即使有一些，也不足以代表该井完整的生产过程。

如何能找到从丰富的生产资料和各种测试资料中挖掘与提取准确反映各层油水产量的新方法，一直萦绕在韩大匡的心中。通过实现吸水剖面、产液剖面高精度的预测，进而约束分层历史拟合，实现地质小层剩余油分布的高精度量化表征，成为耄耋之年韩大匡再为祖国石油科技事业立新功的一个夙愿。

为此，他指导学生王继强博士开展注水量小层劈分，创建了支持向量机预测小层吸水量技术，在大港油田港东一区应用，预测的小层吸水量与吸水剖面实测数据平均误差达到 5%，对解决常规数值模拟方法难以准确量化小层吸水量瓶颈难点问题进行了有益的探索。

近年来，大数据与人工智能技术得以快速发展。韩大匡敏锐地捕捉到深度学习领域高科技发展带来的先机，他提出大数据与油藏数值模拟融合发展的新思路。2017 年以来，韩大匡又与研究院油气田开发研究所袁江如博士等人合作，申请中国石油勘探开发研究院院级课题和中国石油科技管理部项目，大力推进大数据深度学习方法在吸水剖面预测中的应用研究，不断深入发展分层历史拟合与量化地质小层剩余油分布新技术。

长期以来，韩大匡从提高油藏数值模拟效率和精度两个方面着手，创新发展精细油藏数值模拟技术，组织研发了基于数据挖掘的吸水剖面预测技术、高效分层历史拟合方法和大型油藏多尺度模拟与开窗技术，为准确量化地质小层剩余油的分布开辟了新途径。如今，耄耋之年的韩大匡仍然走在精细油藏数值模拟技术创新的路上，他要为石油科技闯出一条大数据、人工智能与传统技术融合发展的新路。

推动新一代油藏数模

韩大匡有着深邃的洞察力，能敏锐地捕捉技术前沿，始终站在领军位置。进入 21 世纪，韩大匡开始着力推动新一代油藏数值模拟技术与软件的研发工作。

技术发展是有其自身的生命周期的。如美国经济学家 Carlota Perez 指出的那样，技术的发展分三个主要阶段，即研发阶段、转折阶段和应用阶段。研发阶段，此时技术还不完善，人们蜂拥而至，处于快速发展期；转折阶段，此时技术发展到一定程度，市场决定该项技术是否值得发布与推广；应用阶段，技术发展相对成熟，更多强调应用，处于缓慢整合与成熟发展期。油藏数值模拟界的权威专家Aziz[①]将油藏数值模拟技术发展的三个阶段的时间段划分为：发展阶段1950—1990年、转折阶段1990—1995年、应用阶段1995年至今。

在油藏数值模拟技术的发展阶段（1950—1990年），我国油藏数值模拟经历了"六五"和"七五"的引进消化吸收与跟踪研发的蓬勃发展。尽管这一时期我们软件的内核和国外的差距缩小很多，但商业化方面还是有差距的，国外软件商业化程度高，使用更方便，界面操作更友好，油藏工程师更爱用国外软件。时光进入到油藏数值模拟技术的应用阶段以后，"九五"和"十五"期间，国内软件业刮起了一阵购买国外软件之风，我国对自主研发数值模拟软件的支持力度也减小了，加之软件研发采用项目管理的方式，软件研发周期长、难度大，虽然技术更新快，但技术的软件化、有形化却跟不上。软件研制人员付出多，收入不多，获奖难度又大，是一份吃力不讨好的工作，科研人员不愿意搞数值模拟软件研发，研究队伍逐渐萎缩。到20世纪90年代末，原本兴旺的研究景象不复存在，油藏数值模拟研究处于发展的低潮期。

韩大匡面见此情此景，很不甘心。他心里想，如果研究队伍散了，要再聚起来，重新开始，那可就费劲了。然而，此时韩大匡已经退休，他扭转不了购买国外软件的大势，但他深深感到，费那么大劲发展起来的数值模拟技术不能丢。

2001年他当选为中国工程院院士，他要利用他的院士身份带学生，让他的学生继续研究油藏数值模拟技术，保留"星星之火"，他

---

① Khalid Aziz，《Petroleum Reservoir Simulation》的作者，美国斯坦福大学教授，著名的油藏数值模拟专家。

坚信星星之火总有一天会燎原。他尽其所能，申请到一些小课题维持着，同时用他在石油界、科学界的影响力和名望大声疾呼，推动油藏数值模拟技术向更深、更广的方向发展。

随着多年的油藏数值模拟软件的研发，传统数值模拟软件的弊端已经显现。一是，数值模拟针对不同的油藏类型建立了不同的数学模型，分为黑油模型、组分模型、热采模型、化学驱模型、微生物驱模型、双重介质模型。数值模拟软件研制也是各个模型各自为战，互相独立，自成体系，呈现头痛医头，脚痛医脚的格局。我们国家油藏种类很多，开发方式也很多。比如，我国大庆油田经过多年水驱后，接着采取聚合物驱和化学驱，传统数值模拟是要从黑油模型软件转到化学驱软件，实际应用非常不便。二是，某些计算受到限制。例如，传统数值模拟采用结构性网格，不能模拟复杂的断层与尖灭等复杂的地质构造，通常采用的 Jacobi 矩阵的形成方式不能求解多重介质、离散裂缝等物理现象，不适合复杂结构井的模拟，等等。三是，软件的可扩展性差。软件框架庞杂，功能扩展容易伤筋动骨，补丁摞补丁，如牛负重。

这需要发展新一代精细油藏数值模拟技术，并建立有利于大规模推广应用的软件平台。新一代油藏数值模拟到底应该新在哪儿？韩大匡意识到新一代精细油藏数值模拟必须是建立在油藏数值模拟一体化技术上的。首先数学模型的建立要实现三个一体化，即质量守恒、动量守恒与能量守恒一体化、不同流态一体化和多重介质一体化。

当时国内对油藏数值模拟一体化技术知之甚少，多数人认为想法很好，但质疑也很多。有过软件编程经验的人本能地想到，如果把众多的模型集中在一个系统程序中，靠无数的条件语句开关去判断实现，程序效率会大大降低。时间效率是数值模拟软件的关键，成百上千的网格、成百上千口井，无数的对比方案，效率就会降低。韩大匡的博士生李建芳是他在数值模拟技术方向留下的"星星之火"，她本科和硕士都是北京航空航天大学数学专业，有独立研制数值模拟软件经验，起初也想不通一体化数值模拟的优势。但韩大匡没有放弃，他要争取得到这位跟随他多年的学生的支持，他耐心地给李建芳讲解，仔细分析油藏数值模拟一体化技术为什么是新一代数值模拟的发展方向，为什么需要大力发展这项技术。李建芳被他的坚韧不拔的治学精神和高瞻远瞩的战略眼光深深地折服，从此跟随韩大匡开始了精细油藏数值模拟研究的新征途。

2010年5月17日，参加斯伦贝谢公司SIS全球论坛及学术交流时与李建芳合影

路漫漫其修远兮，吾将上下而求索。韩大匡以他的坚韧不拔、水滴石穿的精神，极力倡导新一代数值模拟研究。他耐心地做身边同行的工作，不断感召更多的力量投入到这项研究中来。哪家有能力做，他都支持，不仅在中国石油，他还在中国石化、中国海油、中国地质大学（北京）极力推动新一代油藏数值模拟的研究。"十二五"国家科技重大专项课题"新一代油藏数值模拟软件"，就是在他的支持下设在中国地质大学（北京），由李治平教授负责主持研究。韩大匡认为，科学是没有边界的，只要是有助于科学发展，能够推动行业技术进步的，只要他认为是有必要去做的，不管在哪，成果是谁的，他都会积极支持。

油藏数值模拟一体化技术不是简单的功能整合，它是基于非结构网格的，将各种数学模型都按物理现象分解成独立的四部分，即对流项、扩散项、累积项、源汇项，各个部分采用不同的"模板"。采用一体化技术，可以将复杂的流动问题转化成两点之间的流动，这一点突破了多维问题的限制，突破了多组分、多重介质的限制，网格与网格之间的流动，网格与井之间的流动本质上是一样的。另外的一些优点还包括：雅各比矩阵的计算方法由传统的对变量求导，变成数值雅各比矩阵；程序设计上将多维的数据结构用联结表代替，等等。

油藏数值模拟一体化技术具有十分显著的优越性，以油藏数值模拟一体化为特色，发展新一代油藏数值模拟技术的构想，在韩大匡的头脑中越来越清晰，越来越具有可操作性。

在韩大匡持续呼吁与倡导下，2009年中国石油科技管理部立项开启新一代油藏数值模拟技术研究。这次担纲主持研究的是吴淑红博士，她在读博士期间从事过热采数值模拟软件研制，又有着深厚的油藏工程背景。韩大匡邀请刘威加入研究团队，负责新一代油藏数值模拟构架设计；邀请美籍华人、著名的解法专家、美国宾夕法尼亚大学州立大学的许进超，担任大规模高效代数方程解法模块的研制。在韩大匡的跟踪指导下，吴淑红带领研究团队，经过三年的艰苦攻关，2012年11月2日新一代油藏数值模拟软件HiSim®2.0研制成功，进行了正式发布。HiSim®2.0的成功发布是中国石油勘探开发研究院自主创新的一个标志性成果。良好的构架奠定了发展基础，新一代油藏数值模拟软件的研制此后不断发力，每年都上一个新台阶。

"吃水不忘打井人"，新一代油藏数值模拟软件取得的辉煌成绩，与韩大匡当初的坚持和积极倡导是分不开。他的学生李建芳说，韩老师独具慧眼，他总是站在一个学科未来发展的战略高度上，准确把握发展方向。身为20世纪50年代的大学生，韩大匡没有学习过计算机操作，更不会计算机软件编程。但是，他对专业技术原理的理解非常清楚，非常深刻。"会当凌绝顶，一览众山小"，只有到达顶峰的高度，才能登高望远，一览无余。在求索科学的道路上，既需要埋着头一步一个脚印地攀爬，咬定青山不放松，又要常常站到顶峰上，遥望远方。韩大匡以他特有的高度，为我国精细油藏数值模拟指引了新的发展方向——以油藏数值模拟一体化为特色，发展新一代油藏数值模拟技术。

第八章
三次采油开拓者

拉开三次采油序幕

韩大匡对提高采收率与三次采油的研究，始于北京石油学院任教期间。1958年5月，中共八大二次会议，正式通过了"鼓足干劲、力争上游、多快好省地建设社会主义"的总路线，于是全国掀起了"大跃进"和人民公社化运动的热潮。北京石油学院同其他高校一样科研热情空前高涨，主张打破陈规、解放思想、大胆干。1962年韩大匡担任钻采系石油开发研究室主任，领导研究室开展了三次采油驱油原理以及聚合物驱、火烧油层、超声波提高采收率技术等方面的研究。这一时期，韩大匡带领的团队在提高采收率新技术方面的探索走在了全国的前列，为我国三次采油技术的深入研究拉开了序幕。

原油埋藏在地下，依靠技术手段只能采出来一部分。采收率就是通过一定的工艺技术，从原始的原油地质储量中所能采出的原油总量的百分率，它是表征原油资源开采程度的一个重要指标，而提高原油采收率正是我国油田开发领域永恒的追求。

20世纪60年代，继玉门油田实施我国第一个注水开发方案以后，大庆油田成为注水开发的主战场。韩大匡在参加大庆石油会战期间，深感大庆原油黏度高，而水的黏度低，注水以后，由于水和油的黏度不一致，注入水的窜进非常迅速。水线推进不均匀，影响了水驱油的扫油面积，致使原油采收率难以提高。

那么，提高水的黏度，使油水黏度差变小，减小水的窜流，是不是就可以提高水驱油的效率了呢？在1962年北京石油学院石油开发研究室成立以后，韩大匡和同事商议决定从增加水的黏度入手来提高采收率。

要增加水的黏度，就要找到合适的增稠剂，即某种化学试剂。在他们的设想中，这种增稠剂应该极易溶于水，用量很少就能提高水的黏度，其水溶液具有很好的稳定性，在油层条件下不产生任何变化和堵塞地层。此外，这种增稠剂还应该来源广，价格便宜，用到油田开发中才能具有很好的经济效益。

为了得到满意的增稠剂，韩大匡和他的同事们跑遍了京津沪的化工厂、纺织厂和试剂厂，下工厂、进商店、访同行，找到了50多种天然的和合成的增稠剂。然后，他们在实验室里，对这些增稠剂一一进行物理化学稳定性试验、水溶液通过岩心的渗流试验、增稠水驱油提高采收率试验，不厌其烦、不厌其精。

韩大匡发现，这50多种增稠剂"脾气"各异：有的亲水性好，但分子量不大，增稠效果不好；有的分子量太大，不易溶于水，存放月余仍然水是水、剂是剂。经过反反复复的试验，他们筛选出化学合成的聚丙烯酰胺和天然制取的海藻胶，这两种材料基本符合期望的所有要求。两者比较，海藻胶是天然增稠剂，这种天然材料容易细菌发酵，发酵后整个实验室"臭味飘飘"，更为遗憾的是，它无法保证大规模生产应用的供应量。最后，经过反复对比试验，韩大匡和他的同事们最终选中了聚丙烯酰胺这种化学合成的高分子聚合物。

当年放眼全国的油田开发领域，还鲜有用聚丙烯酰胺作为聚合物驱来提高石油采收率。那时候的韩大匡也只是从一些外籍文献上了解到，在国外的油田，开始有用聚合物驱进行油田开发的实例。

从文献上了解别人的室内实验和现场试验，终究是雾里看花、水中望月，一定要自己亲自去做，才能拨云见日。于是，韩大匡带着油田开发研究室的同事，开始着手聚合物驱提高采收率的室内实验。

因为资料缺乏，研究经费不足，而且实验装备落后，他们就开动集体智慧，自己动手设计装置，摸索实验条件，经过多次反复的试验、改进、再试验、再改进的艰苦过程，终于使聚合物驱油室内物理模拟实验走上了正轨。

室内实验表明：在同样的岩样上，同样的压力梯度下，水油黏度比低，就会产生明显的指进现象，在生产井见水之后仍留有大块的含油区域，水的波及面积小；提高水油黏度比，指进现象不见了，油水界面推进很均匀，在生产井见水时，大部分面积都被水波及，大大地提高了水驱油面积。

由此可见，由于增加了水的黏度，水油黏度比增加，采收率会有较大幅度的提高。聚丙烯酰胺没有让大家失望。实验成果最后形成了一个研究报告——《增加注入水的黏度提高水驱油采收率》，发表在北京石油学院学报1965年第一期[1]，这是国内最先公开发表的聚合物驱提高采收率的研究成果。

韩大匡知道知行合一的重要性，有了实验室里的认识，还要进行生产实践加以验证。1965年，新疆油田研究院的总工程师汪祖铎了解到这项研究以后，高兴地说，这么好的方法，可以让我们新疆油田试一试。两方一拍即合，他们决定，在新疆油田开展首轮现场试验。

新疆石油管理局于1970年12月在克拉玛依油田克三区3013井组S层开展的聚合物驱先导性试验。试验采用的是75米井距的四点法井网，共注入黏度为2~5毫帕·秒的稠化水23482立方米，占孔隙体积的35.5%，取得了明显的效果。油井见效后的含水明显下降，中心井在18个月内含水始终稳定在10%~15%，直到1973年9月采出程度已达33.1%（原始储量）时含水才上升到44%，比水驱提高采收率达10%以上。在这一效果的鼓舞下，1973年又用四个反九点法井网（井距250米）进行了面积1.55平方千米的扩大试验。试验坚持了几年，也取得了一定效果，但因当时条件所限，注入量过

---

[1] 韩大匡，张朝琛，杨承志，等.增加注入水的黏度提高水驱油采收率[J].北京石油学院学报，1965（1）：83-94。

小，聚合物产品质量不稳定，供应不及时等多种因素，其效果不如预期的理想。

此举开创了聚合物驱在中国油田开发中的现场应用，具有开拓性的意义。这是我国进行的第一次聚合物驱的室内实验研究和现场先导试验，韩大匡领导的团队，堪称我国三次采油提高石油采收率理论和技术研究以及现场应用的开拓者。

美国三次采油考察

三次采油，顾名思义，就是有别于一次采油和二次采油。一次采油是依靠天然能量开采原油的方法；二次采油是向油层注入水、气补充能量开采石油；三次采油则是通过向油层中注入化学物质、注蒸汽、注混相气等，改变油层性质或油层中的原油性质，提高石油采收率[1]，目的是将地层孔隙中的剩余原油更多地采出来。三次采油方法有很多，比如：注聚合物稠化水，注表面活性剂，注碱水驱，以及聚合物、活性剂、碱三者的二元或三元混合体系等；或注二氧化碳驱、惰性气体驱、烃类混相驱、火烧油层、蒸汽驱等多种驱替相的驱油方法。

一次采油依靠天然地层能量进行开采，成本低，但地层能量下降快，采收率低；二次采油向地下油层注水补充能量进行开采，能较好地保持地层能量，但成本比一次采油高。由于油田开发经历一、二次采油以后，地下还有大量剩余的原油没有开采出来，所以，寻找新方法提高原油采收率成为一个重要课题，"三次采油"技术应运而生。

---

[1] 何耀春，赵洪星．石油工业概论［M］．北京：石油工业出版社，2006．

当时，美国的三次采油技术处于世界领先地位，1981年石油工业部组建了一个三次采油机理考察团，专程赴美国考察学习先进的三次采油技术，由韩大匡担任考察团团长，回国后他组织编写了《美国三次采油机理考察报告》[①]。

美国从20世纪60年代末就开始致力于提高石油采收率技术的研究，尤其在1973年能源危机以后，更加大力扶植提高采收率方面的研究工作。所以，化学驱研究在美国炙手可热。

1981年，访问美国能源部巴特斯维尔能源研究中心
（左1朱琪昌，左2韩大匡，左3杨贵珍，左4杨普华）

在美国能源部，油气管理处的处长司铎色热情地接待了来自中国的同行，他详细地介绍了美国的能源政策。当年美国政府大力资助有发展前途、投资风险比较大、油公司难以承担的项目，同时还资助大学进行基础性研究，比如化学驱、二氧化碳驱研究。美国能源部研究机构负有推广新技术的责任，和美国油公司不同，在技术上比较公开，它的资助项目的技术报告都是公开的。这一点，给中国考察团提供了很大便利。

---

① 韩大匡，杨普华，杨贵珍，等.美国三次采油机理考察报告.石油工业部内部印刷出版，1982。

在美国能源部巴特斯维尔能源研究中心，一位名叫谭铭堃的工程师接待了韩大匡一行。参观资料室和图书馆的时候，韩大匡站在这书盈四壁、万签插架的房间里，突然感到迈不动腿了。他问谭铭堃："这么多的报告和资料，我们能借阅吗？"谭铭堃说："可以的，我们提倡技术的交流，这些书籍资料你们尽管随便参阅。"韩大匡感到喜出望外，以前见识过美国油公司的保密制度，没想到在能源部却有这么畅通的交流渠道。于是，他带着考察团，一个架子一个架子地翻，一本报告一本报告地捋。最后，他们"搜"到近年来化学驱研究有价值的报告，还有胶束-聚合物驱的现场试验资料，以及气体混相驱的全国研究计划。他们带回的这些资料，装了满满三大箱。

这次美国之行，三次采油机理考察团访问了美国能源部及两个能源研究中心，访问了六所大学，如斯坦福、芝加哥、加州理工大学等等，访问了美国马拉松石油公司和美国联合石油公司，参观了活性剂-聚合物驱、碱水驱等四个现场试验，重点考察了化学驱，同时也了解了热采和二氧化碳驱。

在美国考察了一圈，给韩大匡留下最深刻印象的是美国的化学驱研究，比如：

（1）表面活性剂驱潜力很大，但是机理复杂，是美国能源部资助的重点，全部资助有43%用于活性剂驱，有14所大学受到资助进行机理性研究。活性剂驱分为两类：一类是低浓度大段塞，称为活性剂水驱；另一类是高浓度小段塞，称为胶束驱或微乳液驱。两类活性剂驱在经济上都没有完全过关，处于室内研究和小型矿场试验阶段。当时，室内研究多集中在低浓度活性剂水驱的研究上，也取得不同程度的进展，它使注入活性剂浓度降到2%以下，是很有前途的方法。

（2）聚合物水驱价格便宜，方法简单，效果可靠，在美国仍然是提高注水波及系数的重要方法。三次采油由于化学驱成本高，流度控制、扩大波及体积就显得格外重要，因此聚合物驱在美国特别引起重视，并有较大幅度增长。在各种聚合物当中倾向于使用聚丙烯酰胺，在地下交联可取得明显的堵窜扩大波及系数的效果。美国马拉松、菲利普公司等都在现场就地自制聚合物，减少中间环节，降低成本。

（3）碱水驱价钱便宜，机理复杂，是酸性原油提高采收率的重要方法之一。它是利用碱在地下生成天然表面活性剂进行驱油，但驱油机理比活性剂驱还要复杂，美国正在加强研究。碱水驱的主要问题是碱耗和流度控制问题，碱水驱机理不清楚，注下去碱水可能毫无反应，若用得合适则可使化学驱成本大大降低。后来，在考察报告中提到：中国胜利油田、大港油田酸值比较高，可考虑进行碱水驱。

除了化学驱考察以外，考察团还参观了美国联合石油公司的热采实验。在当时，热驱是比较成熟的方法，其产量占整个三次采油方法的80%。它的主要问题一个是只能用于浅层，深度不超过千米；另一个是流度控制问题，美国正在研究用热稳定性好的表面活性剂做泡沫驱，用泡沫来进行控制。

在美国考察期间，考察团还碰到了美国石油协会一位爱国华人，名叫张罗，是一位专攻提高石油采收率的工程师。他和韩大匡他们一见如故，进行了深入的交流，最后送给他们一本美国的提高采收率潜力分析报告。报告里详细论述了美国如何开展潜力分析研究，以及美国能源发展战略。韩大匡如获至宝，回国以后立刻翻成中文。果然，这本报告发挥了很大作用，为后来开展中国油田提高采收率潜力分析，确定我国的三次采油发展方向，推动三次采油基础理论研究，提供了重要依据和参考[1][2]。

---

[1] 王新海，韩大匡，郭尚平.聚合物驱油机理和应用[J].石油学报，1994，15（1）：83-91.
[2] 韩大匡，贾文瑞.中国油气田开发特征与技术发展[J].断块油气田，1996，3（3）：1-7.

组织开展先导试验

从美国回来以后，韩大匡进一步坚定了三次采油技术对我国石油工业的重要性和迫切性的信念。美国人开展三次采油工业化应用的大场面深深印在他的记忆里，他常常在思考，这样的大场面，移植到我们国家的油田来，需要经过哪些科技攻关和先导试验，才能"物尽其用"。

于是，韩大匡开始极力倡导和推动三次采油技术[①]。他邀请美国三井氰胺公司的专家来到研究院进行讲学和技术交流。并且，在没有经费和项目支持的情况下，韩大匡带着研究院采收率所的同志撰写了一个报告，详细评述了美国公司聚合物驱生产情况、工业应用情况和中国应用聚合物驱的前景。要让聚合物驱在中国"落地生根"，就一定要进行现场先导试验。因为每个油田的地质条件、油藏情况、开发状态都大相径庭，不同的油田应该有不同的试验方案。他们用这份材料向时任石油工业部副部长的李天相汇报，提出在油田引入聚合物驱需要在现场开展先导试验。石油工业部确定了在大庆和大港油田分别与美国和日本公司开展聚合物驱矿场试验，玉门油田和法国公司开展化学驱矿场试验。

李天相副部长对此非常支持，并指派韩大匡负责聚合物驱的研究。韩大匡欣然领命，并且申报了国家"七五"攻关项目"三次采油技术"，担任项目负责人。

为此，国家"七五"攻关"三次采油技术"项目组圈定了两块

---

① 韩大匡，杨普华，杨贵珍，等. 美国三次采油机理考察报告. 石油工业部内部印刷出版，1982.

先导试验现场：大庆油田采油三厂三区、大港油田的港西四区[①]。前者含水率达 90% 以上，属于高含水后期，后者含水率只有 70%，含水相对不高。这样做对比试验，可以观察到聚合物驱在不同含水率条件下的实施效果。

1987 年首场先导试验在大庆油田开展，然而，试验结果却显示，提高采收率效果并不明显，实验没有成功。韩大匡领着项目组的同志立刻进行分析，他们认为，实验效果不佳和试验区本身的条件有关系，大庆油田采油三厂三区是一个高含水厚层，里面做过多种试验，试验越多，地下情况就越复杂，聚合物驱效果就越不明显。

另一场先导试验，大港油田的港西四区，地质条件和开发状况与大庆油田采油三厂三区有很大不同。是否获得更好的效果，聚合物驱在中国是否还会被更多的人质疑，试验开始之前，韩大匡心里其实也没底。

为了确保万无一失，韩大匡带着项目组成员严格筛选聚合物驱产品。当时，国内也有生产聚合物的厂家，规模最大的是大连同德化工厂，他们的产品拿过来，韩大匡却感到并不满意。因为据试验观察，这类产品杂质多，时间长了就会分层。

最后，经过多方调研，他们相中了日本三井氰胺公司的产品，他们的聚丙烯酰胺固体的杂质少，其耐盐性、耐温性，以及生物降解性都非常适合试验的需求。于是，研究院的同志"牵线"，日本三井氰胺公司产品漂洋过海"远嫁"大港油田。并且，韩大匡团队精心制定了注入聚合物驱的方案。

经过项目组和大港油田两方面的努力，1987 年大港油田的现场试验获得了成功。大港油田含水低，原油性质也好，注入聚合物驱以后，提高了原油采收率。这次成功，极大地振奋了大家对聚合物驱的信心。

[①] 大港油田港西四区聚合物驱完善配套技术研究课题阶段成果总结（"八五"国家重点科技攻关项目阶段成果报告，编号：85-203-04），大港石油管理局，1993 年 10 月。

大港油田聚合物驱先导试验成功以后，大庆油田与一家法国公司合作，重启聚合物驱现场试验攻关。法国专家来到大庆油田也说：大庆的原油酸值低，蜡质油居多，不宜使用表面活性剂，应该使用聚合物驱。他们重新选择了试验区，终于，这次先导试验取得了成功。

很快，聚合物驱在大庆油田得到广泛推广应用。大庆油田是一个整装油田，虽然区块很多，但是区块与区块之间大同小异，原油性质、油藏情况、地下条件不会存在霄壤之别，只是在油田的边边角角存在特殊情况。

后来，韩大匡在第十五届世界石油大会上发表论文提及[1]：从20世纪90年代开始，大庆和大港等油田在先导试验获得成功的基础上，开展了工业性扩大试验，大部分取得了增油、降水的明显效果。这些现场试验的井距一般都放大到200~300米，面积最大的大庆油田北一区断西工业性扩大试验区，面积达3.13平方千米，36口注入井，21口采油井，井距250米。在每升孔隙体积注入210毫克聚合物溶液后，16口中心生产井平均含水率从原来的90.7%降到了73.9%，日产原油从291万吨上升到657万吨。

经过室内研究和现场试验，我国已掌握了聚合物筛选评价、数值模拟预测、井网、注入方式和聚合物注入量的优化、调剖和防窜处理、动态监测、效果评价等一整套工艺技术[2]。

聚合物驱先导试验成功以后，韩大匡和项目组的同志们又提出，在聚合物驱的基础上，加入碱水和表面活性剂，以进一步地提高原油采收率。他们系统研究了碱型、碱量、聚合物类型和溶液对体系性能的影响，以及岩石矿物间的相互作用，提出碱的存在可以改变

---

[1] Han D K. The achievements and challenges of EOR technology for onshore oil fields in China [C]. Proceedings of the 15th World Petroleum Congress, 1997, 363-372.

[2] 韩大匡. 我国聚合物驱概况 [N]. 石油消息，1997-12-10。

岩石矿物表面电性，从而导致表面活性剂损失量的减少，弱碱比强碱具有更强的改善复合体系界面活性的作用；高模数的硅酸钠能够螯合水中的多价离子，从而减少表面活性剂的沉淀损失。

至此，他们开发出了表面活性剂—碱—聚合物三元复合驱的理论和技术，不仅将表面活性剂的浓度降低到千分之三，而且发挥了聚合物、碱的共同作用。此举降低了表面活性剂的使用量，从而大大降低了生产成本。

此后，三次采油技术项目组针对三元复合驱，开展了一系列室内实验。他们认为，驱替水溶液与原油性质、原油之间的表面张力有密切的关系，于是针对山东孤东油田的高酸值原油和大庆油田西南油库的蜡基原油的复合驱体系配方开展了研究。

研究证实，在酸性原油中，碱同原油中的有机酸共同作用，形成有机酸皂，对聚合物和表面活性剂形成一种保护，使溶液原油的瞬态界面张力、平衡界面张力达到理想程度；在石蜡基原油中，碱改善了体系的含盐度或者离子强度，从而降低了表面活性剂在油—水相的平衡分布，获得了最低的油水界面张力。

由于胜利油田的原油富含有机酸，与人工注进去的表面活性剂有协同作用，会产生1加1大于2的效果。所以，他们选择在胜利孤东油田七区进行了三元复合驱先导性现场试验，这是我们国家第一次三元复合驱现场试验。

在这一块试验区，以前经历了长时间水驱开发，含水率已高达98.5%，地质储量采出程度已高达54.4%，剩余油饱和度仅34.2%。在这样的不利条件下，先导试验却见到了明显效果，调整了吸水剖面，改善了波及体积，提高了驱油效率，降低了残余油饱和度，最后提高了采收率13.6%。试验证实，在即便已达经济极限的油藏，三元复合驱依然可以进一步提高石油采收率。

主持潜力评价研究

在20世纪80年代后期，尽管大庆、大港、胜利等油田开展了三次采油先导实验，但当时提高采收率的研究更多的还处于室内研究和可行性研究阶段。提高采收率方法分为热采、混相驱及化学驱三大类，在每一类中又有许多方法。韩大匡提出：要在全国范围内推广提高采收率技术，必须掌握各油田的地质特点，对这些方法逐个进行筛选和分析，来确定适合我国国情的技术主攻方向，同时，要对有发展前景的方法开展超前研究，进行技术储备。

在美国考察的时候，韩大匡注意到美国国家石油委员会曾组织专家对美各油田进行潜力分析和预测，华人工程师张罗还曾送给考察团一本美国提高采收率潜力分析报告。这给韩大匡很大启发，自1987年开始，组织开展了"中国注水开发油田提高原油采收率潜力评价及发展战略研究"。

这一年，他们从美国能源部支持的项目中，得到了一套先进的提高采收率预测模型，其中有蒸汽驱、层内燃烧、二氧化碳混相驱、化学驱和聚合物驱共五个预测模型。这五个模型正是美国NPC公司1984年对美国提高采收率进行潜力分析时所用的模型。

这些模型体现在计算机软件中，拿到软件以后，石油勘探开发科学研究院的同志们立刻对软件进行剖析，将其移植到国内的计算机上，初步分析了模型的结构、原理和使用方法。

在石油工业部开发司的支持下，他们动员了13个油区的400多名技术人员参加课题研究，举办学习班，统一工作方法，培训技术骨干。

研究过程需要面对浩瀚的数据，油田与油田之间，同一油田的不同区块之间，渗透率、矿化度、原油性质都不一样。根据这些不同的地质条件，再进行储量、利用率等的计算。这个过程工作量巨大，需要几百名油田的技术骨干齐心协力，一起参与。有的同志不熟悉计算方法，出现了问题，韩大匡和他的同事们就帮着重算，有些油田的数据反反复复修改达四五次之多。

1987—1991年，这项研究历经四年时间，用计算机对全国13个主要油区82个油田184个代表性区块进行了潜力分析计算，覆盖总储量达73.4亿吨，约占当时全国注水油田储量的85.1%，具有广泛的代表性。

根据筛选结果，韩大匡领导的项目组对我国三次采油的发展战略提出如下建议。

（1）聚合物驱潜力最大，技术上比较成熟；注入每吨聚合物预测平均可增加可采储量167吨，经济效益好。大庆、大港油田的先导试验很成功，应作为首选的主攻方向。同时在大庆油田建成年产5万吨规模的聚合物制作厂，到2000年将达到增产原油50万吨的规模。

（2）表面活性剂潜力很大，但机理比较复杂，建议以大幅度降低活性剂浓度和提高经济效益为目标，集中力量开展表面活性剂—碱—聚合物三元复合驱油体系的攻关研究。

（3）对混相气驱要积极准备气源，开展一定数量的先导试验，加强对天然气资源丰富的西部塔里木和吐哈地区的烃混相驱研究工作，及早开展现场试验和工业性应用试验。

这项研究表明，使用聚合物驱为主，包括表面活性剂及混相驱等技术，我国可增加可采储量8.34亿吨，相当于找到约20亿吨的地质储量，对于可采储量紧张的局面，具有重大意义。

对全国13个油区，174个油田近千个区块提高采收率各种方法进行了潜力分析，并为82个油田184个代表区块提出了今后提高采收率工作的方向和具体方法。因而明确了全国和各油田，以及主要代表区块今后提高采收率的主攻方向，并给出了实施三次采油技术的原则、方法、步骤和规划，很快就被中国石油天然气总公司制订的"八五"和二〇〇〇年规划中采用，并且在大庆、胜利、大港、辽河等油田付诸实施。

大庆、大港油田聚合物驱油工业化现场试验表明，总体上可提高采收率11%~12%，注入1吨聚合物可增产原油150~180吨。据此，中国石油天然气总公司决策在东部油田高含水采油后期进行聚合物驱的工业化推广。

1991年中国石油天然气总公司成果鉴定委员会认为：经石油勘探开发科学研究院和13个石油管理局的同志们共同努力，全面完成这一研究任务，取得了如下研究成果：

第一，本项研究应用了全国13个油区174个油田，近千个区块（覆盖储量占水驱储量的85.1%）几万条地质、油藏工程参数及近十万个岩石、流体性质数据，提交近百万字的文字报告。资料丰富，基础工作扎实，数据可靠。

第二，这项研究是一项大的系统工程，组织了近400名地质、油藏工程、化学、计算数学、测井、经济等各方面专家和技术人员历时三年，是一个工作量、技术难度都很大，多学科共同作战的综合性研究成果，也是我国石油工业对提高采收率潜力的第一次综合大调查。

第三，这项研究采用的方法具有国际先进性，体现在以下4个方面：采用了国际先进的筛选预测软件；针对中国陆相沉积地层，地质条件复杂、断层多、断块之间性质差异大的难点，提出了划分区块群的研究方法，使提高采收率的方向和方法落实到具体油田和区块；除了应用国际上预测通常仅仅使用原始地质参数的方法外，本研究在此基础上还应用了注水开发全过程的动态资料，这样动静结合，使得预测筛选输入参数更为可靠，提高了预测精度；除了广泛应用国际上的先进理论和方法外，还充分应用了国内实验室研究和矿场试验的研究成果。

第四，研究成果提出了应用提高采收率方法可望增加8.3亿吨可采储量，其中聚合物驱可增加3.8亿吨可采储量的结论是可以作为规划依据的。

第五，研究报告提出了我国注水开发油田应积极及时地采用其他提高采收率技术的发展战略建议，具体包括以下5点：

（1）聚合物驱潜力最大，技术比较成熟，经济效益好，是近期主攻方向。特别是其中一类地区可增加约2亿吨可采储量，是当前最现实的实施地区，应尽快扩大矿场试验，逐步进行工业化推广，不失时机地挖掘这部分潜力。对于二类地区，也应进行先导性试验，取得经验后逐步推广，并积极准备三类地区的开采技术。

（2）表面活性剂驱及复合驱能大幅度提高驱油效率，对我国陆相储层水驱油效率低的客观特点，增加可采储量潜力也将很大。但机理比较复杂，技术经济上还不过关，应作为"八五"的重点攻关项目，尽快取得突破性成果，投入现场试验。

（3）对于低渗透的轻质油藏，应尽快掌握气体混相驱技术，这种技术在西部地区将有良好的应用前景。

（4）化学剂及注入设备应立足于国产化，及早做好准备。

（5）及时有计划地培养相应的技术人才。

第六，本研究成果具有巨大的经济效益和社会效益，表现为以下3点。

（1）为规划决策机关制订石油发展规划提供了科学依据。

（2）按规划剖署在五年内可望增产原油800万~900万吨，根据已经实施的大港油田港西试验区，每增产一吨油净利润为180~200元估算，预计可获得14.4亿~18.9亿元的经济效益。

（3）对于第一类可进行聚合物驱工业化试验的地区，可增加2亿吨可采储量，相当于找到了6.8亿吨的地质储量，所需投资比"七五"期间找到和开发相同地质储量所需费用要少。

鉴定委员会认为研究报告所提出的上述发展战略符合中国国情和地质特点，分层次地安排科研攻关、先导性试验和工业性推广的规模和具体步骤是可行的，可以作为制订近期和长远提高采收率发展规划的技术依据。鉴定委员会还认为，这个发展战略如能采纳和实施，将对实现石油工业"稳定东部、加快发展西部"的战略方针具有重大的实际意义，在提高采收率技术应用上将有较大的发展，有助于开创一条具有中国特色的油田深度开发的新路子。

1992年，韩大匡主持的这项研究"中国注水开发油田提高原油采收率潜力评价及发展战略研究"获得中国石油天然气总公司科学技术进步一等奖。

走符合国情之路

历经了两次石油危机，随着阿拉斯加、墨西哥、北海石油产量增加，非欧佩克国家的石油供给大幅增长，石油危机成为过去式。进入到20世纪80年代中后期，世界对石油的需求逐渐下降，石油供求关系的大钟盘上，钟摆又朝另一个方向摆去，一个低油价的时代到来了。

在20世纪80年代初期，在美国搞化学驱油价必须是30美元以上才划算，但到80年代中后期，国际油价下跌，受化学驱用剂成本高、种类少、生产能力不足等多方面因素影响，美国各个石油公司分别关停了化学驱项目，关闭了实验室，解散了人员。

这股风很快从大西洋彼岸刮到了国内。因此，当时石油工业部管科技的领导就对韩大匡说："美国人不搞化学驱了，你们也不要搞了。"还有一些油藏、地质专业的领导和同事也反对再继续搞化学驱，可韩大匡坚持认为我国应继续搞化学驱。他认为，西方国家放弃化学驱主要是基于经济因素，应该看到，经济上不过关，说明我们的技术还不过关，如果技术提高了，成本有可能降下来。

韩大匡主张我们国家提高采收率研究不应该盲目跟风，人家上，我们也一窝蜂上，人家不搞了，我们也撂挑子。他认为，我们国家的地质条件有发展聚合物驱的优越条件：其一，我国陆相沉积非均质严重，渗透率变异系数都大于0.5，这不利于水驱，而有利于聚合物驱；其二，东部油田原油黏度高，一般在5~50毫帕秒之间，这恰恰是聚合物驱油的最佳黏度范围；其三，河流相储层多为正韵律沉积，通过调整吸水剖面，聚合物驱有可能将储层中的剩余油采出来；其四，东部的主要油田地层水矿化度很低，聚合物溶液遇到地层水时盐敏度效应较小，不会使黏度大幅下降，也有利聚合物驱；其五，一些主要油田的地层温度不高，聚合物溶液在油层中不至于因为温度过高而化学降解，因而可以降低对注入水脱氧的要求。这些都是开展聚合物驱的有利条件。

表面活性剂驱的情况与此大致相似。另外，除非发现二氧化碳大气源，否则就适合化学驱[1]。因此，包括化学驱在内的提高采收率研究，不应该马放南山、刀枪入库，而是"偏向虎山行"。韩大匡主张在我国搞三次采油应当首选化学驱，并且要寻找合适的稀的活性剂体系，用聚合物做段塞，进而发展三元体系。

当时韩大匡是石油工业部"三次采油"领导小组的组长，他的观点得到了时任石油工业部科技司副司长蒋其垲的支持。在韩大匡的坚持下，我国在化学驱方面的研究得以持续下来。

1990年12月，韩大匡牵头组建了由中国科学院与中国石油天然气总公司合办的胶体与界面科学联合实验室，并担任学术委员会主任，组织开展了长期深入的化学复合驱机理研究。

---

[1] 韩大匡. 我国提高采收率技术的应用概况 [N]. 石油消息，1997-12-03。

1990年，作为中国科学院和中国石油天然气总公司联合组建的胶体与界面科学联合实验室学术委员会主任出席第一届学术委员会会议

［前排：左1俞稼庸，左2冈秦麟，左4李之平，左6韩大匡，左7曾宪义，左8江龙（中国科学院院士）；后排：左1黄岩章，左2刘璞，左5陈立滇，左6沈平平，左7杨普华，左8杨承志］

在"八五"期间胶体与界面科学联合实验室与胜利油田、中科院渗流所等单位联合承担了国家重点科技攻关项目，其中一个专题为"三元复合驱机理研究"（编号：85-203-05），主要参加人员包括俞稼庸、杨普华、涂富华、赵濉、姜炳南、王涵慧、崔国柱、毕只初、江龙、唐季安等，围绕复合驱体系与原油的协同性、油滴聚并动力学、体系界面性质、色谱分离、岩石表面油膜性能、界面流变性、油水界面膜结垢与性能、微观模拟技术、吸附损耗、室内研究指标和评价方法及结垢与储层伤害等方面，开展了深入的机理研究。

后来化学复合驱技术在我国得到迅速发展，在大庆、胜利、新疆、大港、玉门等[①]油田得到了推广应用，并取得了很好效果，这与韩大匡在这个领域坚持不懈的努力是分不开的。

---

① 杨承志，韩大匡，王德辰. 一种新型添加剂在玉门油田化学驱先导性试验中的应用［J］. 石油学报，1995，16（2）：77-84。

石油勘探开发科学研究院三次采油研究团队主要技术人员
（左1杨承志，左2杨普华，左3朱琪昌，左4韩大匡，左6楼诸红，左7杨贵珍）

1991年，在化学驱中基础研究学术会议上作报告

在大庆、胜利油田这类中高渗透油藏化学复合驱应用成功之后，随着低渗透油藏开采难度的增加，韩大匡开始思考将化学复合驱用于低渗透油藏的可能性问题。

但是，在大庆的试验中发现，化学复合驱采出液的乳化好，采油效果就好，可是，乳化强度高在低渗油藏中可能就难以注入。于是，韩大匡基于毛细管数的定义（$N_C=V\mu/\sigma\cos\theta$），想到了通过调整岩石表面的润湿性来降低接触角的办法。当润湿接触角（θ）趋近90°时，接触角的$\cos\theta$值接近0，残余油饱和度S_o趋向于最低，此

时毛细管数 N_c 则趋近于无穷大，进而改变了相渗曲线，就会将地层中大部分油采出来。

基于这种理论依据，在 2008 年 6 月应中国石油大学（北京）提高采收率研究中心侯吉瑞院长之邀，在该校提高采收率研究中心第二届学术会议上，韩大匡作了题为《通过改变润湿性提高驱油效率的探索》的报告。

中国石油大学（北京）提高采收率研究中心学术年会
（前排左起：张来斌、袁士义、佟振合、郭尚平、沈平平、韩大匡、王德民、李秀生）

韩大匡认为，我国储层除江汉的王场油田等少数几个油田储层岩石的润湿性偏水湿以外，大多数油田的润湿性都倾向于弱亲油状态，如大庆油田。虽然在长期注水后，有的地区可能已向亲水方向转变，但还没有明确的量化概念。因此，改变油藏润湿性是提高驱油效率的一个有潜力的思路，为此研究转变润湿性在提高采收率中的作用，准确测定油藏的天然润湿性，研究有效的恢复天然润湿性的方法，发展无损测定方法，寻找廉价、高效、用量少的表面活性剂是我国低渗透油藏提高采收率技术攻关方向。

1993年韩大匡在全国低渗透气田开发高级专家技术研讨会上作报告

针对采用化学方法解决低渗透油藏进一步提高采收率的问题，韩大匡一直保持着关注和研究。

自2009年6月起，韩大匡鼓励并指导博士后张翼开展了大量室内渗吸剂的优化、机理研究和实验新方法及新工艺的探索性研究[①]。经过近十年的实验研究，在渗吸实验评价方法的建立、渗吸机理模型、动静态实验工艺、渗吸效率影响规律、渗吸剂体系优化和评价等方面都取得了重要进展。课题组建立了渗吸动力学新模型（实际渗吸效率与渗吸时间的关系方程），提出了渗吸采油中原油启动的热力学初步判断方法，建立了毛细管举升系数、渗透速度、渗吸效率定量评价、洗油效率测试、乳化稳定性测试、乳化力测试及乳化综合指数评价等系列实验新方法，设计发明了乳化仪（半自动和全自动）、渗吸仪（常压和高压可视）、洗油效率测试装置、油砂制备装置、毛细管举升系数测试、渗透速度测试仪等系列实验装置，明确了影响渗吸效率和化学复合驱驱油效率的主控因素。这些新方法、新理论、新工艺和新仪器的诞生，为同行专家学者开展研究提供了极大的便利，研制的仪器和建立的方法被长庆油田研究院、辽河油田

---
① 张翼编写的《大港油田用渗吸剂体系及渗吸机理》，中国石油勘探开发研究院博士后出站报告，2011年6月。

研究院、新疆油田、中国石油大学（北京）和中国地质大学（北京）、中国石油勘探开发研究院油化所等多家单位采用，弥补了国内外缺少实验方法和实验仪器的不足。同时，针对大港、大庆、吉林、长庆、玉门等油田多个区块研制出了效果较好的渗吸剂体系，并开展了特低渗和超低渗油藏室内实验研究，探索出压力脉冲、周期注水等动态渗吸工艺及动静组合渗吸工艺，在常规水驱基础上，采收率可提高15%以上。室内实验为数值模型建立和数值分析、渗吸采油方案编制提供了重要依据，为渗吸采油的矿场应用奠定了坚实基础。近年来申请相关发明专利20多项，在科学出版社出版专著《化学渗吸采油理论与实验新方法》1部。在韩大匡指导和推动下，使中国石油勘探开发研究院在渗吸应用基础研究中走在世界前列。

韩大匡一直关注、思考和谋划着我国提高石油采收率的宏伟蓝图。面对我国对外原油依存度的不断提高和石油安全问题的日益严峻，韩大匡积极向有关部门建言献策，指出我国石油安全的基础是国内的石油供应，在扩大石油进口的同时，要依靠科技驱动加强国内石油勘探和进一步提高老油田采收率。对此韩大匡提出提高采收率两条腿走路的技术对策：一方面需要大力发展改善水驱的新技术，进一步扩大注水波及体积，将以前注入水无法"波及"到的部位中的原油"驱赶"出来；另一方面，要大规模推广应用三次采油提高采收率新技术，进一步提高驱油效率。这为进一步提高老油田原油采收率技术研究指明了方向。

第九章

开发地震倡导者

谋划油描新发展

20世纪80、90年代，韩大匡开始关注地震技术[①]。随着高含水油田开发调整挖潜研究工作的深入，韩大匡深感提高水驱采收率受到地质认识的严重制约。尽管高含水油田井数已经很多，但井间储层仅靠井数据插值模拟和人为推断难以准确识别。韩大匡意识到必须引入井间具有明确数据信息的地震资料，才能更加全面地认识储层、认识油藏，也才能实现老油田剩余油更加有针对性的高效挖潜。

韩大匡认为：要进一步提高石油采收率，必须对油藏的静态地质特征进行更加精细的描述，深化对油藏的再认识；同时，还要在这个认识的基础上，搞清地下剩余油分布的状况，根据地下流体渗流规律，预测各种井网系统和生产方式下的变化趋势。为此，必须发展和综合运用地震、水淹层测井、生产测试与试井、高压密闭取心等多种技术手段所获取的信息，建立精细的地质模型，再进行精细的数值模拟研究。这是一个多学科协同，动静结合的配套技术。其中，开发地震技术的应用将是一个新的技术亮点。

那么，开发地震技术是什么？

开发地震是石油物探领域的一个重要学科分支。顾名思义，开发地震就是油田开发领域的地震技术，学名为油藏地球物理学，在工程应用上通俗地称为开发地震。

开发地震在国外的深入研究始于20世纪70年代。1977年美国能源部资助斯坦福大学开展了油藏地球物理基础研究。80年代，

---

① 韩大匡为刘文岭所著《油藏地球物理学基础与关键解释技术》写的序，提及自己在20世纪80年代和90年代，开始关注地震技术。

国际原油价格下降，西方各大油公司把重点转向老油田挖潜，地震方法就被大力用于油田开发，逐步形成了开发地震技术。SEG（美国勘探地球物理家学会）专门成立了开发与开采委员会，每年召开专题研讨会，推动油藏地球物理技术的发展。90年代以来，该项技术得到了长足的进步。进入21世纪，随着国际石油价格的攀升，国外石油公司更加重视高含水油田采收率的提高，积极发展并大力推广高密度三维地震、多波多分量地震、井间地震、三维VSP和四维地震等开发地震技术。其中以四维地震技术、高密度三维地震采集为国外开发地震技术发展的主要技术特色，油藏开发阶段三维地震多次覆盖，多学科协作，时间推移解释，动态管理油藏，有效指导开发调整，使许多老油田降低了开发成本，焕发出新的生机。

我国开发地震的研究主要是在20世纪90年代。1990年大庆油田勘探开发研究院在开发二室成立了开发地震组，这是国内最早的研究"开发地震"的单位[1]。1995年东部地区第七次物探技术研讨会（青岛）上，孟尔盛先生提出了开发地震较系统的概念。钱绍新先生在该次会议上宣读了题为《油藏地球物理学——地球物理学的一个新领域》的学术论文，从理论上较系统地阐述了油藏地球物理学的几个重要概念及研究方法。1996年刘雯林先生出版了《油气田开发地震技术》一书，牟永光先生出版了《储层地球物理》一书。然而，20世纪90年代我国的开发地震技术，主要是地球物理学家在推动，尽管在油田开发早期发挥了积极的作用，但在油田中后期开发调整工作中没有得到很好的应用。

20世纪90年代初期，韩大匡在国外石油公司考察时，发现开发地震技术可以在油田开发的各个阶段发挥作用。在油田开发早期，稀井情况下，开发地震可以查明油藏的详细构造形态和主力油层的

---

[1] 刘文岭. 学业之巅——北京博士后故事 [M]. 北京：石油工业出版社，2017.

分布，为设计生产井位提供依据，减少打干井的风险。在油田开发中后期，开发地震资料紧密结合岩心、测井和地质等资料，可以对油藏进行更详细的描述，预测两口井或多口井之间储层的变化情况，如储层岩性、孔隙度横向变化、储层连通情况等，为油田调整提供依据。开发地震还可以对油田开采过程进行动态监测，监测油田注入水情况、注热蒸汽推进的前缘等。

这次考察对开发地震的了解，让韩大匡如获至宝，他感到非常兴奋，那时他就预感到，要是能把开发地震引入中国的高含水油田开发阶段，相当于为开发人员认识油藏多长了一双眼睛。

传统油田开发获取储层资料主要依赖在井筒进行钻井录井、取心和测井技术。录井和取心获取的只是井筒里的资料，测井探测范围也很有限，从井壁向外探测的距离多则几米，少则几厘米，可谓"一孔之见"，这些技术对储层纵向变化认识比较清楚。而井与井之间通常有几百米的井距，储层横向变化主要靠井数据插值模拟和地质家的推断，这种办法误差还是比较大，难以精确刻画储层横向变化。韩大匡认为，中国的油田以陆相沉积为主，非均质特征十分明显，井和井之间储层变化非常之大，要有效地进行高含水油田后期开发，必须准确了解储层横向地质特征。高密度采样的地震资料才能提供储层横向信息。因此，要大力发展开发地震。

"这个并不是我的独创，在那时候的中国，就已经有专家注意到开发地震的重要作用了。"韩大匡说，"我也是受他们的启发，才认识到地震技术在油田开发中是大有可为的。"

20世纪90年代中后期，韩大匡担任中国石油勘探开发研究院专家室主任。年届70，已是古稀之龄的韩大匡开始将自己油田开发专家的目光转向地球物理，自学起地球物理的相关知识。期间，常常与研究院的老专家钱绍新交流。钱绍新是韩大匡的校友，1952年毕业于清华大学物理系，一直从事地球物理工作，曾任中国石油勘探开发研究院副总工程师，是地震解释方面的权威专家。韩大匡和钱绍新就开发地震的问题常常互相沟通，互相启发。那时候的韩大匡知道地震很有用，但是还不太清楚地震在开发上怎么用。于是，韩大匡一有时间，就去专家室几个地震专家的办公室"座谈"，除了向钱绍新请教之外，他经常拜访的专家还有吕牛顿、刘雯林两位研究院物探专业的副总工程师。通过和他们的交流，韩大匡不仅知晓了许多地震专业的原理、概念，还了解了地震资料采集、处理和解释方面的新技术。随着学习与交流的深入，他对地震技术在油田开发中的应用更有信心了，坚定了在油田开发领域大力推广开发地震的决心。

我国已开发油田以陆相砂泥岩互层沉积为主，绝大多数又呈现砂、泥均薄的特点。这类薄互层储层层数多，一般油田纵向上都具有数十层，有的多达百余层，储层非均质性十分突出，要想充分认识这类储层的地下情况，需要结合地震资料，开展更加精细的油藏描述。韩大匡为我们国家高含水老油田油藏描述谋划了一条新的出路，设想借助地震技术解决以下四方面的问题：

一是提高泥砂岩薄互层条件下识别小层砂体的准确程度，至少要识别出主力油层中较厚的砂体；

二是预测砂体的边界，重点预测对剩余油富集有利、具有一定厚度的河道砂体的边界位置，在条件允许时，还要尽可能搞清各相邻砂体间的叠置或接触关系；

三是预测对剩余油富集有利的各种岩性隔挡的位置；

四是准确确定低级序小断层的位置、走向和微构造的幅度及位置。

2001年年底，韩大匡当选中国工程院院士，他的科学研究又迎来了新阶段。在这个阶段里，以什么当作主攻方向呢？韩大匡选择了提高老油田水驱采收率这个量大、面宽、难以下手的问题，并确定以开发地震作为重要突破口，来开启他的实质性研究。

那么，开发地震技术和勘探地震技术有什么区别？

勘探地震工作的目标是发现有利油气聚集的大型构造圈闭和储层，所以勘探地震研究的尺度相对较大，目标较为宏观。石油勘探打探井，可能几千米、几十千米才打一口井。而在油田开发研究的过程中，石油开发钻生产井，一般几百米，甚至几十米就打一口井。对储层的研究要精细到小断层、微构造、薄储层，储层内部各种岩性交互叠加，非常复杂，所以对开发地震精度的要求与勘探地震相比有很大不同。

然而，在20世纪，我们国家的地震技术主要是用于石油勘探，一些主力已开发油田还没有开展大规模的地震资料采集。

开发地震技术应用到油田开发首先面临两个技术问题：一是高精度地震资料的采集，二是地震资料的精细解释。

其次，开发地震技术的应用还面临一个观念问题，也是基础理论问题，即地震分辨率是十米级，无法识别几米的小层。

再次，开发地震技术的应用还面临一个现实问题，地震技术不被油田开发人员所了解。

从客观上说，20世纪90年代的地震技术还不能满足油田开发后期应用的需要，究其原因主要还是精度不够高，当年的地震资料多数是二维数据，不能高密度有效覆盖研究区域，三维地震资料精度也较低，不能适应油田开发后期解释小断层、微幅度构造和薄互层储层中薄层的需要。而另一方面，学科间的渗透不够也制约着地震技术在油田开发领域的发展，搞油田开发的同志对地震技术不熟悉，搞地震的同志对油田开发的需求也不清楚。所以，从90年代开始，韩大匡就强烈地感觉到，搞开发的同志应该学习一些地震知识。

韩大匡清楚地知道，地震技术用来解决油田勘探和开发早期评价阶段的问题已卓有成效，但是要用地震技术来解决开发后期精细油藏描述的问题，需要进行更多的研究和攻关。

开拓地震新领域

从2002年开始,韩大匡着手建立自己的研究团队。1998年退休后,根据相关规定,退休人员不能再带研究生或博士后,当选院士后,韩大匡又恢复了博士导师的身份。所以,组建研究团队,他从招学生开始。选择这个团队的第一个合作者,韩大匡想要挑选一个具有油田现场工作经验的人。由于这个人将来要担当团队领军人物的使命,韩大匡十分慎重,他不想从那些从校门进校门的博士生中培养,于是将目光放在了招收博士后上。

1995年中国石油勘探开发研究院博士后流动站成立时,韩大匡任博士后流动站管理委员会主任,和博士后流动站的主管齐淑洁老师曾经共事过,齐淑洁对韩大匡很是尊敬,尽管他退休多年,每每见面都热情地称呼他韩院长。

韩大匡希望把地震技术从油田勘探阶段,引入到油田开发领域,首先要解决的就是在我国石油行业具有举足轻重地位的大庆油田的地下再认识问题。为此齐淑洁为韩大匡推荐了在大庆油田工作十余年,从事外围油田开发早期地震工作的刘文岭博士。作为韩大匡当选院士后招收的第一个学生,刘文岭[①]于2002年5月完成了博士后进站答辩。

---

① 刘文岭(1966.7.4—),黑龙江省哈尔滨市通河县人。博士,油气田开发工程博士后,教授级高级工程师,先后任中国石油勘探开发研究院地质建模专家、开发地震专家,长期担任韩大匡院士研究团队负责人,中国石油和化工自动化应用协会人工智能分会创始人、秘书长。主要从事油藏地球物理、储层地质建模、精细油藏描述和油气田智能开采研究。油藏地球物理(亦叫开发地震)在我国高含水油田规模化应用的主要倡导者和开拓者。自2018年起,致力于油气勘探开发人工智能关键技术与发展战略研究,提出数字孪生油气藏概念,创建数字孪生油气藏云端智能开采理论,倡导并推动油气田开发向数字孪生、云端智能开采与科学管理更高层次发展。组织编辑、编写、出版了《韩大匡院士文集》《韩大匡院士画传》《韩大匡传》。

2017年韩大匡（左）与刘文岭在共同培养的博士后出站时合影

在组建研究团队的同时，韩大匡便着手申请科研项目，以便为这项研究搭建一个科研平台和获得研究经费支持。立项申请得到了中国石油勘探与生产分公司科技处的支持。2002年6月，以韩大匡为负责人的"高含水后期剩余油分布预测集成技术"项目通过了开题论证，研究周期2年，从2002年6月至2004年5月。这个项目设计主要有两大块研究内容，一是开发地震可行性、关键技术和应用研究，主要目的是在开发地震解释成果的基础上，建立更加符合地下实际情况的地质模型，为油藏数值模拟提供比单纯用井资料建模具有更高精度的地质模型；二是剩余油预测技术研究。由新招收的博士后刘文岭负责开发地震技术攻关，邀请油气田开发研究所的叶继根，担纲油藏数值模拟剩余油预测工作，还聘请专家室已退休的3位地球物理专家钱绍新、吕牛顿、刘雯林，给研究团队作顾问。由于刘文岭没有做过地震反演工作，邀请了地球物理所的副所长姚逢昌加入顾问团队，姚逢昌派来了一个硕士研究生戴晓峰加入研究团队。

这项研究的关键点是开发地震，在老油田开展地震技术应用可不可行，有没有效，是这个项目研究成败的关键。这个项目算是韩大匡向开发地震新领域投石问路。

地震技术研究属于高精尖领域，技术创新难度大，本身就是一块不好啃的硬骨头，再加上当年在老油田开发领域开展开发地震研究是件新生事物，没有前人经验可以借鉴，所以项目的起步必须做好顶层设计，首先要解决前面提及的开发地震面临的2个技术问题，1个观念问题和1个现实问题。

韩大匡的总体思路是用开发地震解释成果指导剩余油分布预测，首先要利用三维地震资料将控制剩余油分布的断层、微幅度构造和储层边界搞清楚。这和以往一些搞开发地震的地球物理专家思路完全不一样，当年一提开发地震，人们就会想到四维地震、时移地震、井间地震和VSP（垂直地震剖面）。韩大匡认为高含水油田开发地震不能走四维地震、时移地震那种直接依靠地震技术预测剩余油的技术路线。

四维地震、时移地震从原理上，能利用两次或多次地震采集时油藏孔渗结构和饱和度的差异所造成的地震反射特征的不同，监测油田开发状况，预测剩余油的分布。但是由于储层中含油，还是含水，地震反射特征区别并不明显，加之我国陆相薄互层储层单砂层薄，远比国外以海相沉积的厚储层复杂得多，所以四维地震、时移地震受到技术的限制，短期内还无法实现监测油藏的水驱状况，也无法达到直接预测剩余油的目的。而井间地震和VSP的测量范围只在井组，甚至更小的范围内，探测范围十分有限。为此，韩大匡研究团队选择了一条与以往研究完全不同的技术路线，就是从对剩余油分布具有分隔、遮挡与控制作用的断层、微幅度构造和储层边界入手，在提高断层、构造和储层解释精度的基础上，为油藏数值模拟剩余油预测提供一个高精度的储层地质模型，进而采用精细油藏数值模拟的方法提高剩余油预测的精度。

提高断层、构造和储层解释精度，就要开展精细的三维地震资料解释。这就抛弃了当时开发地震研究的热点——四维地震、时移地震、井间地震和 VSP 技术，选择了三维地震作为主要的研究对象。

完成了目标定位，确定了以三维地震为对象的研究方向之后，接下来，韩大匡思考的一个重要问题是选择研究区，将研究区选在哪里至关重要。大庆油田成了他的首选之地。那时的大庆油田年产量是 5000 万吨，占当时国内石油产量约 1/3，是我国最大的石油生产基地。所以，保持大庆油田持续高产，是中国石油工作的重中之重。韩大匡自然将发展开发地震的着眼点放在了大庆油田，为大庆油田提供技术支持，解决大庆的技术问题，对于他们那一代石油界的老科学家是"至高无上"的，是韩大匡那一代石油人赋予自己的光荣使命。

作为油田开发专家的韩大匡十分清楚，大庆长垣老油田没有针对已开发油层采集过高精度三维地震数据，没有地震资料如"巧妇难为无米之炊"。

直到有一天，传来了一个大好消息：2001 年冬季至 2002 年初，为勘探大庆杏树岗油田的深部扶杨油层，大庆油田在杏树岗地区采集了 392 平方千米的三维地震资料数据。当韩大匡得知杏树岗油田就在他当选院士后，采集了三维地震数据，他喜出望外。这机缘的巧合，仿佛预示着他所倡导的老油田开发地震事业一定会取得成功。

大庆长垣油田通常也被叫作"喇萨杏油田"，是喇嘛甸油田、萨尔图油田和杏树岗油田的统称。喇嘛甸、萨尔图和杏树岗都是地名，喇嘛甸在大庆市的北部，萨尔图居中，杏树岗在南。喇嘛甸油田是第六采油厂的辖区，萨尔图油田分属第一采油厂、第二采油厂、第三采油厂，杏树岗油田为第四采油厂、第五采油厂。第四采油厂辖区位于杏树岗北部，这一范围的油田被称为杏北油田，与第五采油厂管辖的杏南地区相比，杏北油田的位置更靠近大庆长垣油田的主体部位。

尽管 2002 年春季完成的杏树岗地区的地震资料采集是勘探地震，其目的是勘探深层扶杨油层，但是杏北油田的老区高含水油藏，被命名为葡萄花油层的主力层系，位于扶杨油层上方，地震波在葡萄花油层具有反射成像。尽管属于勘探地震，平面采集面元是40米×40米，纵向采样间隔为2毫秒，但是被处理成了面元20米×20米，纵向采样间隔为1毫秒的数据，有地震资料总比没有好。

韩大匡团队将研究区选在大庆油田采油四厂的杏北油田，这里既是高含水老油田，又有三维地震资料，符合选区要求。

完成选区和资料收集工作之后，他们正式启动了开发地震研究。这对于大庆长垣油田是一项前所未有的工作，其目的是揭开一直盖在长垣油田巨厚油层之上的面纱，要彻底看清千米地下的储层真实的面貌。除了对大庆油田具有实实在在的意义之外，更是吹响了石油物探由油藏勘探、评价和早期开发阶段应用，向油田开发后期进军的号角。

2003年2月，韩大匡组织几位技术指导专家，听取了项目组地震资料解释工作汇报，解释成果让这些老专家们为之振奋。在研究区大庆杏树岗油田杏4-5行列丙北块平均200米左右井距条件下，开展地震资料精细解释，对该区断层、微幅度构造较以往仅用井资料的解释成果都有新的认识。在研究区8.19平方千米范围内，共解释断层22条，较井资料解释结果，新增断层7条，有两条断层被组合为1个断层，且延伸长度和方向有所改变，原井资料解释断层延长的有2条，横向明显摆动的有2条；在断层发生较大变化的情况下，基于地震资料新解释的断层绘制的构造图，其微幅度构造数量、规模和形态也发生了较大变化。这说明了在大庆长垣油田采用地震资料开展断层、构造解释的必要性，说明了开发地震研究对于重新认识地下断层、构造是有用的。韩大匡为此有一种初战告捷的感觉，他在内心谋划着一场更大的科技攻关大战。

解释断层、构造，对于地震技术而言，是强项，是相对容易实现的。但是用地震资料预测薄储层难度却很大。我国绝大多数已开发油田的地层属于陆相砂泥岩互层沉积，特别是东部油田地层具有砂、泥均薄的特点，是典型的薄互层储层。以大庆油田为例，储层中的 4 米、5 米厚度的砂层，就算厚层了，而多数砂层只有 2 米、3 米的厚度。这对于传统的地震分辨率理论而言，预测这么薄的储层，简直是"天方夜谭"。

根据教科书上地震分辨率的理论，地震资料识别地层的精度（厚度）通常在 1/4 波长到 1/8 波长，也就是在十米级的范畴内。以这一理论为指导，地震技术对于识别仅有几米厚度的薄砂层便是无能为力的。所以，很多油田开发领域的领导、专家和科技人员都认为地震是一个粗家伙，觉得地震技术解决不了油田开发领域精细油藏描述的薄储层边界的刻画问题；而在物探界，从事勘探地震的人员中也有许多人，根据经典地震分辨率 1/4 波长的理论，也对地震技术用于油田开发领域信心不足。

地震分辨率只到十米级，这一理论认识严重制约着这项技术向油田开发领域的发展。为了解决砂泥岩薄互层中各小层识别的理论问题，韩大匡起初希望能够找到突破经典地震分辨率理论限制的新的理论依据。

这个难题一直困扰着韩大匡，直到有一天，他在与钱绍新交流的过程当中，钱绍新向他介绍了地震技术的另一项重要理论——探测度理论，他仿佛看到了使人们信服地震技术对油田开发预测薄层有用的希望。

其实，在物探界，人们早就对经典地震分辨率理论提出挑战。1991 年 Robert E. Sheriff 在"勘探地球物理百科全书"中提出了探测度的概念，称在噪声背景上能够给出可见反射的岩层的最小厚度为探测度（detectable limit）[1]。Robert E.Sheriff 认为探测度可以达到时间分辨率（1/4 波长）的 1/5 左右，也就是 1/20 波长。钱绍新认同

---

[1] Sheriff R E. Encyclopedic Dictionary of Exploration Geophysics[J]. Society of Exploration Geophysicists, 1991.

Robert E.Sheriff 的观点，刘雯林在 1996 年出版的《油气田开发地震技术》一书中也介绍了相似的认识，并将这一概念称为检测度[①]。

依据探测度或检测度的理论，地震资料解释储层的精度就可以到几米级这个层次，这仿佛为应用这项技术解决老油田薄储层的预测问题找到了理论依据。

但在地球物理界对采用探测度或检测度理论指导薄互层储层预测存在不同意见。有专家认为探测度理论与经典的地震分辨率理论同出一则，都是基于楔形模型给出的认识，尽管对 1/4 地震波长的论断提出了挑战，然而这一理论的研究，也包括许多相关文章的探讨，都是以单层地质体楔形模型为对象，这对于指导大套的海相地层和陆相"泥包砂类型"互层储层是有用的，但是对于我国更广泛分布的陆相薄互层储层而言，由于不同的地质小层反射波相互干涉到一起，则不能够起到有效的指导作用。

韩大匡赞同这种观点，他提出采用理论模型计算的方法说明地震储层预测的能力。研究团队设计了一个理论正演模型，采用先正演后反演的方法，论证了地震预测薄互层储层的能力。正演模型的设计参考了大庆杏树岗油田主力油层的埋深、储层厚度、小层发育状况和砂体厚度范围。根据研究区砂泥岩速度相近的特点，分别选用目的层段的砂泥岩平均速度，作为正演模型的砂岩速度和泥岩速度。根据研究区的井距实际情况，设计了已知井位，并在过井位置和井间的纵向地层中设计了 0.5～6 米不同厚度的砂体。这样设计有两个目的：一是考察存在已知井控制的不同厚度的砂体地震反演的精度；二是考察井间没有已知井控制的不同厚度的砂体地震反演的精度。

在地震正演生产合成地震记录的过程中，向地震剖面中加入了适当比例的信号噪声。采用 Strata 软件进行反演，得出的最终研究

[①] 刘雯林.油气田开发地震技术[M].北京：石油工业出版社，1996。

结论是"基于模型的地震反演方法无论地震资料主频多高，对厚度小于1.5米的砂体的边界和厚度都无法进行有效预测。主频达到60赫兹以上的高分辨率、高信噪比地震资料，在确保层位对比准确和子波选取合理的前提下，有望对2米以上的砂体边界和无井控制的砂体的存在性进行较好的预测。在砂体厚度预测方面要想达到较高的精度，地震资料的主频需要达到90赫兹以上。"[①]

我国薄互层储层主力地质小层中厚度2米以上的砂体占大多数，这一结论从理论模型的角度，论证了采用地震技术刻画薄互层储层中薄砂体是可行的，这为韩大匡倡导的老油田开发地震应用提供了充分的依据。

从此，韩大匡的研究团队转入了实际资料的高精度地震反演技术研究之中。

研究团队针对薄互层储层预测的难点和遇到的问题，提出了新的井震结合反演思路和一系列方法。以井震结合对沉积微相刻画的成果为约束，建立了研究区储层地质模型，为精细油藏数值模拟提供了准确的输入数据体。

他们在大庆杏树岗油田杏4-5行列丙北块进行的应用研究，在平均200米左右井距的条件下，井震结合解释的河道砂体较原沉积相带图的位置发生较大变化。通过基于模型的反演，对9口检验井验证表明，4米以上河道砂体存在性的符合率达到100%；2~4米河道砂体存在性的符合率也均在85%以上[②]。

这项研究证明了开发地震对高含水油田薄层刻画的有效性，加上前面提到的开发地震对小断层、微幅度构造解释的成果，这一系列研究成果都证实了韩大匡主张开展老油田开发地震研究与应用是非常正确的。

---

① 刘文岭博士后出站报告：《高含水油田井震联合精细油藏描述技术研究》。中国石油勘探开发研究院，2004年，第79页。

② 刘文岭，韩大匡，叶继根，等.高含水后期井震联合剩余油预测技术研究［M］//中国石油学会石油工程学会.井间剩余油饱和度监测文集.北京：石油工业出版社，2005。

2004年5月，韩大匡牵头主持的中国石油科技项目"高含水后期剩余油分布预测集成技术研究"通过了验收。专家组对在采用开发地震搞清地下地质情况的基础上，再通过开展精细油藏数值模拟提高剩余油预测精度的做法，给予了肯定。与会专家认为，韩大匡组织的多学科联合攻关非常不易，取得了很大进展，具有很强的创新性，意义非常重大。

尽管项目通过了验收，但是对于解释精度和解释成果还存在不同意见，韩大匡听到这些不同的意见，并没有灰心丧气。韩大匡感觉到新事物要为人们普遍接受，还需要一个过程。他在内心明确了一项新的使命，那就是他要为老油田开发地震奔走疾呼。

创新是艰难的，创新意识的形成到创新成为现实，这里面有大量艰苦卓绝的工作，更有大量的统一思想认识的工作要做。究其缘由，就是创新意味着打破固有的惯例，必然要有思想的碰撞。在这个过程中，韩大匡面对各种各样的或质疑或反对的声音，他从来都没有气馁，他四处奔走，在各种场合宣传开发地震，论述开发地震的可行性和有效性，他一点一点地撼动人们脑子里固化的认识。

韩大匡和他的团队成员成了老油田开发地震技术的代言人和宣传者，就像勤劳忙碌的播种机一样，他们在各种不同的会议上介绍开发地震研究的新成果，号召实施开发地震的规模化应用。

从2002年至2004年期间研究工作取得足够说明老油田开发地震应用的必要性、可行性、有效性和部分关键技术的成果后，到2006年底至2009年中国石油在大庆长垣油田和新疆克拉玛依油田，启动开展全面的高精度地震资料采集，韩大匡采用会议发言、作专题报告和书面建议等方式，对老油田开发地震进行了大力倡导和宣传。

2004年6月，在中国石油勘探开发研究院油气田开发技术座谈会上，韩大匡作《对于高含水后期提高剩余油预测精度的思考——重点讨论应用开发地震的可行性和有效性》报告。在这个报告中韩大匡第一次向外界全面地介绍了团队的研究成果，论述了老油田开发地震研究的可行性和有效性。

2004年8月，在大庆油田，韩大匡作《中国石油天然气工业面临的挑战和发展战略》报告。提出"我国老油田已普遍进入高含水后期，甚至特高含水期，地下剩余油分布总体上呈'高度分散，但仍有相对富集部位'的格局，需要综合应用地质、开发地震、水淹层测井及大型精细油藏数值模拟技术，深化油藏精细描述，提高剩余油分布预测精度"。这是韩大匡以会议报告的方式正式向大庆油田领导提出高含水油田需要开展开发地震研究的建议。

2005年3月，韩大匡的学生研究团队发展壮大到5个人，形成了一个集地震、测井和油藏工程多学科的研究团队。为了开展深入的研究，争取立项支持，2005年3月韩大匡给中国石油主要领导和主管科技、油田开发的相关领导统一写了一份建议报告——《关于提高剩余油分布预测精度，改善水驱效果提高老油田采收率的建议》，向公司领导正式提出"剩余油预测的关键是建立高精度确定性储层地质模型，其重点和难点在井间，地震是直接提供井间信息的最有效技术，地震储层预测是建立高精度地质模型的基础，建议大力发展开发地震技术"。

2005年3月，在大港油田，应大港油田总经理助理周嘉玺的邀请，韩大匡作《对于高含水后期提高剩余油预测精度的思考与认识》报告，论述了"发展开发地震技术是搞好储层确定性建模的关键""发展开发地震重点在于提高储层预测的精度，剩余油富集区挖潜对开发地震储层预测提出新的要求"和"通过井震联合反演，提高开发地震技术精度"等学术观点，并阐述了关于发展开发地震技术的构想。

2005年9月，在山东青岛召开的中国石油学会第一届油气田开发技术大会暨2005年中国油气田开发科技进展与难采储量开采技术研讨会上，韩大匡作《确定剩余油相对富集区提高注水采收率的思考与认识》报告,论述了"剩余油预测必须综合集成和运用地质、地震、测井、精细数模等多学科技术""剩余油预测的关键是建立高精度确定性储层地质模型""发展开发地震技术是搞好储层确定性建模的关键""剩余油富集区挖潜对开发地震储层预测的精度提出了更高的要求""通过井震联合反演,提高开发地震技术精度""在实现高精度井间储层预测的基础上,通过精细油藏数值模拟技术,确定剩余油的相对富集区"等学术观点。这个报告全面地阐述了在高含水油田开展开发地震的意义与作用。出席这次会议的有中国石油学会何庆华秘书长、王伟元副秘书长,除了韩大匡之外,还有中国工程院王德民院士、中国科学院郭尚平院士,我国油气田开发领域的专家宋万超、葛家理、王启民、何生厚、查全衡、潘兴国、张凤久等,以及全国各大油田、石油院校、科研院所等单位的近200名代表。韩大匡从油田开发界内部,以油田开发专家的身份,向全国的油田开发领域倡导老油田开发地震技术的规模化应用。

2006年12月5日至7日,国际石油工程师协会与中国石油学会共同主办,中国石油、中国石化、中国海油三大油公司协办的2006年中国国际石油天然气会议暨展览会在北京国际会议中心召开。韩大匡研究团队的论文《Techniques of predicting remaining oil in a Mature Oilfield with High Water Cut:Case study》(高含水期剩余油预测技术研究及应用案例)在这个会上进行了宣读,韩大匡是这篇文章的第二作者[1]。该文介绍了我国老油田开发地震应用的成功案例,借助于三大油公司和各大油田领导来参加这个重要会议的机会,宣传了研究团队关于在老油田开展开发地震研究的必要性、可行性和有效性的学术观点,期望用在大庆油田的研究实例,推进我国老油田开发地震的规模化应用。

---

[1] Liu W L,Han D K,Wang J R,et al.Techniques of predicting remaining oil in a Mature Oilfield with High Water Cut:Case study.SPE-104437,2006.

2006年12月，参加中国国际石油天然气会议，研究团队宣读了开发地震研究成果论文（左2胡水清，左3胡永乐，左4韩大匡，左5李宁）

也正是在2006年底，韩大匡和研究团队多年来对老油田开发地震的倡导和宣传工作，终于有了回音。中国石油管理层凝聚多方共识，鉴于大庆油田四十多年的开发，长垣等主力油田已经全面进入特高含水的开发阶段，产量逐年递减，为构建长垣油田新的地质认识体系，寻找特高含水期进一步提高采收率的潜力，决定在大庆长垣开展精细三维开发地震工作。按照股份公司有关领导提出"整体部署、分步实施、示范先行、稳妥推进"的原则，2006年12月，大庆油田有限责任公司对长垣油田开发地震工作进行了总体规划部署，首先启动了北部喇嘛甸油田100平方千米的多波多分量地震资料采集工作。

在此之后，2008年中国石油还在长垣萨尔图油田开展了690平方千米的高密度地震资料采集，并启动了杏树岗、太平屯等地区已有勘探地震资料的重新处理与解释工作。

2009年起，中国石油为深化新疆克拉玛依油田二次开发综合研究，还在克拉玛依油田开展了1130平方千米高密度三维地震资料采集、处理和解释工作。

至此，韩大匡和研究团队倡导与推动的高含水油田开发地震规模化应用打开了新局面。

然而，宣传老油田开发地震必要性、可行性、有效性的工作并没有停止，这项工作成为韩大匡很长一段时间的工作重点，他希望油田开发领域的科技人员，能够充分认识到多学科联合攻关的好处，在更广泛的层面上去推动老油田开发地震的规模化应用。每次登台宣讲之前，70多岁高龄的韩大匡都要认真准备讲稿。他治学严谨，干起工作来就废寝忘食，有时熬夜到凌晨3点、4点修改稿件，即使这样，第二天仍会精神抖擞站到台上进行讲解。

油田的同志说，韩院士打破了我们很多思想观念中的藩篱，原来我们想都不敢想的地方，在他的指导下，居然找到了油。比如，韩大匡和他的团队提出，要重视在断层边上找剩余油。油田的同志们开始还有顾虑，不敢在断层附近打井。过去老油田没有或者缺乏高精度的地震资料，仅靠井资料解释断层，断层的空间产状难以刻画准确，人们担心把井打到断层上，都是躲着断层走。现在，通过搞开发地震，采用地震资料将断层解释清楚后，再沿着断层面的倾向，靠近断层打大斜度井，确实发现了剩余油富集区带，打出许多高产井，油田现场对开发地震技术已经很是信服。

应用研究结硕果

自2002年开始，韩大匡和中国石化牟书令、李阳等油田开发专家在油田开发领域内部积极倡导，并和张国珍、赵邦六、王喜双、王延光、夏继庄、刘文岭等地球物理专家共同大力推动开发地震技术在老油田的应用，我国开发地震技术从此才掀开了高含水油田应用的新篇章。

我国高含水油田开发地震早期的、致力于推动其规模化应用的研究团队有两支。一是，中国石化胜利油田李阳、王延光领导的物探院等单位研究团队。2002年至2006年，中国石化以胜利油田垦71高含水区块为示范区，开展了油藏综合地球物理技术研究，实现了井间地震、3DVSP与高精度三维地震的结合，有效提高了老油田的采收率。韩大匡在倡导推动大庆长垣油田开发地震的同时，作为中国工程院的院士，受中国石化聘请，跟踪指导了胜利油田垦71地区的油藏综合地球物理研究。二是，韩大匡和刘文岭领导的中国石油勘探开发研究院油气田开发所研究团队。2002年至2004年，他们采用大庆油田杏树岗地区勘探扶杨油层的地震资料，以上部高含水主力油层葡萄油层研究为例，对开展高含水油田开发地震工作的可行性和有效性进行了论证，率先在大庆长垣老油田开展了开发地震研究。

韩大匡研究团队在杏树岗油田所做的开发地震必要性、可行性、有效性论证和关键解释技术研究，为中国石油决定在大庆长垣油田、新疆克拉玛依油田开展全面的开发地震资料采集、处理和解释工程，提供了重要的决策参考和技术支撑作用。

2006年冬季，大庆长垣开发地震采集工程启动伊始，大庆油田邀请韩大匡研究团队，到大庆共商开发地震攻关大计，并期望和他的科研团队开展合作研究。

2007年1月上旬，应大庆油田的邀请，韩大匡研究团队一行抵达大庆，向大庆油田介绍在老油田开展开发地震的经验与认识，并初步洽谈了北京院与大庆院两院进一步合作的意向。韩大匡在大庆油田作了《在大庆长垣油田大力发展油藏地球物理技术促进剩余油预测多学科联合攻关》报告。在这个报告中，韩大匡详细地阐述了老油田开展开发地震研究的必要性、有效性和可行性，论述了长垣油田开发地震的四点作用和八项主要地质任务，以及研究团队关于在长垣油田发展开发地震的构想。

大庆油田勘探开发研究院的时任院长郭万奎非常赞同韩大匡的观点，后来还将韩大匡对大庆长垣油田开发地震的构想，汇报给当时的集团公司主要领导，得到了领导的肯定。自 2007 年开始，中国石油大力推进大庆长垣开发地震的采集、处理和解释工作，加快了大庆长垣油田开发地震规模化应用的步伐。

在 2006 年冬季至 2007 年春季，大庆喇嘛甸油田开展了 100 平方千米多波多分量开发地震资料采集之后，2008 年中国石油还在长垣萨尔图油田开展了 690 平方千米的高密度地震资料采集，对 2002 年和 2003 年采集的杏树岗、太平屯等地区老的地震资料，进行了重新处理。到"十一五"末期，大庆长垣油田从南到北，形成了 5 个大的地震工区数据体，可用于开发地震研究的地震资料达到 2000 多平方千米，覆盖到整个大庆长垣，为结合地震资料重构大庆长垣地下认识体系奠定了基础。

2011 年，韩大匡和团队的研究成果"高含水油田提高水驱采收率技术创新与应用"获得中国石油和化学工业联合会科技进步一等奖，韩大匡排名第一。在这个分量十足的省部级一等奖成果中，高含水油田开发地震关键解释技术创新是很重要的组成部分，韩大匡关于开发地震的学术思想结出了硕果。2011 年 6 月 15 日，中国石油和化学工业联合会组织了对这个项目的技术鉴定，中国工程院李阳院士担任鉴定委员会主任，鉴定委员会鉴定意见认为：该项研究研发了井中断点引导的小断层解释、地震约束分层插值构造成图、地质小层约束薄互层储层精细反演和地震硬约束储层地质建模新技术，使断层解释精度提高到 3 米、储层解释精度提高到 2~3 米，倡导和推动了开发地震技术在我国高含水油田的规模化应用。

2016 年，由大庆油田牵头组织实施的"开发地震技术创新"被评为"中国石油 2015 年十大科技创新成果"之一。经过长期的持续攻关，开发地震科技进步与推广应用取得显著实效。2020 年，由大庆油田牵头，中国石油勘探开发研究院等单位联合攻关完成的"大型陆相砂岩油田特高含水期精细高效注水开发技术及工业化应用",被中国石油提名国家科技进步二等奖,韩大匡排名第二。在该项成果中,开发地震技术作为第二个创新点的主要内容,实现了断距3米以上断层和井间2米以上厚度砂体有效识别,重构了高含水老油田构造、储层认识体系。提名书中提到研究成果引领开发布井由"躲断层"向"找断层—靠断层—穿断层"转变,布井安全距离由距断层200米缩小到20米,实施高效井459口,累计产油228.4万吨。这既是大庆油田组织开发地震攻关与应用取得的综合实效,也是韩大匡对在大庆长垣油田开展开发地震规模化应用进行长期倡导与推动所作贡献的体现。

开发地震是韩大匡和油田开发界、地球物理界同仁共同开辟的油田开发研究领域的新的交叉学科方向。十余年来,韩大匡为高含水油田开发地震的科技进步,付出了艰辛的努力,他以求真务实、坚忍不拔的科学精神,谱写了一首新的历史时期科技人员"我为祖国献石油"的动人乐章。

第十章

深部调驱推动者

具慧眼引进凝胶技术

　　石油毕竟是不可再生资源，经过几十年的开采，我国大部分油田已经从开始的低含水、低采出阶段，进入到了高含水、高采出程度的阶段，磕头机一抽，黑色的"金子"就喷涌而出的日子一去不回了。而且我国油田以陆相沉积为主，储层渗透率差异大，层内、层间、平面非均质性严重。随着不断开发，注入水大量冲刷，油层黏土和胶结物膨胀、溶蚀、微粒运移、出砂严重，造成地质非均质情况进一步恶化，给石油的继续开采带来很大的困难。我国东部油区的一些新生代断陷盆地，在多次地质构造运动的作用下，断层非常发育，地质结构十分复杂，形成复杂断块油气藏。这类油气藏由于存在构造复杂、断层发育、非均质严重、储层物性差、层内层间差异大、油水黏度比中等、储层黏土矿物含量高等地质特征，在开发过程中往往表现出很多问题。"八五"以后，已经连续多年储采比失衡，投入产出量不平衡，地下亏空越来越大，剩余可采储量采油速度却逐年升高，老油田稳产的难度越来越大。截至1993年底，我国老油田含水率已高达80%以上，可采储量采出程度也已达到63.1%，采收率也大幅下降。

　　这样的地质条件下，如何寻找剩余油并高效地采出就成了一个关键问题。经过对地层的仔细考察、综合分析后，韩大匡得出一个结论，在这种情况下，地下呈现"剩余油在空间上呈高度分散状态，但仍有相对富集的部位"的状态，这些部位多为低渗透薄层或边角地区，一般已难以形成独立的开发层系，开采难度大。

　　知道了剩余油在哪里，如何提高高含水期的采收率，就成了石油界普遍关注的问题，也是韩大匡亟待解决的难题。随着韩大匡主导的三次采油技术的发展和聚合物驱技术的成功应用，聚合物驱在我国得到广泛的应用，特别是在大庆、胜利等中高渗、中高温油田取得很大成功，采收率曾一度回升。

面对出色的成绩，韩大匡十分冷静，眼前的胜利没有使他停下思考的脚步。科学家永远都不会满足于当前的成就，他们心中总是想着，哪里还存在问题，哪里还需要改进？知行合一，止于至善，是韩大匡追求的最高境界。经过长时间的现场应用，韩大匡注意到聚合物驱的问题渐渐暴露出来了。对于非均质严重、存在高渗透条带或大孔道的油藏，部分井聚合物窜流非常严重，影响了注聚效果。而且由于聚合物本身的局限性，其在高温、高矿化度的地层中有效黏度损失很大，驱油成本高、现场实施难度大，往往达不到预期目的。在一些曾经聚合物驱大放异彩的油田，经过初期的高产之后，也渐渐地难以为继了。

望着密密麻麻的油井，热火朝天的油田生产现场，以及激情洋溢的一线石油工人，韩大匡心中的隐忧越来越深。油田稳产难度越来越大，成本越来越高，去哪里寻找一种新技术，进一步提高石油采收率，保障国计民生的高质量发展呢[①]？

一天，韩大匡在办公室里，像往常一样翻看着国外的最新文献。几十年了，他始终保持着这个习惯，定期阅读外文文献，掌握最新的科技发展动态。突然，一篇美国应用凝胶体系的文章引起了他的注意。

交联聚合物凝胶是 Mack 和 Smith 等在研究部分水解聚丙烯酰胺和柠檬酸铝交联体系上提出的概念。20 世纪 80 年代，Mack 和 Smith 等在研究聚丙烯酰胺和柠檬酸铝配比性能实验时，发现了这种低浓度聚合物和交联剂形成的非三维网络结构的凝胶体系，即主要

[①] 韩大匡. 深度开发高含水油田提高采收率问题的探讨［J］. 石油勘探与开发, 1995, 22（5）: 47–55.

由分子内交联的聚合物分子线团构成的胶态粒子分散在水介质中形成的,具有凝胶属性和胶体性质的热力学稳定体系。这种体系具备凝胶的属性,有很好的耐温性,使用温度可达90摄氏度,对溶液环境中的二价离子不敏感,成胶强度可以控制。

胶态分散凝胶驱油技术是一种同时具有聚合物堵水和油藏内部流体速度调节两种技术特点的方法。该项技术的特点是聚合物用量少,适应性广泛,可长时间保持流动性质和注入能力,从而调节油藏深部流体的速度。这种技术采用单液注入工艺,在注入前将交联剂和聚合物混合,一次注入,是一种实施简便、操作性强的增产挖潜方法。

在矿场试验中胶态分散凝胶表现不俗。美国Tiorco公司在1983—1993年的十年间共实施了29个胶态分散凝胶驱油矿场试验,有21个技术上成功,19个提升了经济效益,3个经济效益不明显,提高采收率幅度为1.3%~18.2%[1]。

看完这篇文献,韩大匡如获至宝、惊叹不已,这不正是他苦寻不得的能够解决聚合物驱问题的技术吗?

在20世纪90年代初,我国已有部分油田开始将凝胶体系应用到矿场,刘玉章(时任胜利油田采油工程院副总师、副院长)曾在胜利油田向地层灌注交联聚合物凝胶。但国内对凝胶的系统研究并没有完全展开。这次接触到最新的外国文献,让韩大匡对凝胶体系有了更全面更深刻的认识,他敏锐地察觉到,凝胶体系适合国内很多高温高盐等条件特殊的油田,应用范围极广,成本低,经济效益好,有良好的推广价值,是提高水驱采收率的突破口。他迫切地希望这种技术能够在国内推广开来,为高含水油田开发作出贡献。他又查找了更多的文献,整理统计了凝胶的相关技术问题、矿场应用情况,准备让凝胶体系在中国大显身手。

---

[1] 韩大匡,韩冬,杨普华,等.胶态分散凝胶驱油技术的研究与进展[J].油田化学,1996,13(3):273-276。

1995年10月，韩大匡和中国石油大学（北京）刘璞教授共同合作起草了一份发展凝胶体系的建议交给时任中国石油天然气总公司总经理的王涛：

"为了老油田的稳产挖潜，除了采用控水稳油、打加密井等措施外，我国对若干种提高采收率方法如聚合物驱、复合驱等已给予了相当的重视，有的已向工业化规模推进。注意到国外在1986年油价暴跌以后发展起来的一项新技术——用凝胶体系改变油层深部液流方向以提高采收率的方法，正方兴未艾。有关的文献、专利发表了不少，是一个提高石油采收率的热点。这种技术与国内外应用的改变液流方向技术的不同之处在于，现用的技术主要是依靠打新井或改变工作方式，如关井、转注、改变生产压差等，而深部改向技术则是用凝胶在地层深部进行处理来堵住水流通道，迫使水流改向剩余油较多的地方，更有效地扩大波及体积。""建议在九五期间组织各方面力量重点攻关，选择若干有代表性的油田区块，围绕矿场试验，开展有关研究工作，则可望于'九五'后几年及'十五'期间形成生产力，提高产量。"[①]

韩大匡恳切而真诚的建议得到了王涛总经理的重视，王涛总经理立刻将建议转批给了时任中国天然气总公司科技局局长的曾宪义，不久科技局专门召开了座谈会，会议由韩大匡主持。会议上，专家们对凝胶体系给予很高的评价，肯定了凝胶是未来发展的方向。中国石油大学（北京）李明远教授和吴肇亮教授等都开展过相关研究，他们做的是低浓度的交联聚合物LPS，和胶态分散凝胶性质很相似。

但座谈会结束后，凝胶的研究并没有如预想般开始，一时间陷入了停滞，关键原因之一就是缺少人才。科学研究要开展，人才储备是基础。我国在凝胶领域本就没有多少经验，一切都要向国外学习，眼下最需要的就是补充一批有志于凝胶研究的新鲜血液。

---

① 韩大匡，刘璞. 关于大力开展凝胶体系改变深部液流方向技术的研究和试验的建议[M]//韩大匡院士文集. 北京：石油工业出版社，2012：215-218.

1995年，石油勘探开发科学研究院成立博士后工作站，韩大匡招收了韩冬专门来做可动凝胶的研究，再加上几个博士和硕士研究生，信心十足地踏上了凝胶研究的征途。看着一张张朝气蓬勃的面孔，韩大匡仿佛又看到自己年轻时的模样，他们今天是研究院的新人，明天就是石油工业的顶梁柱。韩大匡对这批学生寄予很高的期望，严格要求，悉心指导，倾注了无数心血。他们也没有让韩老师失望，不仅跟随韩大匡学习先进的知识，更继承了老师勤奋、严谨、求真的科研精神。缺少经验？那就泡在浩瀚的英文文献中大量阅读。缺少数据？那就一头钻进实验室亲自获取。废寝忘食、如饥似渴是他们的工作状态，对新技术孜孜以求是他们消解疲劳的良药。汗水从不辜负，勤奋终有回报，在韩大匡的指导下，两年以后，交联聚合物凝胶的作用机理以及室内评价方法等基本实验研究方法终于建立起来了。

　　看着日益丰硕的成果，韩大匡欣喜的同时，也有一丝忐忑不安：这套理念能在实践中接受住考验吗？

　　为了检验研究成果，1997年，韩大匡研究团队首先在河南油田搞了小规模的矿场试验，选取的是一个多层段、多韵律、多岩性组合沉积油层。在油田工作人员的配合下，经过一个多月的灌注，注入井的吸水剖面得到一定调整。可惜的是，因为所应用的凝胶体系性能不是很过关，试验虽然取得一定成效，但效果并不明显。

　　这次河南油田的试验，虽然说不上失败，但也不算特别成功，大家的意志都有些消沉。韩大匡鼓励学生们说，凝胶在国外是比较成熟的体系了，而应用到国内还不多，我们的研究才刚刚开始，有一些挫折是很正常的，不要丧失信心。科研路上允许失败，但不允许没有反思的失败。这次还是有效果的，只是没有达到我们的预期，所以要找出原因，改进试验。要对凝胶理论有信心，要相信它是解决聚合物驱困境的正确方向。

　　老师的话就像春风拂过每个学生的心田，他们积极调整状态，很快又投入到下一场试验的设计中。数不清熬过多少难眠夜，算不出人比几番黄花瘦。经过一年多的鏖战，他们终于发现，原来第一次试验不尽人意的主要原因是凝胶黏度偏低。这为以后的进一步试验提供了很好的借鉴。

1999年8月开始，大庆油田在原北一区断西聚合物驱工业性试验区内，开展了6注12采的铝交联凝胶调驱技术先导试验。

首先通过对交联剂、稳定剂等的筛选以及各种因素对成胶性能影响程度的评价，确定采用大庆化学助剂厂生产的1100万~1400万分子量聚丙烯酰胺，外加少量自制的柠檬酸铝交联剂配制而成的胶态分散凝胶体系进行现场试验。其次应用油藏数值模拟软件对试验区的注采方式进行了模拟优化，给出了合理的注入方案。现场实施投注后，截至2002年11月底，全区累计增油7.3804万吨，提高采收率4.84%；中心井区累计增油8784吨，提高采收率1.77%，试验区取得了明显的增油、降水效果。

大庆油田利用自产聚丙烯酰胺，成功研制出铝交联的胶态分散凝胶体系，将该体系应用于聚驱前深度调剖，并取得一定成效的基础上，又进一步研究了该体系应用于聚驱后深度调剖的可行性。室内岩心和数值模拟研究结果表明，胶态分散凝胶可以利用油层中已吸附的聚合物，使其残余阻力系数进一步提高，改善聚合物驱后波及体积。通过现场试验可以看出，胶态分散凝胶体系井口取样成胶率高且稳定性好，胶态分散凝胶体系调驱后，水驱的视吸水指数继续下降，有效调整吸水剖面，采出井的流动系数、渗透率大幅度下降，采液指数也继续下降，这两个特征均不同于聚合物驱。说明胶态分散凝胶体系调驱的调剖能力比纯聚合物体系强，聚驱后胶态分散凝胶体系深度调驱在技术上是可行的。

成功了，成功了！看着大庆的报告，韩大匡甚为欣慰，当初倡导将凝胶体系引进国内是正确的。正是韩大匡远见卓识，才为未来石油稳产增产再添支柱。

随着大庆凝胶试验的成功，韩大匡坚定了信心：凝胶就是一剂高含水老油田提高水驱采收率的良药。

见微知著发展可动凝胶

随着韩大匡团队凝胶体系研究的逐步深入和油田应用效果显著，其影响越来越大。1999年，华北油田有关领导专门向韩大匡请教油田开采技术的问题。在与韩大匡的交谈中，华北油田领导第一次了解到了凝胶体系的技术理论与发展前景。他认真听取韩大匡的介绍后，便征求韩大匡的意见：凝胶体系是否适合在华北油田展开，韩大匡予以了肯定的回答。

有了领导和专家的支持，不久，针对蒙古林油田应用凝胶体系的可行性研究终于开始了。很快，在韩大匡的研究成果基础之上，结合蒙古林油田聚合物驱项目中取得经验和认识，华北油田勘探开发研究院油田开发工程师吴行才带领团队建立了交联聚合物凝胶的室内评价、方案设计、跟踪优化和效果评价等一整套技术方法。

蒙古林油田位于二连盆地马尼特凹陷阿尔善构造带北部，内部被断层分割为东、中、西三个断块，油藏埋藏浅，层间渗透率级差大，平面非均质性严重，地层原油密度、黏度高，属普通稠油油藏。自1989年全面注水开发以后，采用强注强采并结合大剂量调剖技术使油田开发稳定了近十年，随后产量下降，长期注水时地下形成水窜大孔道，稳产形势非常严峻。1995年至1998年开展了聚合物驱先导试验，部分井增油降水效果明显，但整体而言聚合物窜流非常严重。蒙古林油田自2002年开始到2005年，先后开展了可动凝胶调驱先导试验、扩大试验、推广应用Ⅰ区的现场实施，都取得了比较好的效果。截至 2005 年底，三个区域已经累计增油 8.0244 万吨，凝胶体系出色的表现终于得到了大家的一致认可[1][2][3]。

2006 年 6 月，吴行才完成了博士论文《可动凝胶调驱提高石油采收率配套技术研究及应用》，2007 年进入中国石油大学（北京）博士后流动站，在韩大匡的指导下对可动凝胶深部调驱技术的理论、方法以及材料进行更为深入的研究。

韩大匡平时的研究工作很繁重，同时组织多个领域方向的研究，为什么独独对凝胶投入如此多的关注？原来，当时的韩大匡正在思考老油田二次开发的技术对策。

韩大匡认为在高含水油田剩余油呈现"整体高度分散、局部相对富集"的大背景下，需要采取因地制宜的、不同的技术对策，对高度分散的剩余油和富集区的剩余油进行挖潜。2008 年，韩大匡给时任中国石油天然气股份有限公司勘探与生产分公司主管二次开发工程的副总经理何江川写了一份建议，其中提到："对于剩余油富集区，在搞清其准确位置和可调储量数量的基础上，可以考虑不均匀高效加密井或其他调整措施来提高水驱采收率；对于分散的剩余油，可以通过使用凝胶类交联聚合物进行油藏深部调驱来提高水驱采收率；对于井网不完善、水驱控制程度低的油藏，可以根据剩余油的分布状况，与油藏深部调驱相结合，全面调整和优化注采关系，进行井网重组，在这个基础上采取'优化简化'的方式，重组地面流程。"[4][5]

---

[1] 吴行才，曾庆桥，汪宝新，等. 蒙古林油田可动凝胶驱油先导试验效果评价［J］. 石油钻采工艺，2005，27（1）：40-43，82-83。

[2] 杜玉洪，吴行才，陈洪，等. 可动凝胶调驱技术在普通稠油油藏中的应用［J］. 西南石油大学学报（自然科学版），2008，30（3）：97-101，190。

[3] 吴行才，王洪光，李凤霞，等. 可动凝胶调驱提高石油采收率机理及矿场实践［J］. 油田化学，2009，26（1）：75，79-83。

[4] 韩大匡. 关于高含水油田二次开发理念、对策、技术思路和建立示范区的建议［M］// 韩大匡院士文集. 北京：石油工业出版社，2012：225-227。

[5] 胡文瑞. 中国石油二次开发技术综述［J］. 特种油气藏，2017，14（6）：1-4。

在韩大匡眼中，可动凝胶就像一只无形的手，在地下，在人类看不到的地方，在一条条细小的孔道之中，帮助我们推着剩余油，一步一步向外走。

指导创建新理论

蒙古林油田先导试验的成功已经使可动凝胶受到广泛的认可。华北油田大力推广可动凝胶新技术，据统计，从 2001 年到 2006 年，累计增油 42.16 万吨，累计新增利润总额为 7.3 亿元，实现投入产出比 1∶3.42，为华北油田的持续稳产作出贡献。"十五"以来的实践表明，可动凝胶调驱事实上已成为华北砂岩油田研究和应用的主导技术。

在蒙古林油田推广交联聚合物可动凝胶的研究中，团队发现可动凝胶驱比聚合物驱的效果要好一些，但仍然存在机理上的问题。注入连续相交联聚合物凝胶，在合适的黏度下，在水驱基础上能够驱出一部分相对低渗透层区、小孔隙中的剩余油，提高采收率，但未及时驱出的剩余油仍然可能被"锁"住。如果黏度过大，同样黏度的流体将难以进入低渗透层区，小孔隙中的剩余油难以被驱替，甚至是堵塞伤害这些区域，最终导致油井供液不足，影响产量；如果黏度小，虽然有利于对低渗透层区、小孔隙中的剩余油高效驱替，但又易于在高渗透层区、大孔隙窜出，而达不到高效波及的目的。因此，对于交联聚合物凝胶体系这种连续相高黏性驱替流体，其机理存在缺陷，因为其黏度是一定的，既要求它能很好地堵塞抑制高渗透层区、大孔隙中的流动，又要求它同时能对低渗透层区、小孔隙中的剩余油进行高效驱替，这是一个难以调和的矛盾。

既然连续相的驱替液"调"和"驱"自相矛盾，为啥不把"调"和"驱"的功能分开，并使它们"分工合作"呢？团队设想将连续相高黏流体替换为一种非连续型柔性微凝胶胶粒分散液体系，该体系表观黏度低，易于进入储层深部，分散体系中的胶粒在微观上通过对水流通道（孔喉）暂堵—突破—再暂堵—再突破的过程，优先进入高渗透层区、大孔隙，胶粒在暂时"堵塞"大孔隙喉道或增加其中流动阻力的同时，分散体系中的注入水转向进入低渗透层区、小孔隙，直接作用于其中的剩余油，实现高效的波及和驱替，可提高注入水利用效率。这一过程由于胶粒在暂堵一段时间后会因后继水挤压变形而突破所暂堵的孔喉、再次暂堵到下一个孔喉……如此数以亿计的胶粒在注采井间不同时间先后、不同空间位置，不断地重复这一同步调驱的过程，宏观上体现为原有的水驱高渗透条带或优势方向的水驱沿程阻力增加，水驱方向不断发生改变，进而提高油藏采收率。

这便是柔性微凝胶分散介质体系调驱新理念，也是一种全新驱油理论的雏形。

柔性微凝胶SMG分散调驱体系是以丙烯酰胺为主要原料，由多种功能成分组成，其聚合和"交联"过程在生产环节同时完成，因此具有较好的环境耐受能力，其主要性能特点有：

（1）SMG颗粒平均原始直径在30纳米～120微米（分为纳米、微米、亚毫米三个级别），水化膨胀后可达到300纳米～400微米，可根据实际油藏孔喉尺寸的分布设计颗粒大小组合。

（2）使用时SMG颗粒在注入水中为分散体系，为非连续驱替相，体系本身表观黏度很低，配制成分散溶液后黏度更低，易于进入中低渗透层。

（3）分散体系中的SMG颗粒在注入水中水化膨胀，在油中不发生变化，在实际孔隙结构中增加水的流动阻力，不增加油的流动阻力。

（4）膨胀后的 SMG 颗粒具有很好的弹性，在储层孔喉中是暂堵—通过—再暂堵的过程，不会永久堵塞、伤害储层，不会大幅降低油井的产液能力。

（5）耐温能力可达 120 摄氏度，耐盐能力达 300000 毫克/升，可直接采用回注污水配制。

（6）不怕剪切，可采用简单工艺在原有注水流程在线注入，管理简单，节省大量建站等投资。

这种新型柔性微凝胶分散体系在地下，相比聚合物和传统交联聚合物可动凝胶，就像有了灵通似的，堵水却不堵油，还能自动适应储层空间。该体系取英文名 Soft Micro Gel，简称 SMG，成为团队持续攻关的方向。

2018 年韩大匡（右）和吴行才在办公室讨论项目进展情况

随着研究的深入，这一全新的驱油理论逐渐成熟，并被命名为"同步调驱"技术理论[1][2]。同步调驱的目的是使注入水无论在宏观还是在微观尺度下，均克服优势流动通道的负面影响，自动地定向波

---

[1] 吴行才，熊春明，韩大匡，等.同步调驱提高石油采收率技术理论与实践[C]//中国石油和化工自动化第十五届年会论文集，2016：19-24.

[2] Wu X C, Meng Q C, Xiong C M, et al. An Innovative EOR Theory for The Target of 70% Recovery Factor—Synchronous Diversion-Flooding Technology Mechanism and Verification by Physical Modeling and Pilot Test[C]. IPTC, 2016.

及剩余油区域，并提高其波及程度，从而大大提高水驱效率，经济高效地达到提高采收率的目的。油藏水驱开发是一个空间连续和时间连续的过程，在不同的空间和时间点，其渗透性能差异是不同的，在空间上和时间上不断地同步调整因不同类别、级别的渗透性差异造成的不同类别、级别优势流动方向，可大幅提高非均质油田的水驱波及效率，进而达到提高采收率的目的。其具体实现在于SMG颗粒水分散体系在储层微观流动的过程中，SMG颗粒与水"分工合作"——大量的颗粒在不同时间和位置上持续、接替地暂堵抑制相对高渗透部位或大孔隙/孔喉的水流，同时水流进入相对低渗透部位或小孔隙/孔喉中，直接驱替其中的剩余油。

在这一原创理论的基础上，针对不同类型不同级别大小的优势流动通道，团队又逐步建立了"分类分级调驱提高采收率技术"，以整个注采流场为研究对象，将由于储层非均质而形成的优势流动通道进行分类和分级。

水流流动形式可以分为两类：一类是管流、类管流，一类是渗流。在压裂裂缝中的流动一般为管流，在原生小、微裂缝中的流动有可能为类管流，也有可能为高速渗流。由于长期注水冲刷形成的具有一定空腔的、次生大孔道中的流动也有可能为接近管流或高速渗流状态，水驱油过程则为通常所说的孔隙渗流。因此，可将优势流动通道分为两类：将接近管流、类管流的优势通道定义为优势水流通道，将处于渗流状态的优势通道定义为渗流优势孔道（隙）。在必要时渗流优势孔道（隙）还可进一步细分为两级：高速渗流的渗流优势孔道和体现大小孔隙间流动差异的常速渗流的渗流优势孔隙。

通过针对性的材料的准确放置，封堵管流或接近管流的水流优势大孔道，有效抑制高速渗流的渗流优势孔道；对微观尺度的渗流优势孔隙则通过材料的注入、移动，持续的调整、改变水驱方向，将扩大波及系数落实到有效波及上来，即实现对注采流场系统整体的波及控制，达到高效波及、高效驱动剩余油、提高水驱采收率的目的。

如此，将分类分级调驱技术方法定义为：根据不同类别、级别优势流动通道对水驱的影响，研究、确定剩余油的分布形式和驱动对策，采用不同的针对性的治理方法；研制、采用一种或组合应用多种调驱剂新材料、优化设计注入方案；通过材料的深部准确放置或深部生成，高效封堵优势水流通道，有效抑制优势渗流孔道，对渗流优势孔隙进行动态的间歇的暂堵干扰，从而实现注入水在不同尺度级别可持续的驱动方向改变，实现在储层深部对全水驱流场系统整体的干预调整，达到高效波及、高效驱动剩余油的目的[①]。至此，分类分级调驱技术完整地建立起来了。

油田应用显奇效

理论建立起来了，凝胶也研发出来了，去哪里找一个试验地点呢？经过筛选确定了板北地区的一个三注三采井组（板836），该区块虽然是一个濒临废弃的小区块，条件苛刻，但团队却觉得这恰是一个很好的试验田，可以更好地考查新技术、新理论的成色。

板北地区油层中部温度高达 105 摄氏度，属中孔隙度中渗透率储层，非均质性严重，地质储量采出程度已高达 64.4%，含水率为 97.5%。2007 年，板北试验区终于开始注入 SMG，很多人都不相信这个试验能有什么效果，压根就不关注。没想到，几个月后试验区明显见效，综合含水率由 96.8% 下降到 91.0%，下降 5.8 个百分点，原油日产水平由原来的 4.1 吨增加到 8.5 吨，示踪剂监测资料也显示可动凝胶注入后，增加了水驱方向。其中中心受益井板新 836 井

---

① 吴行才，熊春明，韩大匡，等. 分类分级调驱提高石油采收率技术理论与方法初探［C］// 中国石油和化工自动化第十四届年会论文集. 2015: 67–68.

见效最为显著，综合含水率由96.3%最多下降到83.0%，日产油由2.19吨上升到7.00吨，最高日增油4.81吨；边井板836-3井是一口因水淹而长停的受益井，调驱后于2007年12月12日开井生产，日产水40立方米，含水率100%，在累计产出水2662立方米后连续产油，日产油最高达到4.5吨，含水率降至92.3%[1]。截至2011年1月，该项目总增油超过一万吨，投入产出比达到1∶12.7，试验取得显著的经济效果。

SMG在坂北地区的成功虽然令现场人员信服，但在油田开发领域仍然有很多质疑的声音。毕竟每块油田的情况都不一样，在一个油田的一口井取得成效，并不代表在其他油田其他井也能取得同样的效果。唯有事实才能打消一切怀疑，韩大匡积极向有关部门建议进一步开展矿场试验，得到了有关领导的支持。在数次相关研究成果的汇报后，2009年9月，SMG分散体系可动凝胶深部调驱体系的第一个正规试验在港西一区一区块开始了。初期地质研究认为地下还有可观的剩余油，并以此为基础设计了试验方案，但当试验开始后，即使是打了新井的地方，也基本100%产水，说明地下剩余油非常少，施工人员的心一下子凉了，储层跟原来预计的已经不一样了，水竟然已经淹到这种程度。随着试验继续进行，初期效果显示远远低于预期，在试验完成计划的三分之一时，试验被叫停了。

就在担心SMG技术很难再继续的时候，另一个矿场试验的显著成功给大家带来了希望。华北油田的泽70断块在2010年1月9日开始注SMG，1个多月就开始见效，效果非常好，日产油最高时由47.6吨升至91.2吨；含水率下降最大时由81.1%降至74.8%，第一期试验增产原油6.08万吨，提高采收率5.8个百分点，降低桶油成本9.6美元[2]。这一矿场试验的显著效果完全证明了SMG理论和方法

---

[1] 韩大匡. 对二次开发的研究工作和若干问题的进一步探讨[M]//韩大匡院士文集. 北京：石油工业出版社，2012：191-214.

[2] Wu X C, Song S M, Xiong C M, et al. A New Polymer Flooding Technology for Improving Heavy Oil Reservoir Recovery–from Lab Study to Field Application– Case Study of High Temperature Heavy Oil Field Z70 [DB]. SPE-174511-MS, 2015.

的正确和成功！不久，一个更出人意料的消息传来了，港西一区被叫停的现场试验，经过一段时间以后，SMG的效果缓慢显现了，这充分证明了分散介质的同步调驱驱油理论。

至此，大家方才松了一口气，多年的辛苦没有付之流水，一项能为中国油田开发作出重大贡献的新技术终于研究成功了。自此，国内外行业逐渐开始接受了这一中国人自己原创的理论和技术。

接下来，在大港、辽河、新疆、青海等不同的油田，甚至在中国海洋石油总公司，在不同的地质条件下，SMG都取得了很好的效果，喜讯纷至沓来。

在大港小集油田官979和官938断块，自2011年8月开始，对19个井组注入SMG，注入时间为48个月，19个井组全部见效。截至2016年12月，阶段增油8.94万吨，阶段提高采收率3.24%，预计有效期内提高采收率5.27%。

在辽河静安堡油田，自2011年起先导试验区投入的10个井组全部见效，日产油从实施前的27.3吨上升至58.5吨，增油降水效果显著，于2013年起扩大应用到14个井组，也取得显著效果。截至2016年12月，先导及扩大区域阶段累计增油5.8527万吨，实施阶段提高采收率2.76%，预计有效期内提高采收率5.12%。

在新疆克拉玛依油田六中东XJ6油藏，自2013年4月始至2015年1月止，2015年2月开始恢复后续注水。试验开始后1个月即开始见效，日产油最高时由16.1吨升至62.2吨；含水率下降最大时由82.0%降至35.8%，2口中心井效果体现更为明显，日产油最高时由4.0吨升至25.1吨；含水率下降最大时由19.7%降至16.5%，无论在注聚期间还是后继水驱阶段都体现了显著的效果[1]。

在青海尕斯库勒油田E31油藏，2012年12月开始注入SMG段塞，月产油量由1313.0吨平均增至2049.6吨，月均增加736.6吨，含

---

[1] Wu X C, Zhang S, Xiong C M, et al. Successful Field Test of a New Polymer Flooding Technology for Improving Heavy Oil Reservoir Recovery – Case Study of Strongly Heterogeneous and Multi-layer Conglomerate Heavy Oil Reservoir XJ6 [DB]. SPE-179791-MS, 2016.

水率由 91.7% 降至 84.1%，降低 7.6%。截至 2017 年底，累计增产原油 18359 万吨，阶段提高采收率 3.14%，可采储量增加 15.04 万吨[①]。

在中国海洋石油总公司渤海秦皇岛 32-6 油藏，自 2012 年始，先后在 13 个注入进组实施了深部调驱技术，增产原油 100195 立方米，少产水 185153 立方米，投入产出比 1∶10.9（100 美元/桶），即使在目前低油价条件下（30 美元/桶）仍然具有经济可行性，投入产出比 1∶3.3[②]。

油田效益越来越好，韩大匡心中说不出有多高兴。增产的一吨吨石油，就像一块块勋章，闪耀着明亮的光芒，映在石油人晶莹的汗水里，映在韩大匡的根根白发上，映在共和国的广袤的土地上。

2020 年 9 月，在北京石大万嘉新材料科技有限公司 SMG 生产基地调研
（左起：吴行才、韩大匡、李淑勤、张建英）

这时的韩大匡，心中还惦记着另外一个油田，那就是传统聚合物驱技术取得大规模成功的大庆油田。近十亿吨的储量进入了

---

① Wu X C, Yang Z J, Xu H B, et al. Success and Lessons Learned from Polymerflooding a Ultra High Temperature and Ultra High Salinity Oil Reservoir – A Case Study from West China［DB］. SPE-179594-MS, 2016.

② Wu X C, Chen W Y, Xiong C M, et al. Successful Sweeping Control Technology Test for Offshore Heavy Oilfield—Case Study of QHD32 Reservoir in Bohai Bay［C］. OTC, 2016.

聚合物驱后水驱开发阶段，采出程度高达50%，含水率高达98%，这部分储量如何进一步挖潜，还没有找到明确的方向。

到了2009年，大庆油田最好的储层，已经进入了特高含水期，产量逐年递减，令大庆油田领导十分头疼。2009年，时任大庆油田有限责任公司董事长兼总经理王玉普曾经专程找到了韩大匡，请他去现场调研，解决聚合物驱后怎么办的问题。

到大庆后，韩大匡不顾年高体迈，亲自坐镇听取报告。听报告是件辛苦活儿，每一个报告都需要即时的思考和做好记录，足足一个星期时间，他们每天从早上到下午，甚至在晚上都连续不断地听报告、和报告人讨论。大庆油田相关技术人员，一个采油厂、一个采油厂地将历史上到现在的每一个三次采油项目，都进行了全面的汇报。

经过全面的分析总结后，韩大匡提出，大庆当前的问题就是聚合物黏度太高造成的。首先应该把聚合物驱以后的状态弄清楚，一个是剩余油在哪里，一个是聚合物在哪里，聚合物的存在有什么影响。韩大匡提出，解决方案就是采用分散介质驱替技术，并提交了一份总结建议报告。

2012年，SMG在矿场的应用已经取得了广泛的成效，而大庆聚合物驱后开发的问题也越来越严重。探索聚合物驱后进一步提高采收率的新技术成为中国石油技术人员不能逃避的任务。

当时的中国石油勘探开发研究院采油工程研究所所长熊春明组织吴行才团队到大庆去向大庆油田的有关领导汇报，得到大庆方面充分的肯定，相关工作快速开展起来。认识事物有一个过程，经过连续几年的方案制定、审查，直到2018年，大庆油田聚合物驱后SMG复合调驱先导试验终于开始实施了。该试验设计段塞0.5PV，在含水率98.4%、采出程度55.38%的情况下，平均日产油量提高了110%，截至2021年10月已实现提高采收率4.9%，预测最终提高采收率6.5%以上，为大庆油田聚合物驱后探索出一条高效可行的进一步挖潜技术途径[1]。

从连续性的交联聚合物可动凝胶的完善，到后来发展出分散性的微凝胶体系，再到 SMG 同步调驱理论和方法的提出、完善，在此基础上，2012 年团队进一步提出"波及控制"的概念，2018 年发展成为一套完善的波及控制靶向驱油理论和配套的技术方法，并逐步得到国内外行业专家的广泛认可。

团队认为：油藏水驱开发是一个空间连续和时间连续的过程，在不同的空间和时间点，其渗透性能差异是不同的，其剩余油的分布是不同的，渗透性能的差异是决定水驱波及效率的主控因素，经典理论立足优化油水黏度比来提高波及效率不是最优选择。团队将波及控制靶向驱油理论定义为：以分散驱替介质为主，从整个注采流场的空域和开发过程的时域着眼，优化组合、次序应用多项新技术新材料，实现对全水驱流场系统整体的有控制的调整，达到微观孔隙尺度的靶向高效波及、高效驱出剩余油，大幅度提高采收率的技术。波及控制靶向驱油理论强调对所有波及技术的系统化、科学化应用，在扩大波及体积的同时要落实到有效波及上来，在保证波及效率的基础上提高驱油效率。概念上增加了主动性、进攻性、针对性和高效率的内涵。

波及控制靶向驱油技术强调对注入水在全流场的流动进行控制、力图对微观孔隙中的分散剩余油进行精确靶向性的波及，在开发理念上有较大的转变和提升。在人类综合科技水平大幅提升的背景下，有利于引导油田开发领域打破经典理论和方法的思维禁锢，研究开发主动型进攻型的技术方法和手段，大幅提高油田开发效率、大幅提高油田最终采收率[2][3]。

---

[1] Wu X C, Zhu Y, Liu X Y, et al. A Successful Field Trial of a New ASP Technology in a High Water Cut and High Recovery Degree Reservoir After Polymer Flooding in North China [C]. IPTC, 2023.

[2] Wu X C, Xiong C M, Han D K, et al. A New IOR Method for Mature Waterflooding Reservoirs: "Sweep Control Technology". SPE-191485, 2014.

[3] 吴行才, 韩大匡, 姜汉桥, 等. 波及控制靶向驱油理论探索与实践 [M] // 中国油气开采工程新技术交流大会论文集. 北京：中国石化出版社, 2019：570-579.

2011年，在韩大匡的带领下，以可动凝胶调驱为主要内容之一的"高含水油田提高水驱采收率技术创新与应用"项目获中国石油和化学工业联合会科技进步一等奖；2017年，以SMG分散体系驱油理论和技术为主要内容的"扩大水驱波及体积新技术及应用"项目又获得中国石油和化工自动化行业科技进步二等奖。

第十一章

数智石油引领者

"小"公式到大数据

韩大匡对采用大数据分析与人工智能新技术，提升、改造和革新常规勘探开发技术，推动油气勘探开发主体技术实现更新换代，具有高度的责任感和使命感。

早在21世纪初，韩大匡就已经开始关注人工智能技术在油田开发领域中的应用，将常规技术难以解决的瓶颈难题的突破，寄希望于数据挖潜和智能化方法的应用。

对大数据与人工智能新技术的重视，源于他对攻克油气勘探开发领域瓶颈难题的渴望。

在一次访谈中，韩大匡表示，他经历了新中国石油工业的整个发展过程，就油田开发的计算方法而言，在大数据与人工智能方法未被广泛重视和应用之前，大致经历了两个阶段的进步：第一阶段是算公式；第二阶段是计算机数值模拟。在20世纪60年代初期，我国油田开发领域主要采用水动力公式均值计算的方法预测产量，得出的结果和实际情况差距很大。80年代至90年代，通过引进、消化、吸收和再创新，发展了油气藏数值模拟技术，改善了均值计算带来的"结果失真"，提升了产量预测精准度，我们国家油田开发领域的计算方法进入了计算机数值模拟的时代。现如今，经过几十年的发展，数值模拟算法不断进步，已成为一项成熟技术，能够适应不同类型油气藏的数值模拟需求。这其中包括黑油模型、组分模型、双重介质模型、热采模型等。

油藏数值模拟本质上是基于计算数学的发展，利用计算机的大容量和高计算速度，对油气藏的开发过程进行全维度的仿真，使我们能够在计算机的虚拟空间内，看到油气藏开发过程的内部变化；使我们对油田开发的认知，从工程师的经验判断，上升到真正的科学决策层面；使油田开发技术有了质的飞跃。然而，源自西方的这项技术在中国应用时，也并非完美无缺，也有其不足或瑕疵，譬如：多层开采时的层间干扰、甚至窜流问题——这个问题长期困扰着韩大匡。为了解决该问题，韩大匡设计了两条技术攻关路线：一是一改传统的有限差分数值模拟方法，采用高维度的有限体积数值模拟方法，使得井模型作为油藏模型的一部分，来解决国内多见的多层开采的油藏模拟问题。他指导他的学生王瑞河经过多年的努力，取得了突破性进展，已大面积应用于我国最大的油气田长庆油田，取得了很好的效果；另一方面，就是换个思路，依托方兴未艾的大数据和人工智能技术进行这方面的尝试和探索。

韩大匡对新技术、新事物具有很强的敏感性，在21世纪初的几年中，他注意到数据挖掘技术的悄然兴起。他在20世纪90年代，对早期的人工神经网络方法就有所了解，那个时期的人工神经网络方法还只有一个中间层，预测能力较弱，在石油工业中的应用仅仅是昙花一现。进入新世纪后，一种在1964年就被提出的统计学习方法，经过不断的改进和扩展，在石油工业领域开始有了更多的应用，这就是支持向量机方法。通过对支持向量机方法的学习，韩大匡似乎看到了希望，他更加深刻地认识到通过对油田现场海量数据的挖掘，有望实现对传统技术的突破。

2006至2008年，他指导博士研究生王继强，采用支持向量机的方法，开展了基于数据挖掘的吸水剖面预测研究，取得了较好的效果。此后，他一直在这一方向上保持关注和研究，希望能够借助数据挖掘的方法，解决常规技术难以解决的问题。

2016至2017年，美国谷歌公司人工智能系统阿尔法围棋（AlphaGo），先后以绝对优势战胜围棋世界冠军李世石、柯洁和中日韩三国数十位围棋高手。从此，在大数据的驱动下，人工智能机器学习领域的新秀——深度学习算法，掀起一场巨大的AI革命，并快速波及各行各业。通过对AlphaGo的关注，韩大匡敏感地注意到，以大数据驱动的人工智能新技术正在向油气勘探开发领域不断渗透。他通过深入的思考和分析，坚定地认为借助大数据与人工智能新技术，能够解决常规技术长期以来难以解决的许多瓶颈问题，进而实现油气勘探开发主体技术的更新换代。

韩大匡兴奋地说，油田开发的计算方法即将踏入技术进步的第三个阶段：基于大数据的智能化发展阶段。在油田开发模拟计算中，1000万的网格数，用最初的手摇式计算器，需要几个月时间，甚至几年；用现代的基于计算机的数值模拟计算，算一次大概需要几十个小时，在实际工作中需要计算很多次，才能达到满意的效果；而基于大数据的人工智能计算，则只需要几分钟。采用新技术，提高的不仅仅是效率问题，更重要的是对精度的提高。新一代人工智能技术精度的提高，源于大数据的赋能。

为了学习掌握大数据与人工智能新技术的原理，耄耋之年的韩大匡虚心向单位从事计算机技术的专家请教，还组织学生开展了文献调研和到掌握大数据与人工智能新技术的公司进行走访交流。他先后组织了与清华大学、北京大学、华中科技大学、中国石油大学（北京）、京东智能城市研究院、华为技术有限公司、谷歌信息技术（中国）有限公司、北京国双科技发展有限公司、东软集团股份有限公司、科吉思石油技术咨询（北京）有限公司等单位的研讨交流。在不同单位的调研会上，在各种各样的研讨会上，他都详细地讲述油气勘探开发主体技术更新换代的生产需求，细致地询问国内外大数据、人工智能新技术的研究进展和在石油工业中的应用现状，深入地了解大数据分析与深度学习具体方法的原理和优缺点。

2020年9月24日，团队在上海与华为公司业务负责人座谈智慧油田
（左起：孙涛、万恒、韩冬、吴行才、韩大匡）

通过广泛的调研，韩大匡增加了对新一代人工智能技术的信心。他在总结调研工作时讲到，过去的BP人工神经网络，在输入与输出端之间只有一个层，所以计算能力比较弱，精细度不够。现在的新一代人工神经网络，在输入端和输出端中间，加入了多个隐含层，当隐含层足够多了以后，许多原本无解的问题都可以找到答案，原本看起来没有关联的事情都可以找到内在联系，隐含层越多，这个规律就越明显，计算能力就越强大，这就是"深度学习"。这让他强烈地感受到新一代人工智能技术的强大优势。

通过调研，韩大匡得出了一个重要的结论，即在油气勘探开发领域，国内外的大数据与人工智能新技术研究均处于起步阶段。基于这样的认识，他提出我们要把握住从过去的在技术上跟跑西方向领跑跨越发展的历史机遇。韩大匡主动找各个层面的领导，在各种会议上阐述他的这个观点，讲解在油气勘探开发领域开展大数据与人工智能新技术研究的重要性和迫切性，积极倡导和推动大数据与人工智能新技术在油气行业的规模化应用。

韩大匡是一个行动派，他不仅仅讲到，还要做到，来证明大数据与人工智能新技术在油气勘探开发领域应用的可行性和必要性。

自2018年开始，韩大匡主持了三个油气大数据方面的大项目，包括中国工程院的重点咨询研究项目"大数据驱动的油气勘探开发发展战略研究"、国家工业和信息化部大数据产业试点示范项目"基于大数据应用的油气勘探开发创新增效示范工程"、中国石油科技攻关项目"石油勘探开发大数据与人工智能关键技术研究"。韩大匡对这三个项目的整体设计是中国工程院战略咨询项目出方向、出思想，中国石油科技攻关项目出技术，国家工业和信息化部示范工程项目作试点、作示范。

在第四次工业革命浪潮乍起之时，韩大匡又一次站在了新石油科技追逐科技浪潮的潮头，一个耄耋之年的老者扛起大数据在石油工业领域应用的大旗，勇当油气勘探开发主体技术智能化更新换代发展的弄潮儿，正是他一贯以来活到老、学到老、创新到老思维方式的体现。

战略咨询出思想

韩大匡以其深邃的思想和超前的意识，始终站在引领技术发展和赶超世界先进技术的战略角度思考问题。

亲自组织过大量调研工作的韩大匡坚定地认为，从大数据与人工智能新技术本身的发展情况来看，美国处于全球领先地位，我国紧随其后，然而无论是美国还是中国，大数据与人工智能新技术在石油产业领域的应用均有所滞后，都还处于起步阶段。我国在石油上游产业中对大数据与人工智能新技术应用还处于起步阶段是毋庸置疑的；面对美国是否处于起步阶段的问题，韩大匡通过对美国大油公司、技术服务公司、高校和小型专业公司4个方面的研究现状分析，认为从总体来看，大数据与人工智能新技术在美国的应用虽然取得个别较好的研究成果，但还处于起步阶段。对比中美两国，从应用现状上来看，其应用水平大体相当。他认为，这给我国的油气勘探开发主体技术发展提供了一个千载难逢的历史机遇，我们必须及时地花大力气抓住这个极好机会，在技术上改变60年来一直处于跟跑的地位，实现换道超车。

如何对待大数据和人工智能新技术带来的这个战略机遇，韩大匡有着极其强烈的紧迫感。他在给中国石油主管科技工作的副总经理焦方正的信中写道，对待大数据与人工智能新技术的重视程度和推动应用的紧迫感不同，可能存在着三种不同的石油科技发展前景：

第一种是我们确实能花大力气抓紧抓好，就有可能实现换道超车，变跟跑为并跑。

第二种是我们对难得的历史机遇重视不够，没有紧迫感，部署拖拖拉拉。那么考虑到美国具有深厚的技术实力，而且近两三年来又有加快发展的趋势，在不远的将来，美国从起步阶段变成为发展阶段，我国完全有可能继续落到跟跑的地步；或者即使我们抓了一段时间，后来懈怠放松了，则也有可能并跑一段时间以后，再次落后变为跟跑。

第三种是我们提出新的赶超美国的战略方案，加强顶层设计，发挥大数据与人工智能的威力，在石油勘探开发主体技术更新换代的高起点上着手，形成新一代的创新技术，这样就比美国仅仅着重于现有技术的应用改造起点更高、深度更深、范围更广，那么有可能在十年以后从现在的跟跑发展成为领跑。

为了实现我国油气勘探开发技术的智能化发展，把握从60年以来的跟跑发展为领跑的战略机遇。2018年下半年，韩大匡联合清华大学吴澄院士，以"大数据驱动的油气勘探开发发展战略研究"为项目名称，组织了中国工程院2019年重点咨询项目的申报工作。该项项目2019年3月8日被中国工程院正式批准立项，共有能源与矿业工程学部、信息学部、工程管理学部三个学部14位院士参与，韩大匡和吴澄两位院士为项目负责人。研究的目标是为支撑在2035年以前实现地震、钻井、测井、油藏描述与油藏工程、装备健康管理与智慧油气田等五项主体技术的更新换代，确立其主要研究内容、技术路线和阶段发展规划，以从技术层面上促进油气勘探开发整体技术的转型升级和高质量发展。

2019年中国工程院重点咨询研究项目启动会合影
（第一排：左2李宁，左6刘合，左7孙龙德，左8韩大匡，左9苏义脑，左10吴澄，左11赵文志，左12戴金星，左13胡见义）

2019年5月7日，中国工程院在北京组织召开了"大数据驱动的油气勘探开发发展战略研究"重点咨询研究项目启动会，韩大匡在会上介绍了立项背景和主要研究内容。

2019年5月7日，参加中国工程院"大数据驱动的油气勘探开发发展战略研究"重点咨询研究项目启动会（北京）并发言

该研究项目由以下五个课题构成：

课题1：地震技术大数据应用发展战略，课题长为地球物理专家郑晓东教授。课题主要研究内容包括梳理国内外油气地震勘探技术发展现状和趋势；提出地震技术更新换代发展方向，开展地震大数据和人工智能技术先导试验研究，推动以实时数据采集、自动化处理和智能化解释为特征的物探技术业务流程变革；提出地震勘探大数据、人工智能技术发展规划，形成地震数智化发展目标、任务和路径。

课题2：大数据驱动下的钻井全过程远程自动控制系统的研究以及新型钻井方式的探索，课题长为钻井专家葛云华教授。课题主要研究内容包括梳理现有钻井技术的目前远程作业和大数据技术应用现状，提出针对性的战略研究方向，研究实现钻井全过程远程自动控制的技术路线，提出主攻方向、路线图和分阶段规划；探索激光钻井是否能够完全或部分替代现有旋转钻井技术。

课题3：大数据驱动下的测井技术更新换代，课题长为测井专家李宁院士。课题主要研究内容包括新一代测井技术理论、技术方法及装备战略规划研究；大数据、人工智能驱动下的新一代测井评价技术发展研究；测井技术升级换代过渡期的关键性仪器装备和解释方法研究。

课题4：大数据驱动下的油藏描述与油藏工程智能一体化技术发展战略，课题长为油藏地球物理与储层地质建模专家刘文岭教授。课题主要研究内容包括调研国内外油藏描述与油藏工程综合研究发展现状和趋势；开展油藏描述与油藏工程智能一体化技术发展顶层设计，提出在云端建立镜像反映和跟踪地下油藏实际变化的虚拟的"数字孪生油藏"发展方案，制定面向2035年的总体发展规划和阶段发展目标、任务和技术方案。

课题5：大数据驱动下的智慧油田建设及其主要装备的健康管理发展战略，课题长为油藏工程专家贾德利教授。课题主要研究内容包括梳理现有的智能油田建设现状，提出建设智慧油田的主攻方向、技术路线和分阶段实施规划；对石油勘探开发全生命周期的各个阶段提出智能化的具体内容；基于勘探、开发、工程一体化的要求，提出实现智慧油田建设的具体实施方案；油气设备健康管理现状及智能化诊断和设备预警研究。

2019年11月，韩大匡出席"大数据驱动的油气勘探开发发展战略研究"项目报告提纲审定会（前排左起：沈平平、童晓光、韩大匡、袁士义）

　　油气大数据与人工智能技术的研究与规模应用，任重而道远，从顶层设计到实施，最后变成现实的生产力，在油气田生产上见到效果，据韩大匡分析，需要三个"五年计划"的时间，预计到2035年可以看到实质的效果。为此，韩大匡要求研究团队要面向2035年开展短期目标与中长期规划相衔接的顶层设计。这是一项非常宏大而复杂的系统工程研究，对于促进我国石油上游产业数字化转型与智能化发展，助力我国石油企业成为世界一流的能源企业，具有极其重要的意义。到目前为止，还没有任何一家国外的大油公司开展过这样全面、系统的智能化发展战略研究。韩大匡对这个项目高度重视，他站在推动技术更新换代和赶超西方国家的高度，思考不同学科未来智能化发展的方向，并在统筹全盘的基础上，思考课题、学科之间的衔接。

对于地震技术的未来发展，他希望发展基于非线性波动理论的地震技术，以代替现有的以均质线弹性波动方程为理论基础的地震技术，期望能够在新理论的基础上，规划发展地震智慧化采集、处理和解释三大系列技术。

对于钻井技术的未来发展，他高度重视对激光钻井等替代现有旋转钻井技术的新型钻井方式的探索，用了大量时间亲自组织调研论证工作。

对于测井技术的未来发展，他积极支持测井技术由目前的孔隙度、饱和度系列向新一代渗透率测井系列发展，还提出进一步扩展测井范围的构想。

对于油藏描述和油藏工程技术的未来发展，他提出发展虚拟数字油藏的构想，后来在研究的过程中，研究团队综合考虑数字孪生在石油工业的应用，提出数字孪生油气藏新理念，在这一领域确立了发展数字孪生油气藏这一多学科综合研究的新方向。

对于智慧油田建设的未来发展，他提出要在集成所有主体技术更新换代的基础上，把目前的智能油田建设由仅限于油田开发运行阶段的做法，发展到从勘探到开发的全过程。他提出智能油田、智慧油田建设要服从技术和管理两个层面的要求。一是在技术层面上，要在集成油气勘探开发主体技术更新换代的最新成果的基础上，以岩石物理为基础，加强模型驱动、数据驱动和知识驱动三个驱动融合的多学科、多物理场和各种创新技术方法的密切结合与综合应用，实现从实时感知到认知，最终形成全面掌控油气田地面生产系统和地下动态变化的总体综合优化的更新换代技术。二是在管理层面上，要在充分应用上述全盘新一代智慧化技术的基础上，发展油气勘探开发全部业务流程和生产运行系统的分层次的智慧化科学管理系统，以及主要装备，包括实时诊断和风险故障预警在内的健康管理，以实现增储上产、降本增效、减员降耗、绿化环保的目标。

2021年9月，与李阳院士探讨智慧油田的概念与架构
（前排左起：韩大匡、李阳；后排：吴行才）

在2019至2021年的大部时间里，韩大匡花费了大量的心血，全身心地扑在了这个中国工程院战略咨询项目上，他查阅大量的资料，每天工作到深夜，由于用眼过度，加剧了双眼黄斑病变，视力变得越来越差。加上原本就患有糖尿病和帕金森病，长期高强度的忘我工作，他在项目即将结题之时，再也坚持不住了，2021年4月在一次跌倒之后，住进了北京医院，检查出血色素严重偏低。即便是在后来的住院期间，韩大匡对项目的验收总结工作总是挂在心上，他经常给负责编写项目总结报告的学生曾萍打电话，也给各个课题长打电话，商量技术发展方案和规划的细节，每个电话都要讨论将近1个小时时间，通常都是护士来打吊针，或是医生来查病房，才不得不挂掉电话。他的这种认真负责、忘我工作的精神打动着每一位项目组的研究人员，大家共同努力圆满地完成了各项研究任务。

2021年8月10日，中国工程院组织由倪光南、罗平亚、袁士义、李阳、李根生、孙金声、邹才能等7位院士和马新华、姚军、宋考平3位知名专家组成的评审专家组，对"大数据驱动的油气勘探开发发展战略研究"咨询项目进行了结题评估验收。验收意见评价认为：项目研究聚焦中国大数据驱动的油气勘探开发发展战略议题，在分析国外油气勘探开发人工智能技术的现状、趋势、限制、应用条件和措施的基础上，提出了我国油气勘探开发人工智能技术发展的举措建议，为2035年实现油气勘探开发中物探、钻井、测井、油藏描述与油藏工程、采油工程和智慧油气田建设等主体技术更新换代，确立了重要研究内容、技术路线和阶段发展规划。覆盖油气勘探开发主体技术、人工智能技术、数字转型观念及科技创新等多个方面。研究成果意义重大，能够为国家科学决策油气勘探开发人工智能技术发展提供重要支撑。

韩大匡在医院病房中带着鼻饲和吊针在线上以视频的方式参加了验收会议，当视频中传来他那带着病痛的音容，当他发言致谢后，向大家挥手再见，会场上的每一个人都为这位年近九旬的老科学家的忘我工作和拼搏奉献精神所感动。

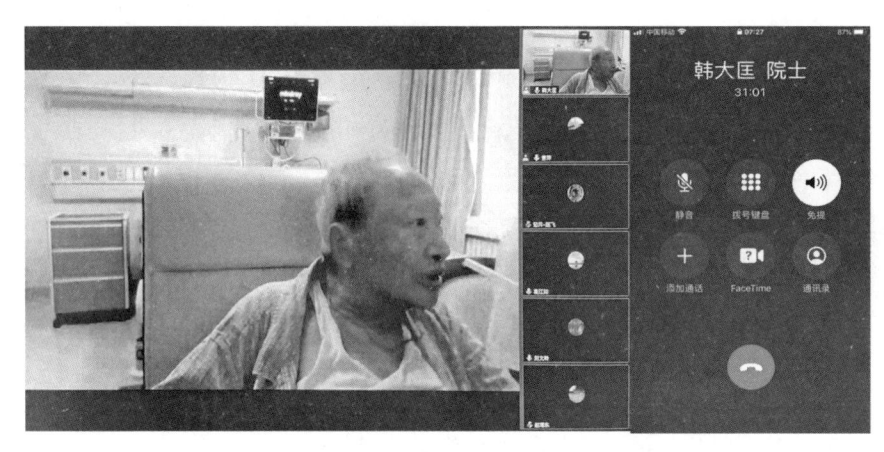

韩大匡在病房以视频方式参加验收会议

科技攻关出技术

为了把战略研究成果付诸实施，在2018年下半年起草中国工程院"大数据驱动的油气勘探开发发展战略研究"咨询项目申请材料之时，韩大匡就同步谋划开展油气勘探开发大数据与人工智能关键技术的研究。

在中国石油天然气集团有限公司科技管理部副总经理钟太贤的支持下，2018年11月，韩大匡牵头组织的中国石油科技攻关项目"石油勘探开发大数据与人工智能关键技术研究"正式立项，开启中国石油首次以大数据与人工智能为题的技术攻关。

该项目的总体研究目标是围绕油气勘探开发技术智能化发展的需要，深入研究非线性智能地震储层预测、基于大数据分析的测井评价、多信息融合深度学习储层建模、分层注水量深度学习智能劈分、老油田油藏精细分析等特色技术，将大数据与人工智能先进技术深化应用到地震、测井、地质和油藏工程等专业领域，推动油气勘探开发关键技术向智能化升级换代转型发展。

项目组成员由韩大匡、刘合、李宁三支院士团队和地球物理专家郑晓东教授团队共同组成，韩大匡担任经理，刘合、刘文岭、袁江如担任副经理，李宁担任高级顾问，由以下五个研究任务构成：

研究任务1：数据驱动的非线性智能地震储层预测技术研究，任务负责人为郑晓东教授。

研究任务2：基于大数据分析的测井评价新技术研究，任务负责人为李宁院士团队的测井专家武宏亮。

研究任务3：基于深度学习的储层参数三维空间建模技术研究，任务负责人为刘文岭教授。

研究任务4：分层注水量智能劈分技术研究，任务负责人为韩大匡院士助理袁江如高级工程师。

研究任务5：大数据驱动下的老油田油藏精细分析技术研究，任务负责人为刘合院士团队的贾德利教授和张吉群高级工程师。

经过两年多的技术攻关，该项研究发展了深度学习驱动的储层非均质特征地震刻画技术，建立了非线性地震储层预测人工智能解决方案；形成基于深度学习的多信息融合储层渗透性评价、参数预测与有利储层测井评价技术，推进了测井解释技术智能化发展；创建了多信息融合深度学习储层地质建模技术，为储层地质建模提供了人工智能技术新方案；建立了基于深度学习的分层注水量劈分技术，为开展以地质小层为单元的历史拟合和精细油藏数值模拟奠定了基础；发展了大数据驱动下的老油田油藏精细分析技术，为高效挖潜高含水油田剩余油提供了技术支撑。项目研究共形成9项石油勘探开发大数据与人工智能关键技术：（1）基于非线性的地震数据特征挖掘技术；（2）基于深度学习的储层非均质特征地震刻画技术；（3）多维信息融合的储层测井渗透性评价与储层参数预测技术；（4）基于大数据分析的有利储层测井评价技术；（5）多信息融合深度学习储层属性建模技术；（6）基于深度学习的分层注水量劈分技术；（7）基于大数据的智能识别分层注采流动关系技术；（8）基于大数据的多层多向产量劈分技术；（9）水流优势通道自动识别技术。

项目研究成果在川中、塔里木、新疆、大港、大庆等油田得到有效应用，研发的新技术油田现场典型区块应用验证井符合率达到80%以上，验证了人工智能新技术在地震、测井、地质建模、油藏工程等领域应用的可行性。此项研究系列配套技术的研发成功，在不同的学科领域发挥了智能化研究的带动和引领作用，为勘探开发主体技术智能化发展奠定了基础。

这个项目研究取得的成功更加坚定了韩大匡的信心，他希望能够开展更全方位、更加深入的研究，以加快油气勘探开发主体技术的智能化发展和更新换代的步伐。他给中国石油主管科技的领导写报告，建议将中国工程院咨询项目研究成果中经过严格审定达到开题设计要求的重点内容纳入中国石油"十四五"科技规划之中，希望加大关键技术智能化研究和推广应用的力度，及时把研究成果转化为生产力。

2020年4月，参加中国石油勘探开发研究院举办的石油勘探开发人工智能技术研讨会，系统讲解大数据人工智能在油气勘探开发中的应用及实施建议

为了获得立项支持，韩大匡找到各个层面的领导主动沟通、全力推介，阐述他对于发展油气大数据与人工智能新技术的种种构想。韩大匡认为第四次工业革命浪潮给中国石油工业赶超西方强国带了难得的机遇，他要带领大家把握住这个机遇。所以，他忘我地工作，希望将他对油气勘探开发主体技术的更新换代的构想付诸实施。在和他的交流中，人们时常会听到由"跟跑"到"并跑"，再到"领跑"这样的话语，这是他在激励大家，也是他在为自己加油！他在为中国石油工业的数字化转型与智能化发展奔跑，也在为倡导和推动这项伟大的系统工程而疾呼。

随着年龄的增长，身体状况逐渐变差，韩大匡越发意识到带动更多的人员参与到油气大数据与人工智能研究之中的重要性。他说"事业的成功要靠组织保障"，基于这样的想法，他提出搞油气大数据与人工智能要"一马当先，万马奔腾"。所谓的"一马当先"，就是以国家队作为先遣小分队，开展智能化发展规划和关键技术研究；"万马奔腾"是每个基层科研单位广大科研人员，甚至石油体系外的学校、科研单位、私营公司都能够树立智能化发展的理念，自觉开展大数据与人工智能技术攻关，更重要的是要建立专门的人工智能

2018年参加世界人工智能大会
（前排：左2韩大匡，左3李淑勤，左4曾萍）

研究机构。为此，韩大匡向所在单位中国石油勘探开发研究院的有关领导提出建立人工智能研究中心的建议。他的建议得到了相关领导的重视，2020年7月1日，中国石油勘探开发研究院人工智能研究中心正式成立，这标志着中国石油将在油气勘探开发智能化发展的道路上，开展更广泛、更深层次的科技攻关。

产业试点作示范

2017年11月6日，国家工业和信息化部印发了《工业和信息化部办公厅关于组织开展2018年大数据产业发展试点示范项目申报工作的通知》。国家将围绕大数据关键技术产品研发、重点领域应用、产业支撑服务、资源整合共享开放四个方面，遴选一批大数据产业发展试点示范项目，通过试点先行、示范引领，总结推广可复制的经验、做法，推进大数据产业健康有序发展。韩大匡想要把握住这个机遇，推动大数据在油气勘探开发领域的试点示范研究。

2017年12月27日，在韩大匡的主导下，以"基于大数据应用的油气勘探开发创新增效示范工程"为题，经中国石油天然气集团有限公司推荐，中国石油集团科学技术研究院向国家工业和信息化部申报了2018年大数据产业发展试点示范项目。

2018年10月27日，国家工业和信息化部印发了《工业和信息化部办公厅关于公布2018年大数据产业发展试点示范项目的通知》，经各单位推荐、专家组评审、网上公示等环节，确定了200个2018年大数据产业发展试点示范项目。韩大匡牵头申报的"基于大数据应用的油气勘探开发创新增效示范工程"项目名列其中，这是在新的历史时期，韩大匡主导的第一个以大数据为题的国家项目。

自从2016年、2017年，谷歌公司阿尔法人工智能系统大战人类围棋冠军掀起新一代人工智能的科技浪潮，到2018年国家工业和信息化部公布大数据产业发展试点示范项目名单，也就短短的一年多时间，足可见我国对新技术发展的重视。也就是在这短短的一年多时间里，韩大匡组织申报了国家级大数据产业发展试点示范项目，足可见他对新技术发展的敏感。

在国家层面上，党和政府高度重视大数据、人工智能等新技术的发展，人工智能被确定为引领未来发展的战略性技术。习近平总书记在党的十九大报告中指出，"要推动互联网、大数据、人工智能和实体经济深度融合，建设数字中国、智慧社会"。2017年7月8日，为抢抓人工智能发展的重大战略机遇，构筑我国人工智能发展的先发优势，加快建设创新型国家和世界科技强国，国务院印发了《新一代人工智能发展规划》，提出到2030年人工智能核心产业规模超过1万亿元，带动相关产业规模超过10万亿元的规划部署。

在石油行业方面，据美国咨询公司Research and Markets报告预测，在石油和天然气领域，人工智能市场预计到2022年将达到

28.5亿美元。人工智能的快速发展对油气领域的影响已经开始显现，油气勘探开发技术正处于智能化更新换代的窗口期。

正是在这样的大背景下，韩大匡以敏锐的视角和历史责任感，在他耄耋之际，以舍我其谁的奉献精神，不顾体弱多病，勇敢地扛起了倡导和推动大数据与人工智能新技术在油气产业发展的大旗。

自2018年开始，他组织有关单位，开展了国家工业和信息化部2018年大数据产业发展试点示范项目"基于大数据应用的油气勘探开发创新增效示范工程"研究。

经过两年多的攻关，该项示范工程项目利用海量实时/历史的自动采集、测试和分析化验数据，将大数据与人工智能新技术深化应用到油气勘探开发业务中，在中长期规划、地震、测井、储层地质建模、油藏工程和采油工程等多个专业领域，依托大庆、长庆、大港等多个示范油田，开展了基于大数据应用的油气勘探开发创新增效示范工程建设，创新发展和示范应用了6大类基于大数据应用的智能化关键技术，为油气田中长期规划、地震储层预测、测井评价、储层地质建模、油藏工程和采油工程等勘探开发领域主体技术的更新换代，构建了示范模板，提供了大数据应用与智能化发展解决方案，圆满地完成了项目申报书的建设内容，实现了项目建设目标，对大数据与人工智能新技术在油气勘探开发领域的规模化应用，发挥了重要的技术引领和示范作用。

在示范工程建设中，韩大匡注重联合其他项目协同示范，以中国工程院战略咨询项目取得的理论认识和关键技术顶层设计方案为指导，扩展了示范工程建设范畴，将示范建设内容由申报书中剩余油预测、开发中长期规划指标预测、地震储层渗透性参数预测、复杂油气藏测井精细评价等4项单项技术，向油气勘探开发较为完整的主体专业学科领域扩展，创新发展与示范应用6大类基于大数据应用的智能化关键技术：基于大数据的石油勘探开发中长期规划指标预测技术、数据驱动的非线性智能地震储层预测技术、基于大数据分析的测井评价新技术、多信息融合深度学习储层地质建模技术、大数据深度学习剩余油预测技术、基于物联网和大数据的油井智能生产技术，扩展了大数据在油气勘探开发主要领域的应用，超额完成了示范工程建设任务。

示范应用表明，该项目示范建设的大数据应用与智能化技术的精度指标，均好于目前油气田现场应用的常规技术，体现了基于大数据的油气勘探开发人工智能新技术的优越性和适用性。

2021年4月，参加工信部大数据产业发展试点示范项目内部讨论会
（右1韩大匡，右2刘文岭）

为了起到更广泛的示范作用，除了项目组织的油田示范与推广应用之外，韩大匡与项目组其他专家，以接受媒体专访、学术会议报告、培训讲座、建言建议等方式，在全国油气行业范围内对项目建设成果进行了广泛的宣传推广。2018年10月30日，中国企业报以《迎接大数据与人工智能科技浪潮，促进石油勘探开发技术升级换代》为题，2019年5月27日，中国能源报以《大数据让油气田焕发活力》为题，均刊发了该项目"基于大数据应用的油气勘探开发创新增效示范工程"入围国家工业和信息化部2018年大数据产业发展试点示范项目，及其有关进展的报道。这一系列的宣传推

广工作，扩大了大数据产业发展试点示范项目的影响力和示范带动作用，掀起了整个油气行业大数据与人工智能新技术的研究与应用热潮。

2021年4月15日，国家工业和信息化部委托中国石油信息管理部组织了"基于大数据应用的油气勘探开发创新增效示范工程"项目的评估验收工作，专家组评价认为：该项目对大数据与人工智能新技术在油气勘探开发领域的创新发展与深入应用，发挥了重要的技术引领与示范带动作用，促进了油气行业智能化发展。

在这个阶段，已届耄耋之年的韩大匡尽管体弱多病，但是他仍然坚持每日工作和思考，他在为我国石油工业的数字化转型与智能化发展构思宏伟的蓝图。他提出的"一马当先，万马奔腾"的构想已经初步实现。2020年，中国石油先后成立了中国石油勘探开发研究院人工智能研究中心、昆仑数智科技有限责任公司，专门致力于油气行业数字化转型与智能化发展相关技术的研发与推广应用。在新的研究机构里，科学家和工程师们利用最新的技术和算法来处理海量的数据，并开发出具有预测和决策能力的智能系统。这些系统可以帮助石油公司更好地管理资源、降低成本、提高安全性，并推动行业的可持续发展。

第十二章

学术思想指方向

三个阶段发展历程

第十二章 学术思想指方向

韩大匡自20世纪50年代以来长期从事油田开发研究工作，先后参加过玉门油田注水方案设计、川中会战、大庆会战，主持编制全国油气田开发长远发展规划和年度配产方案，为各个历史时期的总部机关决策提供参谋，参与制定有关技术政策和规划，指导和审查各油田的开发方案和调整方案。这样的经历使得韩大匡站位高，具有高瞻远瞩的视野，始终以全局的角度思考和关注我国油田的高效开发与可持续发展问题。

韩大匡的学术成长经历和学术思想发展历程可以分为以下三个阶段。

第一阶段，从20世纪50年代到世纪末，韩大匡在这一时期结合苏联和欧美先进技术之长对我国非均质非常严重的陆相储层开发理论技术进行了再创新，是我国油藏数值模拟技术和三次采油技术提高采收率的开拓者。60年代他就提出了许多油藏数值模拟的重要基础概念，1979年出国考察发现我国油藏数值模拟技术远远落后于国外，之后便大力推动拉开了引进学习追赶的序幕，"七五"期间主持了国家重点科技攻关项目"油藏数值模拟技术"，与合作者共同开发了自主产权的软件模块46项，适用于常规及裂缝等4种主要油田类型，为我国油藏数值模拟技术的发展奠定了基础，"油藏数值模拟技术"成果获1992年国家科技进步奖二等奖。在这一时期，韩大匡还率先开展了聚合物驱三次采油的试验研究，1965年在克拉玛依油田进行了国内首次聚丙烯酰胺驱油的现场试验，取得了降水增油的明显效果；1981年赴美国详细考察了解美国的化学驱采油全貌，回国后依据国内油田实际情况明确了化学驱是主要的三次采油技术，指明了聚合物驱油是当时的主攻方向、表面活性剂驱油是战略接替、CO_2等气体混相驱作为战略储备的发展方向；1985年担任国家"七五"攻关项目"三次采油技术"领导小组组长并制定三次采油的战略目标，完成了"中国注水开发油田提高原油采收率潜力评价及发展战略研究"项目，在大庆油田和大港油田开展聚合物驱现场先导试验提高采收率10%~12%，成果获中国石油天然气总公司一等奖；1990年组建了由中国科学院和中国石油天然气总公司合办的胶体与界面科学联合实验室及其学术委员会，并担任学术委员会主任，解决了表面活性剂体系的问题，并在胜利油田孤东7区取得成功。这一阶段韩大匡的主要学术思想成果是从我国陆相油藏的具体地质条件和开发历程及发展的阶段性出发，提出了我国高含水老油田已进入深度开发新阶段的重要论断。总结了这个阶段地下剩余油分布的总格局和总特点，指出油层内剩余油已呈高度分散状态，但仍有相对富集的部位；分析了新阶段油田开发在工作目标、挖潜对象、研究深度以及技术措施等方面所发生的新变化；提出在深度开发的新阶段，首要的任务仍是进一步扩大注入水的波及体积提高水驱采收率，同时也要重视三次采油，在更深的层次上开采注水所采不出的原油；主张进一步扩大注入水波及体积的前提和关键是加强对地下剩余油分布规律的研究，为此要采取动静结合、多学科综合的办法，大力发展油藏精细描述、水淹层测井、精细数值模拟等配套技术；指出进一步提高水驱采收率的途径是因地制宜地采取打高效调整井、按流动单元完善注采井网、各种水动力学方法、调剂堵水、水平井侧钻等多种办法进行综合治理。

第二阶段，从21世纪开始到2016年，韩大匡率领研究团队探索出适合国内特高含水油田深度精细开发的创新之路，倡导与推动了开发地震、新型可动凝胶、分散微凝胶调驱技术在我国高含水油田的规模化应用。这一时期，韩大匡学术思想体系得到了进一步丰富和发展，提出了高含水油田二次开发理念、对策和技术路线，将深度开发理念发展成为深度精细开发理论，指导和推进了中国石油高含水油田"二次开发"工程的实施，为高含水油田深度精细开发作出积极贡献。

第三阶段，从2017年开始，以大数据、人工智能新技术为特色的第四次工业革命迅猛发展，快速波及各行各业，韩大匡带领研究团队构建了智能化时代下石油勘探开发主体技术更新换代目标与方案。他主持了国家工业和信息化部大数据产业发展试点示范项目"基于大数据应用的油气勘探开发创新增效示范工程"和中国工程院重点咨询研究项目"大数据驱动的油气勘探开发发展战略研究"，被工信部聘请为人工智能专家，在地震、钻井、测井、采油、油藏工程多个学科探讨了将大数据引入后所带来的技术革命，给出了较完备的智慧油田从定义到实现的路径。在这一阶段，韩大匡的学术思想向推动石油勘探开发数字化转型智能化发展转变，提出了智慧油田建设新理念。指出智慧油田包括管理和技术发展两个层面，在大数据人工智能驱动下，融合多源多维信息技术，提供信息全面感知、多学科融合对比、适时监测等相互作用、相互影响的能力，以达到智慧的效果；通过模型驱动、数据驱动、知识驱动和多学科、多物理场融合，实现从感知到认知进而全面掌控，实现勘探开发一体化、工程地质一体化、前方后勤一体化、研究生产一体化。韩大匡指出充分利用大数据与人工智能可以使我国的油气勘探开发技术实现从跟跑到并跑甚至领跑的跨越，进而建立自主自强的更新换代新技术。

深度精细开发理论

早在20世纪80年代后期，韩大匡就开始研究不同含水阶段油藏内油水分布规律，特别是对剩余油分布格局的变化及其对油田开发的影响有深刻的认识。当时正值"七五"中期，从"六五"开始的全国规模的"以细分开发层系及加密井网"为主要内容的油田综合调整工作基本结束，当时的低油价已难以支撑继续沿用这种均匀加密井网的调整方式，下一步该怎么办？韩大匡通过对大量的油田开发实践资料进行理论上的概括，提出"不同含水阶段，油藏内存在着不同的剩余油分布格局，应该采取不同的开发对策和技术路线"，并且具体提出：当含水率为60%左右时，油田开发进入高含水初期，油藏内低渗透层还存在着大片连续的剩余油；而当含水率超过80%，油田进入高含水后期以后，油藏内剩余油分布发生了重大变化，转变为"整体上剩余油已经高度分散，仅在局部还存在相对富集部位"的格局。韩大匡将高含水后期的剩余油富集区归纳总结为以下8种主要类型[1][2]：

（1）不规则大型砂体的边角地区，或砂体被各种泥质遮挡物分割所形成的滞油区；

（2）岩性变化剧烈，主砂体已大面积水淹，其周围呈镶边或搭桥形态存在的低渗透差储层或表外层；

（3）现有井网控制不住的砂体；

（4）断层附近井网难以控制的部位；

（5）断块的高部位，微构造起伏的高部位，以及切叠型油层的上部砂体；

（6）优势通道造成的水驱不到的地方，层间干扰形成的剩余油，以及井间的分流线部位；

（7）正韵律厚层的上部；

（8）注采系统本身不完善（如有注无采、有采无注或单向受效等）而遗留的剩余油。

根据这些新的认识，韩大匡预见到"六五"以来老油田以细分

---

[1] 韩大匡，万仁溥. 多层砂岩油藏开发模式[M]. 北京：石油工业出版社，1999.

[2] 韩大匡. 深度开发高含水油田提高采收率问题的探讨[J]. 石油勘探与开发，1995，22（5）：47-55.

开发层系和加密井为主要内容的综合调整阶段,将在"七五"末基本结束,老油田将进入深度开发的新阶段。在1995年于《石油勘探与开发》第22卷第5期发表的《深度开发高含水油田提高采收率问题的探讨》[①]一文中,韩大匡对高含水油田深度开发新阶段的目标、任务、特点等作了比较细致的阐述,指出在这个新阶段里,高含水油田的挖潜对象将逐步转为开采分散的、差储层中的剩余油。首要的任务是认真研究各油藏内剩余油的具体分布形态,需要通过发展多种技术,综合攻关,研究剩余油饱和度的分布,包括进行油、水井的分层测试、水淹区钻密闭检查井、进行水淹层饱和度测井、建立地质模型以及进行数值模拟研究等。其次是针对剩余油富集区进行综合治理,通过进一步完善和强化注采系统,增加注采井数比,进一步提高采收率,在搞清剩余油分布的基础上,针对剩余油田相对富集的地区,研究完善和强化注采系统的方案,尽可能利用老井转注,必要时也可局部地打少量以注水井为主的调整井,较大规模地调整时应进行压力系统的运算及必要的数值模拟分析,评价调整方案的效果,以及确定提高排液量的方法和步骤,以弥补因转注而损失的油量。同时还提出了各种提高采收率的配套技术措施,通过提高油井堵水和注水井调剖技术水平、发展压裂及酸压技术、完善提高配套机械采油工艺技术、因地制宜发展多种多样的注水技术等配套技术,以提高水驱采收率。在具体措施上,韩大匡强调要改变过去仅以单井为工作对象的做法,要逐步做到"从整体油藏着眼,注采对应,系统设计,技术配套,综合治理"[②]。

进入21世纪以后,我国各大主力老油田综合含水率又进一步增加到90%左右,陆续进入特高含水阶段。老油田开发形势面临更为严峻的挑战,产量普遍发生递减,过去行之有效的常规加密调整等

[①] 韩大匡. 深度开发高含水油田提高采收率问题的探讨[J]. 石油勘探与开发, 1995, 22(5): 47-55.

[②] 韩大匡. 加强科学实验提高注水采收率有效开发复杂油田,石油工业部油田开发建设工作会议, 1987.

措施效果越来越差,进一步提高水驱采收率亟待提出新的战略对策。

2001年韩大匡当选中国工程院院士后,选择了当时油田开发界最感困扰、难以下手的进一步提高水驱采收率问题,作为自己的主要研究方向。

2003年至2004年,韩大匡作为"国内油气资源开发战略"专题的副组长,参加了中国工程院牵头承担的国家重大咨询课题"中国可持续发展油气资源战略研究"。这项研究是国务院原总理温家宝同志提出的课题,他亲自登门请两院院士侯祥麟出任课题的负责人。课题研究期间,温家宝同志先后两次听取汇报,并对研究工作提出要求,于2004年6月25日亲自验收了这项咨询研究的结题报告。8月24日国务院举办当年的第四次学习讲座,国务院和有关部委领导同志听取了该课题成果报告。

对于这项咨询研究课题,温家宝同志作了多次重要讲话和指示。在阶段工作汇报会议上指出,《中国可持续发展油气资源战略研究》阶段报告(纲要)科学地分析了我国和世界油气资源的现状及供需发展趋势,提出了我国油气资源可持续发展的总体战略和指导原则、措施和政策建议。在课题成果汇报会上温家宝同志指出,这一研究成果,对于制定国家中长期经济社会发展规划和能源战略具有重要意义。

在该项研究中,韩大匡担任专题副组长的"国内油气资源开发战略"研究,提出了"老油田开采技术方针的战略调整"和"我国注水开发油田未来技术发展方向",其中"储层精细描述和剩余油分布预测技术""地层深部调驱技术"是韩大匡多年来组织团队研究的结晶。"国内油气资源开发战略"研究为他在高含水油田开发领域开展更加深入的理论研究奠定了基础。

理论研究指导技术发展的方向,技术的可行性反过来也是理论的基础。一项理论再高明,没有可行的技术体系为基础,也只能是纸上谈兵。为此,2001年当选中国工程院院士后,韩大匡立即组建研究团队，着手对制约老油田有效开发的技术难点问题进行研究。在中国石油勘探与生产分公司科技项目"高含水后期剩余油分布预测集成技术"（2002—2004）、大港油田横向项目"复杂断块油藏井间储层及剩余油富集规律研究"（2005—2007）和大庆油田横向项目"大庆长垣杏树岗地区精细油藏描述及评价研究"（2007—2009）等项目的支持下，以大庆和大港油田为研究对象，从地震资料处理解释、精细地质研究、地震约束储层地质建模和精细油藏数值模拟等方面开展多学科综合研究，取得了良好的实施效果。

2002至2004年开展的"高含水后期剩余油分布预测集成技术"研究是基础，该项研究以大庆杏树岗油田杏4-5行列丙北块为重点解剖区，开展开发地震系统性研究，证实了韩大匡关于在高含水老油田大力发展开发地震论断的科学性，论证了在老区推广应用开发地震的必要性、可行性和有效性。

为了进一步证实"高含水后期剩余油分布预测集成技术"研究取得的成果认识，韩大匡积极组织开展更大范围的推广应用研究。先后在大港油田港东一区一断块开辟试验区，开展了"复杂断块油藏井间储层及剩余油富集规律研究"；在大庆杏树岗油田，以杏北整个采油四厂全区为放大试验区，开展了"大庆长垣杏树岗地区精细油藏描述及评价研究"。通过大庆和大港两个研究区的进一步研究，韩大匡和他的研究团队建立了两个方面的技术系列：

一是创建了高含水油田开发地震关键解释技术系列，研发了以井中断点引导为重点的井控断层解释技术、地震约束分层插值构造成图技术、地质小层约束地震精细反演方法和地震约束边控储层地质建模技术，实现断距3米以上断层、幅度5米以上构造和薄互层中2米厚度以上砂体的精细解释。

二是创新了多信息剩余油定量化表征技术系列，研究和发展了注水量劈分、分层历史拟合、多尺度网格、开窗模拟和并行计算等新技术，为精细量化剩余油在小层中的分布开辟了新途径。

这两项研究都进一步证实了在老区开展开发地震的必要性、可行性和有效性，也证实了通过开展开发地震研究，进一步精细刻画地下断层、构造、储层，在此基础上建立高精度储层地质模型，为精细油藏数值模拟提供高品质的模型输入，有效提高剩余油预测精度，这一构想的有效性。

通过这一系列的研究，韩大匡更加坚定了在老油田开展开发地震和精细油藏数值模拟为进一步的深度开发奠定基础的信念。在项目研究期间，他就在各种会议上不遗余力地宣传他的新思想，2005年3月，韩大匡还给中国石油主要领导和主管科技、油田开发的相关领导统一写了一份建议报告——《关于提高剩余油分布预测精度，改善水驱效果提高老油田采收率的建议》，他向公司领导正式提出"剩余油预测的关键是建立高精度确定性储层地质模型，其重点和难点在井间，地震是直接提供井间信息的最有效技术，地震储层预测是建立高精度地质模型的基础，建议大力发展开发地震技术"。

韩大匡对上述研究取得的成果和思想认识进一步梳理，2007年，在《石油学报》第28卷第2期发表了论文《准确预测剩余油相对富集区提高油田注水采收率研究》，提出了准确预测剩余油相对富集区提高油田注水采收率的技术思路及对策，指出"经过几十年的开采，我国国内主要的老油田已进入高含水后期甚至特高含水期，地下剩余油呈'整体高度分散、局部相对富集'的状态，传统的油藏描述方法已不能准确地描述和预测处于十分复杂分布状态的地下剩余油。因此，准确预测油层中剩余油、特别是其富集部位的分布状态，将是高含水油田进行调整挖潜、提高注水采收率的基础和关键。为此，综合运用地质、开发地震、测井、精细数值模拟等技术，搞清剩余油的分布状况，在剩余油富集部位钻出各种类型的不均匀高效调整井（包括直井、侧钻井、水平井或分支井）或实施其他综合调整措施，可以更有效地采出剩余油，提高油田注水采收率"[①]。

---

① 韩大匡. 准确预测剩余油相对富集区提高油田注水采收率研究［J］. 石油学报，2007，28（2）：73-78。

2007年，中国石油制定了高含水油田二次开发战略。时任中国石油天然气股份有限公司副总裁的胡文瑞院士对高含水油田二次开发作了科学系统的阐述[1]，提出了重构地下新的认识体系、重建井网结构、重组地面工艺流程的"三重"指导方针，对这项工作的推进发挥了积极的主导作用。二次开发工程是一项复杂的开放式大系统工程，其对象主要是含水率达到85%以上，可采储量采出程度达到70%以上的老油田，目标是实现采收率较大幅度提高。

韩大匡在前期研究的基础上，结合自己提出的深度开发理论对高含水油田二次开发也进行了深入的思考和研究。2007年6月，他向中国石油管理层递交了《关于高含水油田剩余油分布预测与提高水驱采收率的思考、认识与建议》报告，引起中国石油主要领导的高度重视，要求积极有序推进。2008年2月，韩大匡再次向管理层递交报告《关于高含水油田二次开发理念、对策、技术思路和建立示范区的建议》，时任中国石油天然气股份有限公司副总裁的胡文瑞院士对此项建议作出批示，指出"二次开发理念的定位、三条挖潜措施、10条技术思路和示范区建设等都具有重大的现实意义"，并要求将韩大匡于1995年发表的题为《深度开发高含水油田提高采收率问题的探讨》的论文、2007年递交的《关于高含水油田剩余油分布预测与提高水驱采收率的思考、认识与建议》报告和2008年《关于高含水油田二次开发理念、对策、技术思路和建立示范区的建议》报告，作为中国石油二次开发的指导性文件。

2010年，韩大匡将他对高含水油田二次开发的思考和研究成果进行了总结，撰写了《关于高含水油田二次开发理念、对策和技术路线的探讨》这篇有重要影响的论文[2]，分别在《石油勘探与开发》中文版和海外版上发表。其英文稿《On Concepts, Strategies

---

[1] 胡文瑞. 论老油田实施二次开发工程的必要性与可行性[J]. 石油勘探与开发, 2008, 35 (1): 1–5.

[2] 韩大匡. 关于高含水油田二次开发理念、对策和技术路线的探讨[J]. 石油勘探与开发, 2010, 37 (5): 583–591.

and Techniques to the Secondary Development of China's High Water Cut Oilfields》，在《石油勘探与开发》海外版发表后，在世界石油领域产生重大影响，2011年入围具有国际能源行业诺贝尔奖美誉的埃尼奖提名。这篇论文系统地论述了韩大匡关于高含水油田高效开发的思想，后经不断丰富和发展，最终形成并正式提出高含水油田深度精细开发理论，并于2018年申报国家科技进步奖[①]。这一理论针对油田开发面临高含水后期及特高含水期的严峻挑战，从储层中剩余油格局所发生的重大变化出发，提出了我国高含水油田已进入深度精细开发新阶段的重要创新论断，以及该新阶段的目标、任务、开发理念和技术对策，为高含水油田提高原油水驱采收率技术研究与应用指明了方向。

高含水油田深度精细开发理论要点如下：

（1）从我国陆相薄互层储层严重的非均质特征出发，提出高含水后期剩余油分布的八类模式，并进一步将这种极为复杂的剩余油分布状况概括归纳为"总体高度分散，局部相对富集"的普适性总体格局，奠定了高含水油田深度精细开发的理论基础[②③]。

（2）创建了"分散中找富集，结合井网重组，对剩余油富集区与分散区分别治理"的高含水油田精细开发理念。

（3）建立了"三个结合"的提高水驱采收率技术对策：①不均匀井网与均匀井网或相对均匀井网相结合；②井型上，直井与水平井、大斜度井相结合；③井网重组与高效调驱，或者与化学驱相结合。

深度精细开发理论突出强调开发调整措施与方案的"精细"化，强调因地制宜，即"剩余油富集区与分散区分别治理""直井与水平

---

① 国家科学技术进步奖提名书（2018年度），项目名称为"高含水油田提高水驱采收率技术创新与应用"。

② 韩大匡. 准确预测剩余油相对富集区提高油田注水采收率研究［J］. 石油学报，2007，28（2）：73-78.

③ 韩大匡，万仁溥. 多层砂岩油藏开发模式［M］. 北京：石油工业出版社，1999.

井、大斜度井相结合"，突出不均匀井网个性化优化设计；强调井网重组与更高效的驱替方式相结合，以避免在高含水后期采取大规模打井，很快出现高水淹的不利局面。

从 1995 年提出"深度开发"，到 2007 年、2008 年两次向中国石油管理层提出建议，系统阐述"二次开发"理念、挖潜措施和技术思路，再到 2010 年发表《关于高含水油田二次开发理念、对策和技术路线的探讨》的论文，直至最终形成高含水油田深度精细开发理论，韩大匡在我国高含水油田提高采收率理论研究方面，不断探索，丰富和发展了我国油田开发理论体系，为高含水油田水驱提高采收率研究指明了方向。

油藏描述两步走策略

"七五"之前，层系细分、均匀加密的做法之所以取得了很好的效果，其根源在于当时中低渗透层的地下剩余油仍基本处于大面积连片分布的格局。但是，高含水尤其是特高含水期的老油田，地下剩余油分布呈现出"总体高度分散，局部相对富集"的格局，不再呈大面积连片分布，而是不同程度地处于高度分散的状态。在这种情况下，采取均匀加密的方法，其效果必然会变差，打出的调整井多数含水率很高，初含水率就可以达到 80% 甚至 90% 以上。因此，当含水率高达 80% 以上时，"总体高度分散，局部相对富集"的剩余油分布格局是高含水油田深度精细开发工作中一切对策的基础和出发点。

自 2002 年开始，韩大匡带领他的研究团队开展了长期的持续攻关，他们发现，过去对油藏的认识程度已不能满足老油田深度精细开发的需求，必须重新构建地下的认识体系，这是进一步提高油田采收率重要的基础工作。当油田进入高含水后期，由于地下油水分布格局的重大变化，重新构建地下认识体系的主要内容就是在深化储层描述的基础上量化地下剩余油的分布，特别是要准确地预测相对富集区的具体位置和规模。

以大庆油田为例，2000年对喇嘛甸、萨尔图、杏树岗油田二次和三次加密打井情况的不完全统计结果表明，20世纪90年代二次加密调整中出现的高产井，到2000年还遗留日产量为百吨级井2口，50吨级井8口，20吨级的井201口；三次加密调整中遇到的高产井到2000年还遗留日产量为百吨级井2口，50吨级井69口，20吨级井80口[①]。这说明即使在高含水后期，剩余油富集区是确实存在的，并具有重要的挖潜和研究价值。

要真正做到准确预测剩余油富集部位，难度很大，需要做大量细致的研究工作。在当前用地震方法识别砂泥岩薄互层中油水分布的技术还没有成熟的情况下，韩大匡和他的研究团队认为，比较可行的做法是采取两步走的策略[②③]：

第一步是深化储层描述。综合运用地质、开发地震、测井等多种学科新技术，针对剩余油分布和油水运动规律具有控制作用的各种小尺度地质体开展深入细致的量化表征，包括对单砂体特别是主力砂体的展布进行精细的刻画，并且准确地识别和预测各种微构造、低级序小断层、夹层和岩性遮挡、水流优势通道等，在此基础上，建立体现多学科综合研究成果的精细储层地质模型。深化储层描述至少要进行以下10个方面的研究工作。

（1）进行等时地层对比，建立等时地层构架。对储层进行正确

---

① 韩大匡.准确预测剩余油相对富集区提高油田注水采收率研究[J].石油学报，2007，28（2）：73-78.

② 韩大匡.关于高含水油田二次开发理念、对策和技术路线的探讨[J].石油勘探与开发，2010，37（5）：583-591.

③ 刘文岭，王经荣，胡水清，等.高含水油田精细油藏描述特色实用技术[M].北京：石油工业出版社，2014.

分层是各项油藏描述研究工作的根本，只有建立正确的地质分层等时对比格架，才能在油田范围内统一层组及小层的划分，明确各级储层的空间变化规律，有助于实施各类挖潜措施。

（2）提高井间储层预测精度。砂泥岩薄互层储层预测是油藏地球物理技术的瓶颈，提高砂泥岩薄互层条件下井间砂体展布的预测精度，至少要识别清楚其中较厚的主力油层及主力砂体，这是老油田深度精细开发亟待解决的问题。需要进一步努力提高对平面上砂体边界的识别精度，尽可能确定各相邻砂体间的叠置或接触关系。另外，一般的地震反演方法通常只能判断砂体存在与否，对砂体厚度的预测误差比较大，所以也要采用新的反演方法，尽可能提高对砂体厚度的预测精度。

（3）提高废弃河道等岩性隔挡准确位置的预测精度。在曲流河沉积中，废弃河道是复合曲流带划分点坝砂体边界、鉴别点坝几何形态和成因类型及深入研究点坝内部建筑结构、连通状况和平面非均质性特征的重要依据。在油田开发中，废弃河道沉积往往造成相邻砂体间某种程度的渗流遮挡，有利于剩余油富集。因此，识别废弃河道的准确位置和展布特征，对于挖潜剩余油具有重要意义。

（4）有效识别各种泥质夹层。正韵律厚层上部是剩余油富集的部位，但是如果不能有效利用夹层的遮挡作用，难以将其采出。因此正确识别夹层在储层空间上的三维分布，是做好单砂体内部构型刻画和厚油层顶部剩余油挖潜的基础。

（5）水流优势通道位置和产状的预测。水流通道严重影响注水开发效果，导致注入水串流，形成大量剩余油。综合利用老井和新井的各种资料识别和预测水流优势通道的空间分布，及时采取相应调驱、封堵、调剖措施，将能有效地提高水驱采收率。水流优势通道一般可分为两类：一类是多孔介质中渗透率高低差异造成的优势通道，可采用可动凝胶治理，另一类是更粗大的"大孔道"，必须首先用各种堵剂加以堵塞，使后续的液体在油藏深部转向。

（6）有效识别和组合断距3～5米的低级序小断层。断层是影响注采关系和剩余油聚集的主要因素，高含水油田有必要重建断层认识体系。我国陆上老油田断层极为发育，许多老油田在开发初期未曾做过三维地震工作，利用早期采集的二维资料和加密井数据解释和组合的断层，精度较低，不能满足剩余油挖潜的需要，且井间还可能存在一些小断层没被发现。断层对剩余油的富集起着重要的遮挡作用，紧贴断层打井常能有效开采断层控制的剩余油，应当发挥地震技术能提供井间信息的优势，有效识别和组合断距3～5米的低级序小断层。

（7）有效识别幅度为5米左右的微幅度构造。微幅度构造是剩余油聚集的有利部位，高含水油田重建构造认识体系微幅度构造研究是重点之一。从微幅度构造在油气藏开发中所起的作用看，微幅度构造高部位油井的生产能力明显高于低部位油井的生产能力，并且微幅度构造高部位剩余油饱和度相对较高，水淹级别低，特别当下面存在着夹层时，剩余油的富集程度更大为增加。所以，研究微幅度构造，预测剩余油富集部位，寻找高效井，具有重要意义。

（8）提高储集层物性参数的预测精度。建立高精度确定性储层物性参数模型是开展剩余油预测油藏数值模拟的基础，目前主要依靠井点数据通过各种插值方法获得，具有很大的不确定性，特别是渗透率插值误差大，需要进一步研究各种提高井间物性参数预测精度的新技术。

（9）准确预测裂缝性储层裂缝分布规律。我国低渗储层通常程度不同地发育着各种裂缝，对油气生产影响很大。系统开展低渗储层中裂缝特征和分布规律预测研究，无疑对我国的低渗透储层油气勘探开发具有指导作用。目前，国内外对低渗透储层中裂缝的预测已经形成了不少的方法，但是由于裂缝成因的复杂性、发育的多阶段性，以及天然裂缝与人工裂缝的多样性，对低渗储层裂缝的预测研究还需要大力加强。

（10）建立以地震资料为约束，体现多学科精细油藏描述研究成果的三维地质模型。尽管在油藏高含水期井网密度较大，但井间仍然有很大的不确定性；地震资料在空间具有高密度采样，是提供井间信息的最有效技术；储层地质建模有必要在井间采用地震资料解释与储层预测成果加以约束，使得储层地质模型在井点上忠实于井数据，在井间忠实于地震数据。同时，要加强精细构造形态和储层内部构型建模的研究，实现废弃河道、夹层等岩性遮挡的有效表征，将储层地质建模目标层次由表述小层内的非均质性提高到表征单砂体内部的非均质性。

第二步是量化剩余油分布。发展大型精细数值模拟技术，在深化储层描述的基础上，准确地量化各主力砂体的剩余油分布，特别是其富集区的位置和范围。

确定剩余油分布是制定老油田开发调整方案与挖潜措施的基础。相对富集部位的准确预测、井网的合理重组、开发指标的预测和采收率指标的计算等，都需要量化剩余油的分布。为了在上述精细地质模型的基础上精确量化剩余油分布，要求数值模拟的网格数量明显增加、算法有所改进、计算速度和历史拟合精度明显提高，特别是需要把历史拟合技术精细到实现分层的历史拟合。数值模拟技术从常规的研究油田开发策略发展到精细地研究剩余油分布，进入了一个新的阶段，称之为"精细油藏数值模拟"。这个概念是针对油田开发后期解决剩余油分布问题而提出的，这个阶段的特点是数据量非常之大。先前的数值模拟基本都是为了服务编写开发方案，数据少，相对静态和粗放，到了深度精细开发阶段，必须弄清小层情况，弄清楚层间干扰，解决海量数据的问题，这是发展的趋势。基于这样的认识，韩大匡提出4个方面的量化剩余油分布的技术要求。

（1）综合运用多尺度网格、窗口算法、并行计算、流线算法等技术，增加油藏数值模拟网格数和计算速度，保留精细储层描述的细节，实现精细油藏数值模拟，改善油藏数值模拟效果。基于剩余油分布"整体高度分散，局部相对富集"的格局，采用粗细网格相结合的多尺度网格技术对老油田进行精细数值模拟，先采用粗网格系统对全油藏区块进行计算，找出剩余油相对富集区，然后再逐级地采用细网格对剩余油相对富集区进行更加精细的计算。在粗网格计算时，可以应用计算速度很快的流线法计算；对剩余油富集区采用细网格计算时，运用窗口技术将剩余油富集区分离出来进行精细计算；采用并行算法进行计算，进一步加快计算速度。

（2）发展能从丰富的生产资料和测试资料中挖掘与提取准确反映各层油水产量数据的新方法，综合运用多种数据，对各小层注水量进行准确劈分，实现分层历史拟合以提高各单砂层特别是主力小层砂体内剩余油分布预测的精度。注水过程中，由于层间干扰，各小层注水量分配常不遵循数值模拟软件中按流动系数分配的原则，有时甚至区别很大。这需要发展能从丰富的生产资料和测试资料大数据中挖掘与提取准确反映各层吸水量和油水产量数据的新方法。

（3）研究历史拟合辅助软件工具，提高历史拟合效率。油藏数值模拟的很大工作量是在历史拟合上，在高含水老油田开展油藏数值模拟研究剩余油分布时往往会出现：①高含水期老油田井多、生产历史较长，中间进行过多次作业和措施，应用现有商业数模软件自身的前后处理模块进行数据准备，需要一口井一个时间段地输入动态数据，数据准备时间很长，也容易出错；②历史拟合过程中用现有商业数模软件后处理模块进行分析时，每计算一次，都要从所有井中选出产量拟合情况，若想再看其他拟合指标，还需重新从所有井中再次选取，反反复复，工作量很大，很费时间；③历史拟合过程中出现的问题，很多是小层上的，如拟合中经常出现的定产生产方式转变为定压生产，这可能是某个小层的生产压差达不到要求，为此需要检查各个小层的压力，但用商业数模软件的后处理模块很难得到小层信息。为了提高油藏数值模拟的精度和效率，需要研究历史拟合辅助软件工具，以提高历史拟合效率。

（4）研发新一代数值模拟软件系统，实现中国数值模拟技术的跨越式发展，为高含水油田精细数值模拟提供更有利的工具。高含水油田经过多年开发，非均质性进一步加强，剩余油分布呈"整体高度分散，局部相对富集"的格局，油藏数值模拟的任务由制定开发方案的宏观决策转向研究剩余油分布，向大型化、精细化方向发展。现有数值模拟商用软件已难以满足需求，需要研发新一代的数值模拟软件系统，实现在大数据量网格节点的情况下，既提高精细油藏数值模拟的精度，又提高计算效率。

以上精细油藏描述两步走的技术策略，是韩大匡基于我国高含水油田剩余油分布呈现出的"总体高度分散，局部相对富集"的格局，为老油田精细油藏描述提出的整体技术构想，它既是可行的技术路线，即分两步走，在深化储层描述的基础上，通过开展精细油藏数值模拟量化剩余油的分布；更是技术需求和技术发展的方向。在第一步深化储层描述中，韩大匡提出了10项地质任务和重点发展的关键技术，在第二步量化剩余油分布中，又提出要做好4项技术研发与创新。总计14项研究任务，涵盖了地质、地震、测井与油藏工程等多个学科，为高含水油田精细油藏描述技术的发展指明了方向。

二次开发基本理念

针对高含水油田剩余油不同的分布情况，应该执行什么样的挖潜政策？在老油田重建层系井网，必然要大规模打井，而在高含水甚至特高含水的情况下，采取大规模打井会面临很快高水淹的不利局面，如何能够既完善层系井网，又有效控制综合含水的过快增长，这引起韩大匡的高度重视。

这个问题是牵涉到井要怎么打、打什么井、井网要怎么布的技术策略问题，直接关乎老油田后期的稳产工作，是关系保障国家油气有效供给的重大课题。基于含水率达到80%以上时地下剩余油分布格局呈"总体高度分散，局部相对富集"的认识，韩大匡认为老油田提高水驱采收率应该通过深化储层描述和量化剩余油分布，重构油藏地下认识体系，然后在这个基础上，结合油藏井网系统的完善或重建，对剩余油相对富集区和分散的剩余油，采取不同的对策和方法进行分别治理。基于这样的认识，韩大匡提出了"在分散中找富集，结合井网系统的重组，对剩余油富集区和分散区分别治理"的高含水油田二次开发的基本理念[①]。

（1）对于剩余油富集区，在搞清其准确位置和储量规模的基础上，采取打不均匀高效加密井（根据富集区的形态和大小可以打直井、水平井、复杂结构井或者侧钻井等）或其他调整措施来提高水驱采收率。根据胜利、大港等油田采取水平井与直井相结合的实践结果，一般日初产可达10~30吨以上，预计可提高采收率2~3个百分点。

（2）对于分散的剩余油，由于其总量很大，但单个体积小、分布复杂，常规的措施很难高效地采出，重点采用深部调驱的方式采出这部分剩余油来提高水驱采收率。

（3）对于井网不完善、水驱控制程度低的油藏，需要结合剩余油分布状况，全面调整和优化注采关系，进行层系井网重组。在层系井网重组的过程中，采取与更高效的驱替方式相结合的技术对策，以补救高含水油田在井网重组过程中打出大量高含水井的风险。

由于陆相储层非均质性严重，注入水首先沿着储层高渗透部位前进，常形成"渗流优势通道"，对油藏深部的原油具有一定的

---

① 韩大匡.对二次开发的研究工作和若干问题的进一步探讨，2011年中国石油勘探与生产分公司第五届二次开发年会报告，收录在2012年出版的《中国石油二次开发技术与实践（2008—2010年）》。

"屏蔽"作用，限制了注入水的波及体积，以致其周围的原油难以驱出，降低了原油采收率，同时造成高含水。什么驱替方式才能更为高效地开采出油藏深部的剩余油呢？为了破解这一难题，韩大匡将视野锁定在深部调驱技术领域，在这个方向他极力主张大力推广可动凝胶调驱技术。

2008年开始，韩大匡和他的研究团队在中国石油勘探与生产分公司科技项目"大港二次开发试点工程数值模拟方法及可动凝胶调驱技术研究"（2008—2010年）支持下，经过深入细致的科研攻关与现场试验，首次提出了区分两类不同优势通道、采用不同治理对策的理念和"同步调驱"机理，建立了分类分级深部调驱技术，研制了耐温120摄氏度、耐盐30万毫克/升、适应范围广的新型SMG分散调驱体系，为深部调驱提供了新技术。

创新发展的SMG分散调驱体系，其调驱药剂为微凝胶颗粒，在注入水中能够形成分散体系。由于SMG颗粒经过水化溶胀后具有很好的柔性，在暂堵住喉道以后，将会挤过喉道向前突进，实现"暂堵—突破—向前推进—再暂堵—再突破……"，不断地推向油藏深部；与此同时，由于SMG颗粒的"暂堵"作用，使得注入水流向渗透性较低的部位，有效地扩大波及体积，进而能够达到提高采收率的目的，驱出更多的分散剩余油。

SMG分类分级深部调驱技术作为挖潜分散剩余油的一项有效技术，在"十二五""十三五"期间得到了较大规模的推广应用。SMG分散调驱体系具有耐高温、耐高盐、抗剪切性能强的特点，适应性广泛，可以高效驱出分散的剩余油，能够有效抑制综合含水的上升，采用该项技术与层系井网重组相结合，弥补了单纯均匀井网或相对均匀井网打出高含水井造成的损失，为高含水油田深度精细开发进一步提高采收率发挥了积极的作用。

个性化优化设计思想

自 2014 年以来，国际原油价格跳水式下滑，从 2014 年 6 月的 115 美元/桶，跌至 2015 年的 40~50 美元/桶，最低跌破 30 美元/桶，高含水油田效益开发面临严峻的挑战。

在低油价持续的背景下，低成本战略是必然的选择。高含水油田低成本战略实施依靠科技创新，尽管中国石油二次开发提出"重构地下新的认识体系、重建井网结构、重组地面工艺流程"等一系列新举措，但是如何控制投资成本，增加投入产出效益，韩大匡认识到在重建井网结构的过程中，不能再延续过去粗放的均匀加密大规模打井的做法。

高含水油田"多井低产"已常态化并不断加剧，打井数量与经济效益之间存在一定制约关系。在指导中国石油推进老油田二次开发系统工程的过程中，韩大匡思考着油田开发如何应对低油价的战略，老油田"多井低产"的现象引发了他的关注。他注意到在高含水老油田二次开发和常规调整挖潜工作中，存在以下两个方面影响水驱采收率提高的主要问题：

一是高含水：高含水油田因剩余油高度分散，以相对均匀井网方式大规模打井，大量新井初产便高含水。

二是低产能：部分区块有选择性地打井，尽管初含水相对较低，但是含水上升快、产量递减大，原因在于没有足够的单井平均剩余可采储量，造成单井产能偏低。

解决上述问题，关键在于优化开发调整方案。为此，韩大匡提出井网井位个性化设计是避免新井普遍高含水，提高单井产能，确保进一步提高采收率的有效途径。他认为在低油价持续的大背景下，通过开展井网井位个性化设计，控制打井规模，尽量少打井，多打高效井，实现节约增效，是老油田开发领域一项有效应对低油价现状的战略举措。

基于上述认识韩大匡提出了高含水油田不均匀个性化井网井位优化设计的思想。

（1）高含水油田深度精细开发需要研发一种新的布井方法，以便能够在重构地下断层、构造、储层和流体认识体系的基础上，最大限度地优化开发调整方案，有效规避储层高含水部位，把井打在含水较低、剩余油较多的部位，提高方案的合理性、有效性和针对性，以使开发调整效益最大化、最优化。

（2）为达到高含水油田高效开发调整的目的，必须做到井网井位设计对于地下断层、构造、储层和剩余油分布状况要有很好的针对性，以避免大量打出高含水井和低效井，这需要因地制宜开展个性化井网井位设计，以实现从目前加密调整和层系井网重组工作由通常采用较为粗放式的均匀井网布井方式向不均匀精细化布井方向转变。

（3）要以宏观控制和微观调整相结合为指导思想来实现上述转变。宏观控制就是在井网重组方案设计中要做到优化开发调整的总体部署，着重考虑井网重组后新井网系统的水驱控制程度增加的幅度、注采井的合理井数与比例、多向受效井数增加程度、层系细分时隔层的可靠性、井排距与后续调驱或三次采油的有效注采关系相适应等问题。微观调整要注意更好地应用地震、地质重构地下认识体系成果，井位的部署要尽可能考虑剩余油相对较多的部位，保证有足够的单井平均剩余可采储量的基础、较高的单井产能和较低的含水率，在井网重建过程中提高单井产量和技术经济效果。

在韩大匡的积极推动下，2016年中国石油勘探开发研究院承担了中国石油科技管理部项目"高含水油田个性化井网设计及软件研究",对层间干扰机理及小层剩余油分布预测方法、层系及个性化井网的调整与优化方法、高含水油田个性化井网优化软件等方面内容开展了攻关研究。

新阶段新思考新思想

进入21世纪后,世界百年未有之大变局加速演进,大国战略竞争和地缘政治冲突加剧,冷战思维、阵营对抗、强权政治和民粹主义势力抬头,对世界的和平与安全构成严重威胁。特别是美国为了永远维持其唯一超级大国的霸权地位,不断对中国极限施压,贸易战、科技战愈演愈烈,制裁、禁售、长臂管辖无所不用其极,更强硬、更全面地遏制中国发展的法令法规层出不穷。如何在严峻复杂的外部形势下实现我国石油行业高水平科技自立自强,作为从事油气田开发研究数十年、经历新中国油气田开发从弱到强全过程的亲历者和贡献者的韩大匡,清晰地感受到历史重担的分量。

耄耋之年的韩大匡怀着强烈的使命感和责任感,不断思考着石油科技赶超西方世界的技术路径、技术对策。在主持开展石油大数据与人工智能科技发展战略、关键技术与示范工程研究的同时,结合多年的油田勘探开发研究经验,韩大匡提出我国油田勘探开发领域未来需要重点发展的方向。

(1)地下储油库建设。石油储备作为保障能源安全的重要手段之一,不仅具有平抑油价的作用,而且能够有效地减轻国际原油断供所带来的负面影响。韩大匡主张将目前濒临废弃的高含水油藏改造成地下储油库,在相对较低油价阶段,将引进的原油注入地下油藏,可以在较短时间内储备大量的原油,为保障石油安全提供支撑。

（2）勘探开发生产数字孪生技术。韩大匡指出数字孪生技术能让多学科的人跨界协作，通过模型驱动、数据驱动、知识驱动，从智能油田到智慧油田，做到感知、认知和全面掌控，是石油工业数字化转型、智能化发展首选的核心技术；运用数字孪生技术可以静态、动态地模拟油田及油井的状态，在孪生的系统中真实地再现或预现我们所采取的任何措施的结果，以此增加油田管理的先验性和预测实际情况的能力，改变油藏重大措施均为一次性后效技术的现状。他提出勘探开发中的数字孪生包括油藏数字孪生、井筒数字孪生、集输系统数字孪生、重大设备数字孪生，四者相互关联，在仿真和模拟中可以合并起来考虑，如集输系统的优化可以与油藏的生产能力关联并落实到单井上。

（3）节能减排智能抽油机采油技术。韩大匡认为采油装备的升级换代既是节能减排也是降本增效的关键，为此他大力推动开展"一机驱多井"节能智能抽油机深入研究，在他的推动下组建了创新研究团队，目前该技术已从实验室技术攻关转入油田矿场实际应用试验，在矿场投入运行的"一驱四"项目，已持续运转1年8个月，实测节电（减碳）59.2%；在矿场投入运行的"一驱五"项目，已持续运转9个月，实测节电（减碳）63.6%。2021年，这项技术在国家科技部全国颠覆性技术大赛中获最高奖（优胜奖），在全国博士后创新创业大赛获银奖，在北京市创新创业大赛获一等奖第一名。另外，该项技术也获评中国石油和化工自动化应用协会2023年十大科技进展。

（4）激光钻井技术。钻井是石油勘探开发系列工程中非常重要的一环，其工作量在整个勘探开发总投入中占比最大。据统计，四大石油公司钻井作业总工作量每年大约17000至20000口井。目前的主流钻井技术采用旋转钻井，以机械钻头破碎岩石，通过机械装置将动能传导到钻头上，井越深，中间传递装置所消耗的功率越大，破岩的效率越低。激光钻井思想的提出始于1994年美国国会通过的"星球大战"计划中军用大功率激光器向工业界转化的议案。1997年,美国能源部(DOE)批准了芝加哥天然气研究院(Gas Research Institute,GRI)和科罗拉多矿业学院(CSM)联合提出的激光钻井研究计划。该项目为期2年,参加研究的单位还有美国空军、美国陆军、麻省理工学院、雷克伍德工程公司以及菲利普斯石油公司。该项室内试验结果表明:激光钻进与传统的机械转盘钻井技术相比,在提高机械钻速方面具有无可比拟的优越性;应用兆瓦级激光器能为4500米井深钻井提供足够的能量。韩大匡对激光钻井的优势进行了仔细认真的分析,认为激光钻井技术与传统旋转钻井相比,具有能量高、方向性强、钻速快、效率高等特点,能够采取非接触式进行高速破岩。为此,他建议成立激光钻井实验室,建立军民融合机制,系统开展激光钻井机理研究,包括岩石碎裂、熔融、气化、陶瓷化的热力学过程;激光与不同岩石/流体相互作用原理;岩石改性形成新材料套管等。韩大匡指出随着激光技术和材料科学技术的迅猛发展,激光钻井技术必将从实验室研究阶段过渡到实际石油钻井阶段,最终服务于产业化的高效油气勘探开发。

除了上述几个重要方向之外,韩大匡还对钻井岩屑归位、光纤监测新型井间地震、电磁波油藏动态监测、智能测井、自发热机制稠油热采地下原位改质、具备层间干扰计算功能的高性能油藏数值模拟等技术方向进行了深入的调研和思考,并通过各种会议和建言建议报告,大力推动开展相关研究。

韩大匡总是以饱满的热情和顽强的毅力,为他钟爱的石油事业贡献着智慧和思想,他在不同的历史时期都是我国油田开发领域的领路人,他的学术思想为石油科技人员指引着油田深度精细开发和科技攻关前进的方向。

第十三章

岁月如歌仁者范

耕耘不辍硕果累累

回顾韩大匡的成长历史，他始终"钟情于"从事油气田开发工程的科研和教学工作，一心一意攻克油田开发技术难题，从不"移情别恋"。首先他是国内石油开发理论的创立者之一，是虔诚的布道者，大学毕业后先后在清华大学和北京石油学院任教近20年，主编出版了我国油田开发行业第一部教科书《采油工程》等专业教材。其次他是早期石油开发方案和开发策略的引领者，是重要的践行者，他既善于提出战略上的对策，又重视渗流力学和界面化学等基础理论的研究与应用，从而在油藏工程、油藏数值模拟、提高石油采收率等方面作出了突出贡献。

韩大匡在高校任教期间就十分注重参与油田生产建设实践，早在20世纪50年代初期，他就参加了玉门老君庙油田的注水开发设计，那是我国的第一个注水开发方案。60年代初期，韩大匡参加了大庆石油会战，任油井分析队长，负责油井分析和动态分析工作。针对我国原油含蜡量高、油井结蜡严重、影响生产的问题，他创造性地研究了玻璃衬里油管的防蜡清蜡新工艺，在大庆等油田普遍推广，油井防蜡清蜡新工艺项目获1978年全国科学大会奖，排名第一。70年代调入石油勘探开发规划研究院以后，负责或参与了全国油气田开发长远规划和年度计划的编制，以及有关技术规程和学科规划的制定，对多年来我国油田开发的战略布局和科技进步作出了贡献。韩大匡多次参加国际石油学术会议，任中方学术主席或分会主席。80年代中期，他分析和总结了我国老油田以细分开发层系和加密井网为主要措施的综合调整情况，预见到80年代末期老油田将面临高含水后期含水上升、产量递减的严峻局面，基本上已不能再继续沿用过去那些调整措施，老油田将进入深度开发的阶段。其特征是地下剩余油分布发生了根本性的变化，即油层内剩余油呈现高度分散状态，但仍然有相对的富集部位。在这种总的格局下，其首要问题是发展各种研究地下剩余油分布的新技术，并针对剩余油相对富集的部位采取配套技术措施进行综合治理，才能经济有效地持续提高石油采收率。他分别于1987年、1990年以及1994年接连三次被指定在全国油气田开发会议上作技术导向主题报告，系统、全面地阐述了这些涉及我国油田开发全局技术战略和对策，对于老油田增加可采储量、延长稳产期具有重要的指导意义，受到了中国石油天然气总公司主要领导的高度评价和表扬，并被我国很多老油田所采纳和借鉴。

多层砂岩油藏是我国油藏中最主要的类型，韩大匡系统地总结了大庆、胜利、玉门等这类油田的开发经验，提炼其规律，优化其对策，加以概括、提高，1999年出版了《多层砂岩油藏开发模式》专著，对这类油藏今后的开发具有指导意义。

1978年，获全国科学大会奖状（我国改革开放后第一批科技奖）

油藏数值模拟是应用计算机仿真原理预测油气田动态和优化开发决策必不可少的新技术。早在20世纪60年代初期，韩大匡就开始对油水两相渗流问题的计算方法开展了研究，80年代作为石油工业部渗流力学协调组长，他主持了石油部门渗流力学和油藏数值模拟工作，有力地推动了这些学科和技术的发展，1981年"非均质亲油砂岩油层内油水运动规律的数值模拟研究"科研成果获得石油工业部一等奖，韩大匡排名第一。"七五"期间，韩大匡主持了国家重点科技攻关项目"油藏数值模拟技术"，与项目组同志们共同研制了我国具有自主知识产权的软件46项，形成了适用于砂岩、碳酸盐岩等四种主要油气藏的配套软件系列。这些软件总体上达到了当时的国际先进水平。到1991年为止，已在总储量约9亿吨的180个油田、区块上应用了这些软件，其中经过财务核算的部分，其增产原油量达到544万吨，当时产值约10亿元。该项目及其二级课题"油藏数值模拟新技术"分获1991年中国石油天然气总公司（部级）科技进步一等奖及1992年国家科技进步二等奖，他均排名第一。这些成果为我国油藏数值模拟技术的发展奠定了基础。2000年前后，韩大匡还主持开展了并行数值模拟软件的研制工作，2000年获中国石油天然气集团公司技术创新二等奖。他撰写的《油藏数值模拟基础》一书出版后深受油田科技人员的欢迎，并被石油院校选作研究生教材，已多次再版发行。

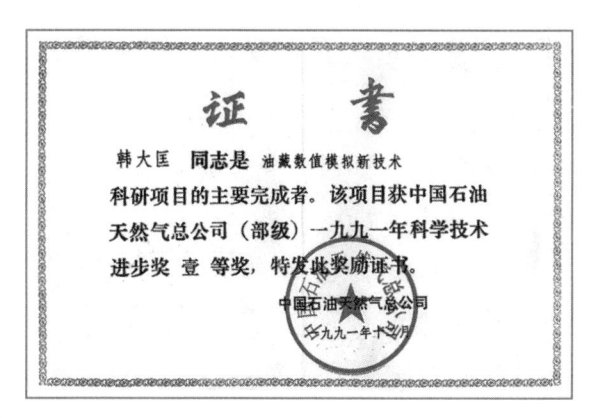

1991年，"油藏数值模拟新技术"获中国石油天然气总公司科学技术进步奖一等奖

1992年,"油藏数值模拟技术"获国家科学技术进步奖二等奖

在提高采收率新技术研究方面,早在20世纪60年代之初,他就负责开始聚合物驱油的实验研究,指出了注入聚丙烯酰胺提高采收率的有效性,并与新疆克拉玛依油田合作进行了现场试验。随着我国对石油的需求增长迅猛而资源又日感紧缺,他加紧了这方面的研究,作为国家"七五"攻关项目"三次采油技术"负责人,主持开展了大庆油田、大港油田聚合物驱先导试验和胜利油田三元复合驱现场试验。从1987年到1991年,负责"中国注水开发油田提高原油采收率潜力评价及发展战略研究",组织了13个油区近400人,用计算机技术对全国82个油田具有代表性的184个区块进行了潜力分析评价。该项研究分析了我国油田的地质条件对于各种提高采收率方法的适应性,认为发展聚合物驱油及化学复合驱油等新技术,对我国油田以陆相储层为主的油藏非常适用,是一条有我国特色的油田开发新路子。研究报告预测了这些技术的潜力,共可增加可采储量8.34亿吨,相当于新找到约24亿吨地质储量,节约勘探投资360亿元,可见其效益十分巨大。有关油田矿场实践表明,其提高采收率的幅度与预测基本相符。报告有关进一步研究和实施这些技术的战略发展规划,被中国石油天然气总公司和大庆、胜利、大港、辽河等油田所接受,逐步进行了实施。这个项目获中国石油天然气

总公司科技进步一等奖，他排名第一。经过有关各油田努力，应用聚合物驱油等新技术获得的原油产量 2000 年已达到 1000 万吨以上的规模，对我国石油稳产起到了重大作用。20 世纪 90 年代，他负责组建了中国科学院和中国石油天然气总公司合办的胶体与界面科学联合实验室，推动了界面、胶体化学学科的发展和应用。

从 60 年代开始，他主持或参与出版了《采油工程》《油藏数值模拟基础》《多层砂岩油藏开发模式》《化学驱油理论与实践》《Improved Oil Recovery》等专著 5 部、《油田开采》译著 1 部，在国内外学术刊物发表了论文和报告 80 余篇。

在他为石油工业无私奉献的 70 余年中，他的专业知识、理论水平及科学素养受到业界的充分认可。他在中国石油勘探开发研究院先后担任工程师、高级工程师、教授级高级工程师、硕士生及博士生导师、开发室主任、油田开发所所长、副院长、总工程师、专家室主任等职，也在业内相关机构担任职务：

中国石油天然气总公司科技委员会委员；

石油（工业）部科技委员会油田开发组组长；

石油工业部渗流力学协调组组长；

石油天然气总公司油藏数值模拟协调组组长；

全国储量委员会石油天然气专业委员会委员；

国家"七五"攻关项目"三次采油技术"领导小组组长；

中国科学院与石油天然气总公司合办的界面胶体化学联合实验室学术委员会主任；

中国石油天然气集团公司三次采油重点实验室学术委员会主任委员；

国家科委理论与应用力学学科组成员；

中国岩心研究有限公司董事长；

中国石油学会第一、三届理事；

石油工程专业委员会（原石油工程学会）副主任，理事；

国家科技进步奖章

2021年7月，获"光荣在党50年"纪念章

1991年，获石油工业有突出贡献科技专家奖章

国际石油工程师学会（SPE）会员；

《石油勘探与开发》编委会副主任兼主编；

中国石油化工总公司《精细石油化工》编委会副主任；

中华人民共和国工业和信息化部科技司人工智能专家；

中国石油大学（北京）兼职教授；

中国石油大学（北京）人工智能学院终身荣誉教授。

韩大匡热爱祖国、学风正派、严以治学、善于综合、勇于创新、诚以待人，为我国油田开发事业的发展和新生力量的成长作出了突出贡献，1991年获首批政府特殊津贴，并获中国石油天然气总公司授予的"石油工业有突出贡献科技专家"称号。1996年获中国科学技术发展基金会孙越崎科技教育基金能源大奖。

油气田开发工程是解决油气田开发和开采问题的综合性工程学科，需要理论与实际密切结合。韩大匡既有深厚的理论功底，又有着丰富的油田开发实践和经验，在科研工作中取得了丰硕的成果，受到国内外同行的广泛赞誉与认可。

1998年韩大匡退休。2001年11月，韩大匡当选为中国工程院院士，他又开启了人生的新征程。

中国工程院院士证书

第十三章 岁月如歌仁者范

教书育人桃李芬芳

1952年，韩大匡从清华大学毕业后，先后在清华大学、北京石油学院、中国石油勘探开发研究院任教和从事科学研究。在北京石油学院任教期间，主编出版了我国第一部油田开发行业专业教材《采油工程》，为我国油气田开发事业培养了大批早期科研技术骨干。1995年，中国石油勘探开发研究院经国务院人事部、全国博士后管理委员会批准设立了博士后流动站[1]，韩大匡任博士后流动站管理委员会主任，组建了"地质资源与地质工程"

1961年主编出版了我国第一部油田开发行业专业教材《采油工程》

---

[1] 中国石油勘探开发研究院博士后流动站. 中国石油勘探开发研究院博士后研究成果论文集（1995—2015）[M]. 北京：石油工业出版社，2015.

博士后流动站，之后1999年中国石油勘探开发研究院又设立了"石油与天然气工程"博士后流动站。韩大匡组织领导的这项工作，开辟了一条招收和培养高层次石油科技人才的重要途径，为石油工业培养了大批科技领军人才。

在70余年的教学和科研职业生涯里，韩大匡培养硕士研究生、博士研究生和博士后50余人，在教书育人、培养人才方面取得丰硕成果。如今，他的学生们已经成长为石油或其他行业不同领域的知名专家、教授、学者和领导，他们传承了导师韩大匡严谨的学风和不断学习、刻苦钻研、创新求实、执着追求的治学精神，为我国石油工业的科技进步作出了突出贡献。韩大匡注重教学相长，几代学生研究团队对韩大匡学术思想的形成、发展和丰富作出了积极贡献。

2010年，韩大匡78岁生日师生聚会（后排：左9韩大匡）

爱好广泛情趣雅

青少年时期的韩大匡兴趣爱好广泛,琴棋书画、打手球、踢足球等都很喜欢。在各种爱好中,对音乐尤为痴迷,钟爱古典音乐,这一爱好一直伴随着他退休后的生活。韩大匡对音乐的热爱,源于少年时期的生活经历。

少年时期的韩家生活在上海,韩大匡和邻居小伙伴廖家泰是好朋友。韩家和廖家同住在一条里弄里,韩大匡和廖家泰是小学同校差两个年级的同学,虽然廖家泰比韩大匡大两岁,但两人从小就常常在一起玩耍,脾气秉性相投,有总角之交。那时候,廖家经济条件较好,父母给廖家泰请了一位老师,教他学习小提琴。廖家泰每周都到老师那里去几次,回来就在家里练琴,因此,韩大匡经常能听见优美的小提琴声,悠扬的琴声触发了韩大匡对音乐的爱好。

那时,廖家泰家里有一个五灯电子管收音机,两个孩子经常趴在一张大大的八仙桌上,两颗小脑袋碰到一起,小心拨弄着收音机的按钮,欣赏着里面传出的音乐声。从优美动听的轻音乐开始,随着对音乐理解的加深,逐步发展到喜欢交响曲、协奏曲等古典音乐。年龄较大的廖家泰还给韩大匡介绍一些音乐的基本知识和他对音乐欣赏的体验。就这样,受小伙伴廖家泰的影响,韩大匡也迷上了音乐。

1950年2月考入清华大学,那年韩大匡只有17岁。一天,韩大匡夹着几本书,走在校园的一条小道上,忽然听见一间教室里传出悦耳的琴声,带着合唱的声音,异常动听。虽然是冬天,户外呵气成霜,但热爱音乐的他仿佛忘记了寒冷,他停下脚步,立在墙边,细细地品咂教室里飘出来的美妙和声。最后，他忍不住走进了这间教室，发现清华大学合唱团正在里面练唱。

他找了一个不起眼的角落，静静地坐着，欣赏着这以前未曾听过的悠扬的和音。歌声把他带回了幼年时代，他想起了在上海的里弄里，和小伙伴把耳朵贴到收音机上听音乐的往事。一直到排练结束，他才走到教室前边，询问是否可以参加合唱团。从此以后，韩大匡成了清华大学合唱团的团员。

在清华大学合唱团，他学唱了很多进步歌曲，如聂耳作曲的大路歌、开路先锋，还有表现工人劳动的垦春泥等。他喜欢这种奋进的、洪亮的正统曲调，唱起来声振林木、响遏行云。歌唱给学习生活带来了一定的调剂，每当疲劳之际，他会用音乐来放松他紧张的学习生活。那时的他，崇拜贝多芬和柴可夫斯基，喜欢舒伯特和肖邦，虽然买不起昂贵的音响设备，但仅仅聆听从清华校园广播台里播出的歌曲，他已经感到很满足。

参加工作后，访问苏联期间，韩大匡搜集了很多油田开发资料和俄文专业书籍，喜爱音乐的他还带回了一把手风琴、一个33转的唱机和一些唱片。这些唱片里，有抒情男高音林耶谢夫，他的表演以声音柔和、曲调优美闻名，有戏剧男高音卡斯罗夫斯基，还有苏联民族唱法的歌手帕克托夫。

那把手风琴带回国以后，就成了韩大匡很好的伴侣，这是一把旧式的巴扬手风琴，没有老师教，他就买两本琴谱自己跟着练习，这把手风琴陪伴他走过了悠长的岁月。他也非常爱惜从苏联带回的那个唱机，只要在家，他都会打开唱机，悠扬的歌声便从旋转着唱片的老匣子里飘出，一天的疲劳好像也随着歌声飘远了。直到后来，耄耋之年的韩大匡，书房中的唱机早已被现代的音响设备所替代，只要一有闲暇，他就会尽情地欣赏古典音乐和流行音乐。

2021 年，韩大匡在家中欣赏音乐

少年小伙伴廖家泰的父亲是一名围棋高手，韩大匡的围棋就是向他学的。由于围棋讲究攻杀技巧等战术，更讲究布局占大势等战略，对锻炼思维很有好处，引起了喜欢分析、探讨问题的韩大匡很大的兴趣，棋艺也不断提高。所以，韩大匡对围棋的爱好从青少年时代就开始了。后来大庆石油会战时期，时任会战指挥部副指挥、后担任冶金工业部、石油工业部部长的唐克得知韩大匡围棋下得不错，常常在空闲时找他"杀一局"，两人因此成为棋友。

除音乐和围棋外，受父亲的影响，韩大匡还非常喜欢阅读文学作品。父亲是个旧式知识分子，极具文学的才情，喜欢藏书，也喜欢自己吟诗作赋、挥毫泼墨。父亲留下了几本自作的诗词作品，他去世后，子女们为他的遗作出版了《韩非木诗词集锦》一书，留作永久的纪念。

在家里，父亲藏书的那几个榆木大书柜，从小就引起韩大匡浓厚的兴趣。在他的年龄尚小的时候，个头还没有书柜高，够不到书柜上的"大部头"，他就搬个小板凳，垫在脚下，从高高的书架上拿书下来看。最开始看的是《水浒传》，对于一个孩子来说，白话文的

《水浒传》引人入胜，他深深地为武松、鲁智深等英雄好汉的故事所着迷。从此，他看各种小说一发不可收拾，四大名著看了，各种武侠小说也看了。中国传统古典文学语言凝练、优雅，少年韩大匡迷上了这种文字美。另外，西方的名著如《约翰·克里斯朵夫》《基督山伯爵》以及左拉、雨果、莫泊桑等大师的作品也有所涉猎。

除了中外的古典文学，中学时期的韩大匡还阅读了不少新文学作品，对韩大匡影响较大的是巴金。巴金的《家》《春》《秋》《新生》和《灭亡》等小说给高中时代的韩大匡留下了深刻的印象。巴金曾经流着泪阅读完托尔斯泰的《复活》，在扉页上写下了"生活就是一场悲剧"。巴金的代表小说《家》《春》《秋》，塑造了一幅旧社会封建大家庭的生活图画，最后走向自己挖掘的墓穴，那些年轻的可爱生命在这里挣扎、反抗和凋零。读巴金的作品，韩大匡感觉到，巴金一方面反抗旧社会、控诉旧礼教、极力呐喊。但是，另一方面他却找不到出路、看不到前景。

如果说，韩大匡从巴金的小说里，看到的是无尽的悲哀、无力的抗争和不免的灭亡，那么，从《西行漫记》他感受到了一种新鲜的气象，他看到了中国的方向，他感觉到中国被赋予了新的命运。

博览群书，开阔了韩大匡的视野，启迪了他的思想，还为他打下了坚实的文字功底。多年后，他成为一名科技工作者，他写的专业书籍、学术论文、科研报告等文笔流畅，上下文逻辑关系严谨，言简意赅，表达清楚，这与青少年时期对文学的热爱、广泛阅读打下的基础有很大的关系。

青年时代的韩大匡还特别喜欢体育锻炼。那个时候，个头不高、身材消瘦的他，居然是田径赛事的佼佼者。1954 年，北京石油学院举办了第一届师生员工运动会，在教师队伍中，韩大匡拿下了 800 米、1500 米、3000 米和 5000 米长跑比赛的冠军。

多次获得北京石油学院运动大会教职工组男子 800 米、1500 米、3000 米、5000 米冠军

20 世纪 50 年代的北京石油学院，共开辟了两个操场，先开辟了位于东门的东操场，另一个是 1958 年建成的红旗操场，内含器械操场、篮球场、排球场、足球场和标准 400 米跑道。北京石油学院的体育活动在全国高校系统中都有知名度，校足球队曾获得北京市冠军，是全国联赛的乙级队。体训队和文娱社团一起，号称石油学院 "两枝花"①。

每天早晨和下午四五点的时候，校园里就会响起富有节奏感的运动歌曲，督促师生们从教室里走出来，锻炼筋骨。红旗操场上，常常能看到韩大匡在长跑锻炼的身影。除了长跑，他还练过举重，喜欢打篮球、玩单双杠，但是他最热爱的还是那一条长长的煤渣跑道，他喜欢那种在跑道上忍受体力极点的感觉，他喜欢那种在坚持中突破极点的感觉，他喜欢那种对着终点全力奔跑的感觉。

那几年，韩大匡养成了长跑的好习惯。其实，这个习惯的养成还要追溯到清华大学，离不开著名的体育教授马约翰的热心教诲。

韩大匡还记得，他在清华大学采矿系就读的时候，常常在操场上见到马约翰教授，他上着一件白衬衣搭配蝴蝶领结，半卷着袖子，下穿一条黑色灯笼裤，搭配长筒运动袜和皮鞋，极具特色。他似乎

---

① 余世诚，关洪涛，陆介明，等. 石油大学校史 [M]. 北京：石油大学出版社，2003。

有一股使不完的劲，总瞪大眼睛，双手攥拳在胸前挥动，不断说："要动！动！动！"清华曾经实行"强迫运动"：即每星期一到星期五下午四点到五点，图书馆、宿舍、教室一律关门，全校学生必须到操场锻炼。一到锻炼时间，马约翰就到处寻找，从墙角、树荫下找出那些躲起来的学生，说服他们出来锻炼。

马约翰也曾给韩大匡上过体育课，他教给学生们长跑如何调整姿势和呼吸。渐渐地，受他影响，韩大匡喜欢上了长跑锻炼。除此之外，马约翰还提倡一种洗澡方式，先用热水冲澡，然后调节水温，逐步降温到完全是凉水冲澡，从夏天开始一直坚持到冬天，被称为"马约翰澡"。因此，青壮年时期的韩大匡养成了凉水冲澡的习惯。

1955年，由于长跑成绩突出，韩大匡代表北京石油学院参加了北京市高校教师运动会。能够去市里参赛，韩大匡心里有些激动，也有些紧张，正是这一点紧张情绪坏了事。参赛前一天，按道理，应该早点休息，以保证第二天的状态。谁曾料想，他越想睡着，反而越睡不着，结果严重失眠，第二天比赛精神很差，没有取得理想的成绩。对此，很多年后，韩大匡回忆起来，仍旧感到非常惋惜。事实上，他和长跑运动彻底失去缘分还是1956年春节时发生的事。

这一年春节，他骑车去友谊宾馆看望苏联专家吉玛都金诺夫。冬天的路面上结着薄薄的冰雪，路上很滑。当他在一块结了冰的地面上骑行的时候，自行车突然车身一歪，整个连人带车一下歪倒在路边。虽然穿着厚棉裤，但是他整个腿还是肿了，痛得他直吸冷气，爬都爬不起来。摔伤以后，韩大匡看了中医、西医，结果都未能完全治愈，一直到1962年回上海，一个中医用气功和秘方才将他的腿伤治好了。这次摔倒到治愈之间，拖了好几年，韩大匡不得不将长跑锻炼给中止了。

2018年，韩大匡在石油大院青年园锻炼身体

这些体育特长和爱好不经意间也培养了韩大匡积极向上、坚忍不拔、做事情有始有终、从不半途而废的好品质，博览群书培养了他肯学习、善思考、讲原则、忠实诚信、阳光开朗、平易近人的性格。情趣高雅的爱好也是他能够事业成功、具有高尚品德的关键因素。

石油伉俪家和睦

韩大匡和夫人李淑勤于 1961 年 8 月结婚。在他们的结婚照中，年轻的二人情投意合、爱情甜美。50 年过后的 2011 年，他们拍摄了金婚纪念照，在这张照片中，他们虽然已经白发苍苍，但依然能读出他们之间相亲相爱、甜蜜幸福的味道。韩大匡事业的成功和家庭的和睦，都得益于他夫人李淑勤夫唱妇随的温情陪伴和对他的事业的全力支持。

1961年，与夫人李淑勤结婚纪念

2011年，与夫人李淑勤金婚纪念留影

1951年底，李淑勤在初中二年级的时候随家搬迁，从陕北迁到了西安，并考入了西安省二中。李淑勤的父亲曾经担任过小学校长，后来在中华书局任职。回忆起是如何走进石油这个行业的，李淑勤说："这全是因为一张招贴画。"在她临近高考之际，她常常到安静的莲湖公园里去复习功课。一天，在公园门口，她看见一个招贴画，画上画着很多石油产品，说石油是宝中宝，什么都离不开石油，就连石油渣子，都能铺路。看了这张招贴画，李淑勤深受触动，决定改变高考志愿，原来她的第一志愿是机械制造，第二志愿是土木建筑，第三志愿才是石油。在这张石油招贴画的感召下，她将第三志愿变成第一志愿，决定报考西北工学院石油系。

1955年，她如愿考上西北工学院石油系。秋季，李淑勤的父亲带着她，拎着一个藤条箱子，坐上三轮车去西北工学院报到。李淑勤还记得，那时候西北工学院就在西安市的钟楼大街火车站的旁边。1956年，全国院系大调整，西北工学院开发和炼制等专业并入北京石油学院。茫茫人海之中，上天安排他们相遇了，那时的韩大匡是北京石油学院的青年教师，而李淑勤是大二的学生。西北工学院相关专业并入北京石油学院后，李淑勤参加了川中会战，在那里的经历，让她和韩大匡互相间有了初步的了解。从此以后，他们有了联系，交集越来越多，相互间的好感日益加深了。川中会战结束以后，李淑勤和同学们重回北京石油学院安静的校园。这年夏秋之交，学校组织去昌平参加麦收劳动，很多参加麦收的同学在那里染上了痢疾，李淑勤也被传染上了。刚开始的时候，李淑勤认为自己体质好，就坚持着继续劳动，没有言语。后来，病情越来越严重，发展到一天跑二十多趟厕所的地步，并且发着低烧。同学们赶紧将她护送回学校，住进了校医院。一天，李淑勤正躺在床上，有些无聊，病房门口处，出现了一个熟悉的身影。韩大匡笑吟吟地走进来了，像变戏法一样，从身后拿出一小捆淡紫色的野雏菊，他将雏菊递给了李淑勤，两个年轻人从此相恋了。

1960年，韩大匡接到了通知，让他赶赴大庆参加会战。这一去，不知道什么时候才能回来。这一天的操场散步，他们走了很多圈。李淑勤从口袋里掏出一张黑白的单人照，送给了韩大匡。那上边，是一张年轻清丽的脸庞，如同空谷幽兰一样的气质，它一直陪伴着韩大匡，度过了在大庆萨尔图奋战的日日夜夜。书信往来，一起分享着彼此的快乐与痛苦，一起诉说生活的点点滴滴。

1961年8月，韩大匡与李淑勤在北京喜结良缘。没有热闹的婚礼，没有豪华的场面，两斤瓜子和喜糖，自此，他们相濡以沫，一生相守。

悠悠岁月里，韩大匡事业上的成功，离不开夫人李淑勤默默的支持。她承担了几乎所有的家务，上照顾母亲，下养育女儿，还照管着来北京读书的姐姐弟弟甚至友人的孩子。每当韩大匡夜深忙完工作，抑或加班很晚回到家中，李淑勤总是一边忙着家务，一边和他讲着家里家外，班上班下的见闻趣事。尽管平日操持一日三餐的是李淑勤，但挽起袖子、做两道拿手菜招待客人的却是韩大匡。

遇有周末空闲，如果天气好，他们会带着孩子一起去郊外野游，到公园散步。香山、碧云寺、颐和园、北海，到处都有他们的足迹和身影。

1967年，与大女儿韩松在颐和园

韩大匡喜欢听音乐，李淑勤喜欢唱歌，特别是陕北民歌，有腔有调，满满的"兰花花"风情。李淑勤自小喜欢画画，但因为学了石油，工作中又是支部书记兼副所长，忙碌的工作生活让她无暇发挥她绘画上的才能，直到1993年退休后在老年大学学习绘画和摄影，她艺术上的天赋才得以展现。李淑勤的人物画惟妙惟肖，以形写神、形神兼备；动物画柔和写实、工笔写意、活灵活现；山水画主要是临摹佳作，以祖国大好山川自然景色为主题，尽展自然之精华，天地之灵秀。她多次参加绘画展览，并于2015年举办个人绘画、摄影展，展出绘画、书法作品100多幅，摄影作品200多张，展览让年轻人大开眼界，中老年人啧啧称赞，羡慕不已。有趣的是李淑勤的作品中，许多作品的题字出自韩大匡的手笔，他虽未真正练过书法，但凭借年少时在父亲书房练就的童子功，下笔却也洒脱飘逸，别有一番"妇唱夫随"的情趣。

1999年，与夫人李淑勤翩翩起舞

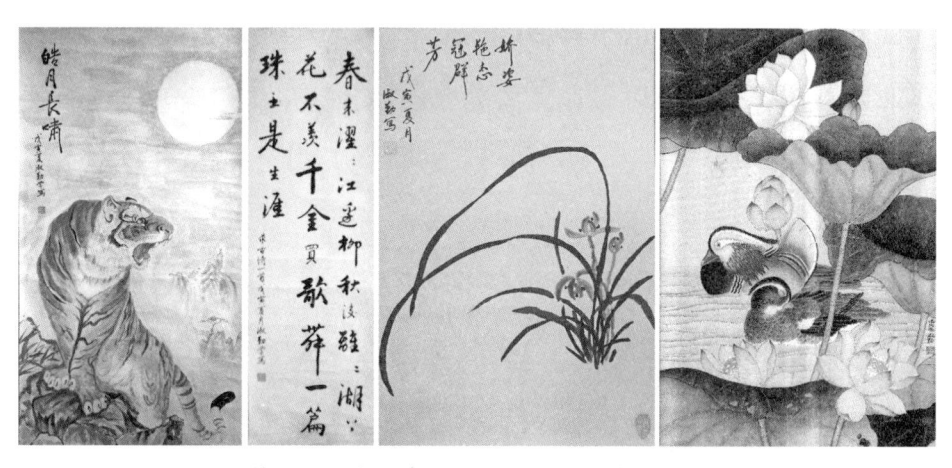

韩大匡为夫人李淑勤的绘画书法作品题字

2010年韩大匡还为在老年大学如鱼得水的老伴儿作诗一首：

书画摄影雅兴高，
跳舞游泳身体好。
学了烹调饭菜香，
年老倒比年少俏。

常言道父母的爱是天地间最伟大、最无私的爱。韩大匡和李淑勤养育了一对女儿，大女儿韩松生于1963年，二女儿韩扬生于1970年，自从女儿呱呱坠地，韩大匡夫妇就从未放松对孩子的教育。他们以身作则，言传身教地培养女儿谦逊、正直、宽容、自律的品德和认真负责、不计得失的工作态度。

在女儿的眼中，父亲整日忙忙碌碌，留在她们记忆中的是父亲伏案的背影。尽管工作繁忙，韩大匡一直关注着女儿的成长，在她们需要帮助的时候，及时答疑解惑，潜移默化地影响着她们世界观、人生观的形成。她们说："父爱犹如一本厚重的书，耐人寻味；父爱像一杯甘醇的酒，回味无穷。父爱如山，它没有修饰，没有言语，却始终耸立在你的生命之源，伴随着你走过每一条坎坷而孤独的路程。"这就是女儿们对父亲的评价。两个女儿都非常优秀，从小她们的学业就没有让父母操心，大女儿韩松毕业于一度有"小清华"之称的北京邮电学院（现北京邮电大学）电信工程专业，小女儿韩扬毕业于复旦大学计算机专业。后来，她们相继出国学习、工作，现都定居在瑞士。

2011年11月，韩大匡院士80华诞（左起：韩扬、韩大匡、李淑勤、韩松）

2000年，外孙女溪琳降生在瑞士；2002年，外孙铭凯降生在法国巴黎，两个小宝贝为韩大匡和李淑勤带来了无尽的快乐。溪琳继承了姥爷的语言和音乐天赋，流利使用5种语言，而且弹得一手好琴，曾于2012年4月参加巴黎Alexander Scriabine国际钢琴比赛并获得三等奖。外孙铭凯则表现出出色的运动才能，2016年2月赢得瑞士花样滑冰锦标赛少年组男子单人冠军。

2002年6月，外孙铭凯生于巴黎（大女儿韩松次子）

2012年4月，溪琳获巴黎Alexander Scriabine国际钢琴比赛三等奖，在家中习琴

2016年2月，外孙铭凯赢得瑞士花样滑冰锦标赛少年组男子单人冠军

夕阳无限好，人间重晚情。斗转星移，2021年韩大匡和李淑勤庆贺了他们的钻石婚，六十年风风雨雨，柴米油盐，酸甜苦辣，苦也恩爱，乐也恩爱。相遇黛眉心留恋，相识碎碎又念念，相知你我便是缘，相恋真心永不变，相守一生到白头，这是韩大匡和夫人李淑勤爱情、亲情的写照。

2021年春节，韩大匡（左）和夫人李淑勤在家中留影

2022年，韩大匡步入人生的第九十个春秋，这一年他已为祖国石油事业辛勤工作了七十年。九十载春秋，岁月如歌，韩大匡满怀豪情地谱写了"我为祖国献石油"的主旋律，在业余生活中，他同样奏响着美丽的华章。青年时，他是一位正直善良、诚信友爱的朋友，一位勇挑重担、热心助人的同事；中年时，他是一位知人善任、言传身教的领导，一位博学多能、诲人不倦的良师；老年时，他是一位德高望重、受人尊敬的院士，一位老骥伏枥、志存高远的长者。

韩大匡智慧、慈祥，他阅历宽广、终生好学，他造诣深邃、学术思想内涵丰富。韩大匡，这位情系石油宝藏的老人，本身即是一座超大规模的精神财富宝藏。

他矢志不渝献身石油开发事业，展现出极为可贵的精神风貌。从实践中来到实践中去的务实求真精神；善于发现和扶持新生事物的开拓创新精神；严谨求实的治学精神；敢于突破传统以及坚持到底的百折不挠精神；大处着眼小处着手的大格局观；活到老学到老的学习精神；积极乐观与疾病斗争的顽强精神等精神层面的宝贵财富，是石油科技殿堂永远的瑰宝。

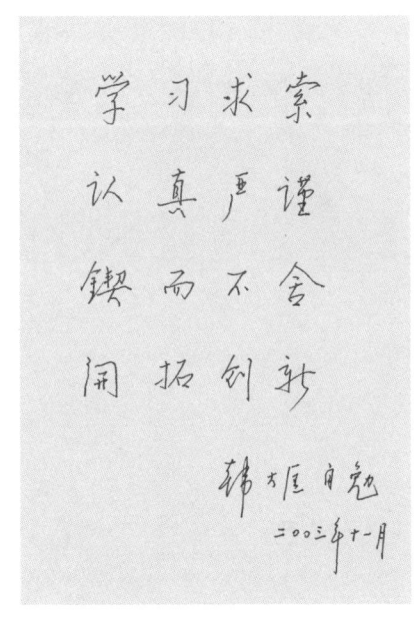

韩大匡自勉题词

附　　录

韩大匡大事年表

1932 年

11月26日（农历壬申年十月廿九）出生于上海，父亲韩非木，母亲章薇青。父亲为他取名大匡，"匡"字取意国破，纪念"九一八"事变东北沦丧，以志勿忘国耻，匡扶社稷，报效国家。

1937—1939 年

日本发动"八一三"事变，全家回萧山老家避难，战事结束后回上海进入私立国华小学学习。

1939—1943 年

在上海私立力行小学学习。

1943 年

小学毕业考入上海名校华童公学（后改名为晋元高级中学）。

1943—1945 年

考取《申报》《新闻报》"清寒学生奖助学金"维持学业。

抗战胜利后参加晋元中学进步学生组织"力行同学互助团"。

1949 年

11月，作为第一批学生团员，在晋元中学入团，任团支部委员。

1950 年

2月，以第三名的成绩考入清华大学采矿系春季班。后在采矿系团支部先后任团小组组长、团支委、副支书。

冬，参加"抗美援朝、保家卫国""反美扶日"学生游行，去门头沟煤矿开展宣传活动。

1951年

响应国家号召从煤炭专业转入石油专业。

1952年

通过组织考察，加入中国共产党，成为采矿系第一名入党的学生。

响应国家号召，从清华大学提前毕业，留校任石油工程系助教。

任清华大学团委委员，分管清华大学教师团支部工作。

夏，参加清华大学举办的速成俄文试验班。

1953年

10月，从清华大学转入北京石油学院钻采系，任助教。

赴甘肃玉门油矿及陕北的延长油矿实习。

跟随苏联专家特拉菲穆克院士去玉门油田和延长油矿考察，参加老君庙注水开发方案编制设计组，并在希马科夫的指导下，负责方案编制中的渗流力学计算工作。

1954年

2月，经短期俄语培训，担任北京石油学院油田开采专业苏联专家沙·卡·吉玛都金诺夫的课堂翻译，翻译了"油层物理"和主课"采油工程"两门课程。

在北京石油学院第一届师生员工运动会上，以教师身份获多项长跑比赛冠军。

1956年

7月，参加石油工业部科学技术考察团，赴苏联考察。先后在莫斯科全苏采油研究院学习访问，在土库曼斯坦首都阿什哈巴德参加石油开采技术大会，并至巴库油田和费尔干纳盆地参观考察。

出版译著《油田开采》（原著：И.М.穆拉维也夫）。

1957年

3月，时任国务院副总理兼国家计委主任李富春率代表团赴苏联考察。作为助理，与石油工业部科学技术考察团团长沈晨一起返回莫斯科，为代表团提供石油工业规划建议咨询。

从苏联考察回国后，借调石油工业部，负责编写赴苏石油科技考察报告。

1958—1959 年

参加川中石油会战，担任文昌寨钻井区队书记，率领北京石油学院钻采系和机械系 200 名师生组成钻井队，完成了两口探井的钻探工作。

1959 年

3 月，川中会战结束，带领队伍回到北京石油学院，担任钻采系副系主任，负责该系科研工作，开展了各种生产所需要的研究工作。例如：钻井方面有高效钻井液处理剂，高温高压水泥处理装置；开发方面有提高采收率的表面活性剂驱油；还有采油方面的火烧油层等科学研究内容。

1960 年

7 月，赴大庆油田参加石油会战，担任油田开发室党小组组长，负责油田开发过程中的渗流力学计算工作。后担任油井分析队队长，组织油井动态分析，参加油田开发方案编制，准确预测了油田开始注水的最后期限大体在 1961 年一季度末。

赴大庆途中被小偷偷走了两个月的全国粮票，给他的身体健康造成了严重的影响。

1961 年

由于长期营养不良，缺乏休息，身体超负荷运转，患上"周期热"，每个月高烧一次（39~40 摄氏度），历时一周。根据北京石油学院领导与大庆会战指挥部领导的决定，返回北京石油学院。

8 月，与石油工业部石油科学研究院钻井机械研究室李淑勤结为伉俪。

作为主编，组织编写并出版了我国第一部石油工程专业教材《采油工程》。

招收第一位研究生陈钦雷（后任中国石油大学教授）。

1962 年

北京石油学院成立石油开发研究室，这是高校中第一个专门从事油田开发工程研究的研究机构，被任命为主任。

1963—1964 年

开展了水驱油理论研究、油井玻璃内衬防蜡清蜡新工艺研究和油藏数值模拟初步研究，以及聚合物驱油、相对渗透率曲线和火烧油层实验等研究。其中，油井玻璃清蜡工艺技术在大庆等油田应用，延长了油井清蜡周期。

1965 年

根据聚合物驱油的研究结果，与新疆油田总工程师汪祖铎合作，在新疆克拉玛依油田进行了聚丙烯酰胺水溶液驱油的我国首次聚合物驱油的现场试验，取得了降水增油的明显效果。

在北京石油学院学报 1965 年第一期发表与张朝琛、杨承志、白振铎合著的研究报告《增加注入水的黏度提高水驱油采收率》，这是国内最先公开发表的聚合物驱提高采收率的研究成果。

1970—1972 年

湖北潜江五七干校。

1972 年

5 月，燃料化学工业部石油勘探开发规划研究院在北京成立，11 月韩大匡任研究院担任油田开发室主任。

1973—1974 年

多次随同张文彬副部长、秦本彩局长（油开大组组长）去胜利油田出差，并担任部工作组组长，检查督促完成规划，最长一次出差 8 个月，指导完善了胜利孤岛油田注水开发方案。

1975 年

去辽河油田出差，落实兴隆台油田注水开发工作。

同年，随石油化学工业部康世恩部长带队的工作组参加辽河油田西斜坡曙光油田小会战。

1976 年

赴西德考察，访问鲁尔工业区、阿尔特马克大气田和石油研究机构，并参观了盐丘储气库的建造以及生产套管和钻杆的曼纳斯曼大钢铁厂。

1978 年

3 月，在北京石油学院石油开发研究室期间和陈新民等完成的"油井防蜡清蜡新工艺"，获得全国科学大会奖。

9 月，参加石油工业部赴法、美考察团，考察了法国石油研究院、美国能源部、美国埃克森石油公司和联合油公司等机构。

回国后参与组建石油勘探开发科学研究院，被任命为主管开发的副院长。在原规划院油田开发室的基础上，成立油气田开发研究所，兼任首任所长。

在石油工业部成立的全国六大学科小组中，任渗流力学（油藏数值模拟）小组组长。

1979—1980 年

协助石油工业部闵豫副部长组织了全国油田总工程师、总地质师油田开发理论进修班，编写讲义并讲授《油藏数值模拟基础》课程。此为国内第一次开设油藏数值模拟课程，自编教材也是国内数模领域第一本教材。

1981 年

与桓冠仁、谢兴礼合作发表《非均质亲油砂岩油层内油水运动规律的数值模拟研究》论文，获石油工业部优秀科技成果一等奖。

率领三次采油机理考察团赴美考察提高石油采收率技术。访问了美国能源部的巴特斯维尔能源技术中心、斯坦福大学和马拉松石油公司等，为我国首次开展三次采油技术攻关带回大量理论和实践资料。

1982 年

9 月，在大庆参加由中国石油天然气勘探开发公司和联合国技术合作促进发展部联合主办的"国际油田开发技术会议"。

招收硕士研究生彭力田，以"油藏数值模拟自适应隐式方法研究"为题，深入开展油藏数值模拟技术研究。

1983 年

夏，去辽河油田出差途中遭遇车祸，颈椎和腰椎受到严重创伤，颈椎的创伤一直没有很好治愈，对晚年生活造成很大影响。

在治疗期间对油田开发理论进修班油藏数值模拟教材进行了扩展和深化，出版重要著作《油藏数值模拟基础》。

1984 年

6 月，中国石油勘探开发公司和美国岩心公司合资成立中国岩心研究有限公司，出任董事长。

10 月，出席中国驻新加坡大使馆 35 周年国庆招待会。

1985 年

6 月，石油勘探开发科学研究院总工室成立，任总工室主任。

倡导三次采油技术，向时任石油工业部副部长李天相汇报，建议在油田引入聚合物驱先导试验，担任国家"七五"攻关项目"三次采油技术"领导小组组长。

参加在意大利罗马召开的第三届欧洲提高采收率会议，并宣读与杨承志合作的论文《用聚电解质抑制烷基苯磺酸钠在黏土上的吸附》。

招收硕士研究生刘合年、景凤江、王克非和宋杰等开展油藏数值模拟等油田开发新技术研究。

1986 年

5 月，受聘任《石油勘探与开发》第一届编委会副主任。

主持"七五"国家重点攻关项目"油藏数值模拟技术"，组织全国数值模拟的骨干力量长期攻关。

1987 年

1 月，受石油工业部委托，就文南油田混相驱数模问题，赴美国 Keplinger 公司评估其数模方案。

1月，参加在美国德州举办的第十届 SPE 数值模拟大会，并在会上宣读与韩殿立、彭力田等人合作的论文《动态局部网格加密方法研究》。

4月，受石油工业标准化技术委员会聘请担任石油信息与计算机应用专业标准化委员会第一届委员。

招收硕士研究生章寒松、张金庆加入研究团队，油藏数值模拟等方面的研究力量得以加强。

针对华北油田产量高递减快的情况，从全国各油田抽调百余有经验的精兵良将，从岩心分析开始进行数值模拟研究，进行了从开采工具到修井工具全面转变开发方式的大调查，彻底改变开采方式。

1987—1991 年

组织开展了涵盖 13 个油区、82 个油田、400 多名油田技术人员参加的"中国注水开发油田提高原油采收率潜力评价及发展战略研究"，制定了全国油田发展三次采油技术的战略部署，采收率得到很大提高。

1988 年

在美国参加由美国能源部和石油工程师学会联合召开的提高采收率会议，并在会上宣读与杨承志等人合作的论文《中国老君庙油田泡沫驱工业试验结果分析与解释》。

在天津参加由中国石油学会和美国石油工程师学会联合召开的第三届国际石油工程会议，并宣读与董映珉等合作的论文《滤除干扰的单脉冲多井试井方法》。

在大庆油田和大港油田开展聚合物驱现场先导试验，提高采收率 10%~12%。之后，在含水率已高达 98.5% 的胜利孤东油田七区进行了我国第一次三元复合驱先导性现场试验，提高采收率 13.6%。

1989 年

在匈牙利布达佩斯参加第五届欧洲提高采收率会议，并宣读与杨承志等人合作的论文《高含黏土油藏表面活性剂驱提高采收率的可行性研究》。

参加第四届亚洲石油会议，并宣读与杨承志等人合作的论文《中国石油工业提高采收率技术的现状与发展》。

1990年

12月，在总公司"全国油气田开发技术座谈会"上作《发展新技术、千方百计挖掘高含水油田的潜力，提高采收率》技术报告。

组建由中国科学院和中国石油天然气总公司合办的胶体与界面科学联合实验室及其学术委员会，担任学术委员会主任。

1991年

6月，赴美国出席中国岩心研究有限公司董事会。

主持的国家重点科技攻关项目"油藏数值模拟技术"，获中国石油天然气总公司科技进步一等奖。

被中国石油天然气总公司授予"石油工业有突出贡献科技专家"称号。

获首批政府特殊津贴。

1992年

"油藏数值模拟技术"项目获国家科技进步奖二等奖。

1987年开始的"中国注水开发油田提高原油采收率潜力评价及发展战略研究"获中国石油天然气总公司科技进步一等奖。

1993年

招收博士研究生曾萍，开展油气田勘探开发领域计算机应用技术研究，为后续开展石油企业信息化建设、智慧油田建设培养了人才，进行了技术储备。

修订并再版重要著作《油藏数值模拟基础》，此书后于1995年、1999年、2000年多次再版印刷。

12月，中华人民共和国国家科学技术委员会为"无预冲洗化学驱油技术"项目完成人韩大匡颁发国家科技成果完成者证书。

1994年

5月，作为主要汇报人与中国石油天然气总公司有关同志及石油勘探开发科学研究院院长翟光明共赴深圳向原国务委员康世恩汇报我国油田开发技术进展情况。

在中国石油天然气总公司"东部地区油田开发工作会议"上作"深度开发高含水油田提高采收率问题的探讨"专题技术报告。

10月，受中国石油天然气总公司人教局聘请担任石油高等教育咨询专家。

1995年

6月，中华人民共和国国家科学技术委员会为"中国注水开发油田提高采收率潜力评价及发展战略研究"项目第一完成人韩大匡颁发国家科技成果完成者证书。

任研究院博士后管理委员会主任，负责组建石油勘探开发科学研究院博士后流动站。

在奥地利维也纳参加欧洲第八届提高采收率学术会议，并宣读论文《The Alkaline – Surfactant – Polymer Combination Flooding and Application to Oilfield for EOR》。

在北京参加SPE/CPS国际石油工程学术会议，并宣读论文《三元复合驱提高高酸值油田石油采收率》。

招收王瑞河、廖广志、韩冬、欧阳坚、潘志坚等多位博士后进站，开展深入的油藏数值模拟、化学驱提高采收率等创新技术研究。

在《石油勘探与开发》期刊1995年第5期，发表《深度开发高含水油田提高采收率问题的探讨》一文。

1996年

10月，获第五届中国科学技术发展基金会孙越崎科技教育基金"能源大奖"。出版与杨承志合著的著作《化学驱油理论与实践》。

1997年

10月，在北京参加第十五届世界石油大会新技术研讨会，并宣讲论文《常规油田开发技术综述》。

出版与杨承志合著的著作《Improved Oil Recovery》。

1998 年

退休。

9月，招收博士研究生李建芳，以"全隐快速自适应组合网格方法油藏数值模拟器的研究"为题，开展精细油藏数值模拟算法与软件研发。

1999 年

出版重要著作《多层砂岩油藏开发模式》。

2000 年

在中国石油勘探开发研究院专家室，通过与钱绍新、刘雯林、吕牛顿等地球物理专家接触和交流，形成在高含水油田开展开发地震研究的想法，自学地震专业知识。

指导完成的"油藏数值模拟并行处理技术"，获中国石油天然气总公司技术创新二等奖。

2001 年

2月，受聘担任中国石油天然气集团公司"油层物理化学及渗流重点实验室"学术委员会委员。

11月，当选为中国工程院院士。

2002 年

9月，招收大庆油田勘探开发研究院刘文岭博士进站作博士后，以中国石油勘探与生产分公司项目"高含水后期剩余油分布预测集成技术研究"为平台，组织研究团队，在国内率先组织开展高含水油田开发地震技术系统性研究。

2003 年

6月，受聘担任中国工程院"中国可持续发展油气资源战略研究"课题综合组成员。

8月，经中华人民共和国人事部、科学技术部、教育部、财政部、国家发展和改革委员会、国家自然科学基金委员会、中国科学技术协会研究，聘请韩大匡同志担任2003年度新世纪百千万人才工程国家级人选评审委员会委员。

8月，招收西安石油大学石油工程学院副院长王经荣博士进站作博士后，开展以分层历史拟合为特色的更加深入的精细油藏数值模拟研究。

2003—2004 年

参加中国工程院牵头承担的国家重大咨询课题"中国可持续发展油气资源战略研究"，担任"国内油气资源开发战略"专题副组长。

2004 年

6月，在中国石油勘探开发研究院油气田开发技术座谈会上作《对于高含水后期提高剩余油预测精度的思考——重点讨论应用开发地震的可行性和有效性》主题报告。

8月，赴大庆油田作《中国石油天然气工业面临的挑战和发展战略》报告。

9月，招收华北油田具有丰富地震资料解释经验的王玉学博士进站作博士后，招收三名博士研究生，即地质专业的徐安娜、地震专业的黄文松、测井专业的罗娜，形成了从测井、地震到进行精细油藏描述，以及用数值模拟技术进行动态描述剩余油分布情况的初步完整的研究团队。

10月，被中国工程院聘请担任"中国可持续发展油气资源战略研究后续研究第一课题组——中国油气资源发展趋势与潜力（2020—2050）"课题组成员。

12月，受聘担任中国石油学会《石油学报》第六届编辑委员会顾问。

12月，受聘担任西安石油大学油气田开发专业特聘教授。

2005 年

3月，给中国石油主要领导和主管科技、油田开发的相关领导，统一写了一份建议报告——《关于提高剩余油分布预测精度，改善水驱效果提高老油田采收率的建议》，提出大力发展开发地震技术的建议。

7月，受聘担任国家重点基础研究发展计划（973计划）"化学驱和微生物驱提高石油采收率的基础研究"项目专家组成员。

9月，应邀在中国石油学会油气田开发技术大会暨中国油气田开发科技进展与难采储量开采技术研讨会上作主题报告《确定剩余油相对富集区提高注水采收率的思考与认识》。

招收博士后李军诗、博士研究生胡水清、王继强加入研究团队。

2006年

4月，受聘担任《中国石油勘探开发全书》学术委员会委员。

4月，经中华人民共和国人事部、科学技术部、教育部、财政部、国家发展和改革委员会、国家自然科学基金委员会、中国科学技术协会研究，聘请韩大匡同志担任2006年度新世纪百千万人才工程国家级人选评审委员会委员。

11月，受聘担任中国石油和化学工业协会技术创新推进委员会副主任。

12月，在SPE国际石油天然气会议暨展览会上宣读与刘文岭合著的论文《Techniques of predicting remaining oil in a Mature Oilfield with High Water Cut：Case study》。

在前期多年酝酿的基础上，指导王继强采用支持向量机的方法，通过大数据挖掘，开展合层注水条件下的地质小层注水量劈分技术研究，为后续倡导和推动油气大数据与人工智能技术的规模化应用奠定了基础。

指导博士研究生金智勇，开展基于支持向量机的水流优势通道预测研究。

2007年

5月，在中国石油召开的院士座谈会上，介绍二次开发的重要性和新的研究情况，提出今后发展的建议。

6月，对高含水油田二次开发进行深入思考和研究，向中国石油管理层递交了《关于高含水油田剩余油分布预测与提高水驱采收率的思考、认识与建议》报告。

在《石油学报》2007年第2期，发表论文《准确预测剩余油相对富集区提高油田注水采收率研究》。

9月，招收大港油田具有丰富地震反演储层预测经验的侯伯刚博士进站作博士后，深入开展地质统计学反演，地震储层预测精度得到有效提高，2m厚度以上砂体识别符合率达到85%以上。

指导博士后吴行才对可动凝胶深部调驱理论和技术进行长期深入研究，在华北、大港、辽河等油田现场应用，取得良好实效。

指导博士后刘启鹏，开展缝洞型碳酸盐岩油藏数值模拟和高含水油田二次开发研究。

2008年

2月17日，向中国石油管理层递交了《关于高含水油田二次开发理念、对策、技术思路和建立示范区的建议》报告，时任中国石油股份公司副总裁的胡文瑞院士作出批示，要求将这份建议报告和1995年发表的题为《深度开发高含水油田提高采收率问题的探讨》的论文、2007年递交的《关于高含水油田剩余油分布预测与提高水驱采收率的思考、认识与建议》报告，作为中国石油二次开发的指导性文件。

9月，招收博士研究生叶银珠，深入开展可动凝胶调驱技术研究。

2009年

受时任大庆油田有限责任公司董事长兼总经理王玉普邀请，到大庆油田现场调研，对聚合物驱后如何进一步提高采收率提出建议。

5月，受聘担任中国海洋石油总公司提高采收率重点实验室第二届学术委员会委员。

9月，招收博士后张翼，开展特低、超低渗透率油藏如何提高采收率技术研究。

9月，担任提高石油采收率国家重点实验室（中国石油勘探开发研究院）学术委员会主任委员。

10月，论文《关于有效开发低渗透气藏的几点意见》被评为《天然气工业》（2007—2008年度）特别奖论文。

12月，由于在中国石油学会《石油学报》第六届编委会工作中表现突出，荣获先进个人称号。

2010年

在《石油勘探与开发》中英文期刊2010年第5期，发表《关于高含水油田二次开发理念、对策和技术路线的探讨》一文，被SCI收录。

在《中国工程科学》期刊2010年第5期，发表《中国油气田开发现状、面临的挑战和技术发展方向》。

12月，被中国石油天然气集团公司三次采油重点实验室学术委员会聘为主任委员，任期5年。

2011年

在中国石油勘探与生产分公司第五届二次开发年会上作报告《对二次开发的研究工作和若干问题的进一步探讨》。

11月，《关于高含水油田二次开发理念、对策和技术路线的探讨》入围具有国际能源行业诺贝尔奖美誉的埃尼奖提名。

主持研究的"高含水油田提高水驱采收率技术创新与应用"获中国石油和化学工业联合会科技进步奖一等奖。

中国石油天然气集团公司为庆祝韩大匡院士八十华诞，举办"韩大匡院士学术思想研讨会"。

2012年

6月，招收博士后邵黎明加入提高采收率新技术研究团队，与吴行才博士联合指导，开展新型深部调驱材料的研发及性能评价。

11月，出版《韩大匡院士文集》。

2014年

9月，招收博士后李兆亮加入研究团队，与刘文岭联合指导，开展高含水油田基于GIS的个性化井位优化设计技术研究。

2017年

11月，大力倡导大数据技术在油气田勘探开发领域的应用，组织申报国家工业和信息化部"大数据产业发展试点示范项目"。

2018年

10月，组织申报的"基于大数据应用的油气勘探开发创新增效示范工程"项目，入围工信部发布的2018年大数据产业发展试点示范项目名单。

11月，组织完成中国石油科技管理部重点项目"石油勘探开发大数据与人工智能关键技术研究"立项，担任项目长。

2019年

3月，完成中国工程院重点咨询研究项目"大数据驱动的油气勘探开发发展战略研究"立项，与清华大学吴澄院士共同担任项目长。

9月，被国家工业和信息化部科技司聘为人工智能专家。

12月，向中国石油大学（北京）教育基金会捐赠人民币50万元。

2020年

7月，在与大港油田联合举办的智慧油田建设研讨会上，详细论述了智慧油田新理念，主张智慧油田建设由生产运行阶段向包括勘探开发在内的全业务流程拓展。

与刘文岭、胡水清、周新茂、王玉学、侯伯刚等合作完成的国家科技重大专项课题成果"高含水油田井震结合储层精细表征关键技术及规模应用"，获中国石油和化工自动化应用协会科技进步一等奖。

9月，被中国石油大学（北京）人工智能学院聘为终身荣誉教授。

与中国石油大学（北京）肖立志教授联合招收博士研究生熊文君，开展井震约束的电阻率正反演及储层评价的研究。

2021 年

4 月，主持的国家工业与信息化部项目"基于大数据应用的油气勘探开发创新增效示范工程"通过验收。专家组评价认为：该项目对大数据与人工智能新技术在油气勘探开发领域的创新发展与深入应用，发挥了重要的技术引领与示范带动作用，促进了油气行业智能化发展。

7 月，指导袁江如高级工程师完成的中国石油勘探开发研究院重点项目"通过应数据深度学习方法预测合注条件下各分层剩余油饱和度的探索研究"通过验收。

8 月，主持完成的中国工程院重点咨询研究项目"大数据驱动的油气勘探开发发展战略研究"通过验收，项目验收意见评价认为：项目研究成果意义重大，为国家科学决策油气勘探开发人工智能技术发展提供重要支撑。

指导完成的"开发地震精细解释技术创新突破及高含水油田深度开发规模应用"项目，获中国地球物理学会科技进步二等奖。

2023 年

3 月，给中国石油天然气集团有限公司董事长写建议报告《关于贯彻习总书记能源安全问题及发展我国自立自强高水平科技和原创技术的几点建议》，董事长回信给予高度肯定。

10 月 23 日 3 时 30 分，在北京因病逝世，享年 91 岁。

韩大匡主要论著目录

著作

[1] 韩大匡,周春虎.采油工程(1—4册)[M].北京:中国工业出版社,1961.

[2] 韩大匡,陈钦雷.油藏数值模拟基础[M].北京:石油工业出版社,1993.

[3] 韩大匡,万仁溥.多层砂岩油藏开发模式[M].北京:石油工业出版社,1999.

[4] 杨承志,韩大匡.化学驱油理论与实践[M].北京:石油工业出版社,1996.

[5] Yang C Z, Han D K.Improved Oil Recovery[M].北京:石油工业出版社,1997.

[6] 韩大匡.韩大匡院士文集[M].北京:石油工业出版社,2012.

[7] И.М.穆拉维也夫.油田开采(上册)[M].韩大匡,等译.北京:石油工业出版社,1956.

[8] И.М.穆拉维也夫.油田开采(下册)[M].韩大匡,等译.北京:石油工业出版社,1957.

论文

[1] 韩大匡,张朝琛,杨承志,等.增加注入水的黏度提高水驱油采收率[J].北京石油学院学报,1965,1(1):83—94.

[2] 韩大匡, 桓冠仁, 谢兴礼. 非均质亲油砂岩油层内油水运动规律的数值模拟研究 [J]. 石油学报, 1980, 1 (3): 33-48.

[3] 韩大匡, 桓冠仁, 谢兴礼. 改善亲油正韵律厚油层注水开发效果的数值模拟研究 [J]. 石油勘探与开发, 1981 (4): 43-57.

[4] 韩大匡, 杨普华, 杨贵珍, 等. 美国三次采油机理考察报告 [R]. 石油工业部内部印刷出版, 1982.

[5] 韩大匡. 加强科学试验提高注水采收率有效地开发复杂油田 [R]. 石油工业部油田开发建设工作会议, 1987.

[6] Han D K, Han D L, et al. A more Flexible Approach of Dynamic Local Grid Refinement for Reservoir Modeling [C]. SPE Symposium on Reservoir Simulation, 1987.

[7] 韩大匡. 发展新技术、千方百计挖掘高含水油田的潜力, 提高采收率 [R]. 中国石油天然气总公司 "全国油气田开发技术座谈会", 1990.

[8] 韩大匡. 注水开发油田提高原油采收率的发展战略 // 中国注水开发油田提高原油采收率潜力评价及发展策略研究 [R], 1991.

[9] 韩大匡, 杨普华. 发展三次采油为主的提高采收率新技术 [J]. 油气采收率技术, 1994, 1 (1): 12-18.

[10] Han D K. Developing High Water-cut Fields Deeply to Enhance Their Oil Recovery [J]. China Oil & Gas, 1994, 1 (4): 11-14.

[11] 韩大匡. 深度开发高含水油田提高采收率问题的探讨 [J]. 石油勘探与开发, 1995, 22 (5): 47-55.

[12] 韩大匡, 邓亚平. 国外石油工业现状、科技对策和我们的认识（待续）[J]. 世界石油工业, 1995, 2 (7): 56-60.

[13] 韩大匡, 邓亚平. 国外石油工业现状、科技对策和我们的认识（续完）[J]. 世界石油工业, 1995, 2 (8): 60-64.

[14] 韩大匡, 韩冬, 杨普华, 等. 胶态分散凝胶驱油技术的研究与进展 [J]. 油田化学, 1996, 13 (3): 273-276.

[15] 韩大匡, 贾文瑞. 中国油气田开发特征与技术发展 [J]. 断块油气田,

1996，3（3）：1-7.

[16] 韩大匡，杨承志，楼诸红，等.适用于复合驱油体系的表面活性剂［R］.石油勘探开发科学研究院，1996.

[17] 韩大匡.我国提高采收率技术的应用概况［N］.石油消息，1997-12-03.

[18] 韩大匡.我国聚合物驱概况［N］.石油消息，1997-12-10.

[19] Han D K. The achievements and challenges of EOR technology for onshore oil fields in China［C］. Proceedings of the 15th World Petroleum Congress，1997：363-372.

[20] Han D K，Yang C Z，Zhang Z Q，et al. Recent Development of Enhanced Oil Recovery in China［J］.Journal of petroleum science & engineering，1999，22（1-3）：181-188.

[21] Han D K，Wang J R，Ye J G.New Demands for Application of Numerical Simulation to Improve Reservoir Studies in China［J］.International Journal of Numerical Analysis and Modeling，2005，2：148-152.

[22] 韩大匡，王经荣，李建芳.中国油田开发对油藏数值模拟技术的新需求［J］.世界石油工业 中国油气论坛提高石油采收率专题论文，2007：66-72.

[23] 韩大匡.准确预测剩余油相对富集区提高油田注水采收率研究［J］.石油学报，2007，28（2）：73-78.

[24] 韩大匡.关于高含水油田剩余油分布预测与提高水驱采收率的思考、认识和建议［R］，2007.

[25] 韩大匡.关于有效开发低渗透气藏的几点意见［J］.天然气工业，2007，27（增刊B）：1-4.

[26] 韩大匡.关于高含水油田二次开发理念、对策、技术思路和建立示范区的建议［R］，2008.

[27] 韩大匡，桓冠仁，谢兴礼.非均质亲油砂岩油层层内油水运动规律的数值模拟研究［C］//中国石油勘探开发研究院五十年理论技术文集（1958—2008）开发篇·工程篇，2008：394-406.

[28] 韩大匡. 关于高含水油田二次开发理念、对策和技术路线的探讨 [J]. 石油勘探与开发, 2010, 37（5）: 583-591.

[29] 韩大匡. 中国油气田开发现状、面临的挑战和技术发展方向 [J]. 中国工程科学, 2010, 12（5）: 50-57.

[30] 韩大匡. 对二次开发的研究工作和若干问题的进一步探讨 [R]. 中国石油勘探与生产分公司第五届二次开发年会, 2011.

[31] 韩大匡, 刘璞. 关于大力开展凝胶体系改变深部液流方向技术的研究和试验的建议 [M] // 韩大匡院士文集. 北京: 石油工业出版社, 2012: 215-218.

[32] 韩大匡. 展望21世纪初叶油田开发技术发展 // 韩大匡院士文集 [C]. 北京: 石油工业出版社, 2012: 273-286.

[33] 董映珉, 任力成, 韩大匡. 滤除干扰的单脉冲多井试井方法 [J]. 油气井测试, 1989（2）: 19.

[34] 何武魁, 冯自由, 韩大匡. 微波法测定平面模型含水饱和度系统及其应用 [J]. 石油勘探与开发, 1991, 18（3）: 55-63.

[35] Yang C Z, Han D K. Present status of EOR in the chinese petroleum Industry on its Future [J]. Journal of Petroleum Science and Engineering, 1991, 6: 175-189.

[36] 王新海, 韩大匡, 郭尚平. 聚合物驱数学模型、参数模型的建立与机理研究 [J]. 科学通报, 1992, 37（18）: 1713-1715.

[37] 董映珉, 韩大匡. 用解析法分析脉冲试井 [J]. 石油大学学报（自然科学版）, 1992, 16（5）: 122-123.

[38] 王新海, 夏文荣, 韩大匡, 等. 三维二相四组分聚合物驱模拟器的研制 [J]. 中国海上油气（地质）, 1993, 7（4）: 31-37.

[39] 王新海, 韩大匡, 郭尚平. 聚合物驱油机理和应用 [J]. 石油学报, 1994, 15（1）: 83-91.

[40] 杨承志, 韩大匡, 王德辰. 一种新型添加剂在玉门油田化学驱先导性试验中的应用 [J]. 石油学报, 1995, 16（2）: 77-84.

［41］刘合年，韩大匡，桓冠仁，等.状态方程型井筒三相流模型［J］.石油勘探与开发，1995，22（4）：57-61.

［42］李培，韩大匡，李凡华.水平井无限井排产能公式——Muskat 公式的推广［J］.石油勘探与开发，1997，24（3）：45-48.

［43］潘志坚，韩大匡，齐与峰.油气田开发系统工程的基础理论和应用技术研究及其发展［J］.石油大学学报（自然科学版），1998（5）：11，118-122.

［44］古英，韩大匡，王瑞河.油藏模拟的新方法——改进的快速自适应组合网格［J］.石油学报，1999，20（4）：39-45.

［45］莫则尧，刘兴平，彭力田，等.优化和并行一个油藏数值模拟软件中的解法器［J］.石油学报，2000，21（2）：56-61.

［46］李建芳，韩大匡，邓宝荣，等.窗口技术在油藏数值模拟中的应用［J］.石油勘探与开发，2003，30（6）：86-88.

［47］刘文岭，韩大匡，叶继根，等.高含水后期井震联合剩余油预测技术研究［M］//中国石油学会石油工程学会.井间剩余油饱和度监测技术文集.北京：石油工业出版社，2005：40-47.

［48］Liu W L, Han D K, Wang J R, et al.Techniques of predicting remaining oil in a Mature Oilfield with High Water Cut：Case study.SPE-104437，2006.

［49］王玉学，韩大匡，刘文岭，等.相干体技术在火山岩预测中的应用［J］.石油物探，2006，45（2）：192-196.

［50］张明，姚逢昌，韩大匡，等.转换波成像方法综述［J］.石油物探，2006，45（5）：553-556.

［51］张明，姚逢昌，韩大匡，等.多分量地震裂缝预测技术进展［J］.石油物探，2007，18（2）：293-297.

［52］王冬梅，韩大匡，邵振波，等.聚驱后续水驱阶段影响因素分析［J］.大庆石油学院学报，2007（2）：45-48，126.

［53］王冬梅，韩大匡，侯维虹，等.聚合物驱剖面返转类型及变化规律［J］.大庆石油地质与开发，2007，26（4）：96-99.

［54］王冬梅，韩大匡，高淑玲，等.聚驱过程中裂缝产生的可能性研究［J］.大庆石油地质与开发，2007，26（5）：102-105.

［55］郑庆生，韩大匡.高阶神经网络在储层分布参数定量预测中的应用［J］.地球物理学进展，2007，22（2）：552-555.

［56］王继强，韩大匡，金志勇，等.支持向量机在单井措施增油量预测中的应用［J］.新疆石油地质，2008（1）：109-112.

［57］胡水清，韩大匡，夏吉庄.高含水期地震约束储层建模技术［J］.石油与天然气地质，2008，29（1）：128-134.

［58］胡水清，韩大匡，刘文岭，等.频谱分解技术在岩相建模中的应用［J］.大庆石油学院学报，2008，32（3）：1-4.

［59］刘启鹏，韩大匡，张迎春，等.常规稠油油藏水平分支井渗流特征及产能评价［J］.石油钻采工艺，2008，30（5）：71-76.

［60］邹存友，韩大匡，常毓文，等.Y2递减就是Arps递减［J］.新疆石油地质，2009，30（5）：650-652.

［61］龙国清，韩大匡，田昌炳，等.油藏开发阶段河流相基准面旋回划分与储层细分对比方法探讨［J］.现代地质，2009，23（5）：963-967.

［62］钟立国，韩大匡，李莉，等.特低渗透油藏二氧化碳吞吐模拟［J］.大庆石油学院学报，2009，33（4）：120-124.

［63］刘文岭，韩大匡，胡水清，等.高含水油田发展油藏地球物理技术的思考与实践［J］.石油学报，2009，30（4）：550-554，559.

［64］邹存友，李治平，韩大匡，等.直井与水平井组合SAGD试井解释方法研究［J］.油气井测试，2009，18（6）：6-9，72.

［65］钟立国，韩大匡，李莉.人工压裂低渗透油藏二氧化碳吞吐因素敏感性分析［J］.大庆石油学院学报，2009，33（4）：125-129.

［66］徐安娜，董月霞，韩大匡，等.地震、测井和地质综合一体化油藏描述与评价——以南堡1号构造东营组一段油藏为例［J］.石油勘探与开发，2009，36（5）：541-551.

［67］马淑芳，韩大匡，甘利灯，等.地震岩石物理模型综述［J］.地球物理

学进展，2010，25（2）：460-471.

[68] 张翼，高雪，韩大匡，等．改性活性炭纤维对生物转盘挂膜的影响[J]．化学工程，2010，38（4）：69-72.

[69] 张翼，付波，韩大匡，等．稠油降解菌的筛选及特性研究[J]．石油炼制与化工，2010，41（7）：68-72.

[70] 张翼，吴盛文，马德胜，等．TiO_2-SnO_2复合电极的制备及性能[J]．热材料处理学报，2010，31（11）：18-22.

[71] 张翼，周新新，韩大匡，等．稀土La掺杂SnSb复合涂层Ti基电极的制备及催化性能[J]．材料保护，2010，43（6）：9-12，90.

[72] 邹存友，韩大匡，盛海波，等．建立采收率与井网密度关系的方法探讨[J]．油气地质与采收率，2010，17（4）：43-47，114.

[73] 刘文岭，韩大匡，程蒲，等．高含水油田井震联合重构地下认识体系[J]．石油地球物理勘探，2011，46（6）：833，930-937，1012.

[74] 王宝华，吴淑红，韩大匡，等．大规模油藏数值模拟的块压缩存储及求解[J]．石油勘探与开发，2013，40（4）：462-467.

[75] Wu X C，Xiong C M，Han D K，et al. A New IOR Method for Mature Waterflooding Reservoirs："Sweep Control Technology"．SPE-171485，2014.

[76] 吴行才，熊春明，韩大匡，等．分类分级调驱提高石油采收率技术理论与方法初探[C]//中国石油和化工自动化第十四届年会论文集，2015：67-68.

[77] 吴行才，熊春明，韩大匡，等．同步调驱提高石油采收率技术理论与实践[C]//中国石油和化工自动化第十五届年会论文集，2016：19-24.

[78] 邵黎明，吴行才，房平亮，等．新型耐高温体膨型高分子材料研发及性能评价[J]．油田化学，2015，32（2）：195-197，203.

[79] 侯伯刚，韩大匡，刘文岭，等．变差函数的参数和井数对随机反演精度影响的分析[J]．石油物探，2016，55（5）：754-763.

[80] 李兆亮，潘懋，韩大匡，等．三维构造建模技术[J]．地球科学（中国

地质大学学报），2016，41（12）：2136-2146.

［81］李兆亮，潘懋，韩大匡，等.储层精细构造模型三维网格化技术［J］.科学技术与工程，2017，17（26）：36-42.

［82］吴行才，韩大匡，卢祥国，等.微凝胶颗粒水分散液体系在多孔介质中的驱替机理［J］.地球科学（中国地质大学学报），2017，42（8）：1348-1355.

［83］吴行才，韩大匡，姜汉桥，等.波及控制靶向驱油理论探索与实践［M］//中国油气开采工程新技术交流大会论文集.北京：中国石化出版社，2019：570-579.

［84］刘文岭，韩大匡.数字孪生油气藏：智慧油气田建设的新方向［J］.石油学报，2022，43（10）：1450-1461.

［85］姜昌浪，康民强，刘记立，等.激光扫描作用花岗岩表面玻璃化特性研究［J］.激光与光电子学进展，2024，61（5）：288-296.

［86］Xiong W J, Xiao L Z, Han D K, et al. A prediction model for water absorption in sublayers based on stacking ensemble learning method［J］. Geoenergy Science and Engineering，2024，239：212896.

附录一　最后的日子

2023年10月23日凌晨，父亲的心脏停止了跳动。

无尽的悲伤突然降临在这个本该艳阳高照的秋日，如晴天霹雳般击垮了与父亲相濡以沫60余年的母亲。她一声声地呼唤着"大匡……大匡……"，她爬上病床，试图用自己的体温温暖父亲的身体。她泣不成声地摇着父亲的手，反反复复地说："我们不是说好了，大匡……你不能这样不算数，大匡……"一生温厚的她执拗地护在病床前，数次拒绝护工将遗体推走，仿佛她的护卫能够助她把最重要最心爱的人从死神的手里抢回来。

直到现在，母亲依然拒绝处理父亲的遗物，家里摆满了她和父亲的合影，一张张青春洋溢、快乐幸福的笑脸，记录着他们一起走过的路、一起渡过的河……父亲依然是那样含蓄地笑着，依然坐在餐桌前、坐在躺椅上，拿着电话和人探讨着，描摹着石油工业发展的明天……

父亲喜欢音乐，像做学问一样研究音乐，那两本一直陪伴着他的"音乐圣经"还立在书柜里，等着他翻阅查询。每次从欧洲回来，父亲都会给我列个单子，让我帮他寻找这个乐队、这个指挥、这个录音公司出品的这个曲子；每次回来，半个行李箱是他的CD、黑胶唱片，他反复地听，比较着、欣赏着不同乐队、不同指挥、不同演奏家演绎同一首曲子时的不同风格。

父亲一生多病，但从未见到他为此焦虑，一直从容、乐观地面对。他找来一本本医书，仔细认真地研究它们，对病理、病因都有自己的看法。一次在北京医院，一位医生看到病历中"多发性骨髓瘤"的字样，就让他在诊室外等候，先和家属了解病情。事后，父亲得意地看着我说"他还以为我不知道"……

疾病可以毁其健康，却不能夺其意志，父亲一直工作到生命的最后一刻。疾病成了生活的一部分，病房顺理成章成了他的"办公室"。甚至在疫情期间，病房只能允许一个人陪护，父亲把陪护阿姨换成他的学生，协助他完成了给集团公司领导的建议报告。

父亲一生与人为善，帮助了身边许多同事、同学和学生，帮助他们解决或者工作中，或者生活上遇到的难题。在他去世后，这些他曾经帮助过的人以各种方式表达着他们的感激之情，甚至以前不相识的人也会来和我说：我能够调到北京，都是你父亲帮的忙……

小时候，心中的父亲是"威严"的，平日虽不干涉你的事，可一旦开口，总能切中要害；渐渐长大，父亲成了可以聊聊心事的人，可以理解你的困惑，给些指点，又不强加于人；这几年，父亲身体一天天衰弱，性格却一天天"可爱"起来。父亲手劲儿大，掰手腕打遍全家无敌手。每赢一场，他都像孩童般开怀大笑，拉着你不让走，"再来，再来……"

疫情以来，我在父母身边生活了几年，才真正了解了父亲的衣食住行、工作生活。他的视力日渐衰退，最后下降到0.2，借助最大倍数的放大镜也渐渐看不清文字了，就改用计算机或手机朗读文件或者由我来帮他朗读那些纸质文件，之后再记下他的想法，形成文字，写成报告。我感到非常幸运，有机会做了他的眼睛，做了他的笔……

这些身体上的不适和病痛，都不能让他放弃思考国家能源安全，石油工业自立自强、换道超车的愿景。他说，年纪大了，没有了工作职务的压力，反而有了大局观，不再仅仅从某一专业出发思考问题；他说，问天再要三百年，三百年我就不要了，我只要十年就好，即便看不到最终的成果，但能够铺好路、布好局，我就心安了。

他每天坐在躺椅上，眯着眼睛，想着那些已经不再是他职责的国家大事。每当母亲劝他不要再想了，他总是说，如果不能思考这些，那我的生命还有什么意义？

附 录

退而不休的父亲，无论健康与否、高龄与否、在职与否，无论顺境、逆境，不服输、不服老、不放弃，一颗心永远为石油工业的进步跳动着。

亲爱的父亲，我很幸运，这辈子做了您的女儿，您用生命教我懂得了什么是执着、奉献、终身学习和永不放弃。

希望天堂没有病痛，您可以全心全意地为石油工业的未来描绘更新更美的图画……

像那首《如愿》（节选）唱的那样：

>我们愿
>活成你的愿
>走你所走的长路
>爱你所爱的人间
>见你未见的世界
>写你未写的诗篇

期待着那一天，国家的能源安全了，美国再也卡不住我们了，我们点一炷香、洒一杯酒，告慰在您的墓前：

您放心吧！这盛世如您所愿！

10月27日，父亲的追悼会在八宝山殡仪馆举行，父亲身覆党旗，从容安详。习近平主席办公室打来了慰问电话，党和国家领导人以及中央组织部、国资委党委、中国工程院、中国石油、中国石化、中国海油、中国石油勘探开发研究院、大庆油田、清华大学、中国石油大学、上海晋元高级中学等100多个单位和个人送了花圈，中国工程院院长、中国石油董事长、中国石化董事长出席了追悼会。苏义脑、戴金星、袁士义、孙龙德、胡文瑞、李阳、谢玉洪、赵文智、陈掌星、李德生（由女儿代为前往）等中国工程院、中国科学院院士；中国石油勘探开发研究院院领导、中国石油原副总裁、总地质师、综合管理部主任、老干部局局长；中国石油国家卓越工程师学院副院长；中海油研究总院领导和专家；延长石油总地质师；中国石油大学领导；上海晋元高级中学副校长等100多位领导、专家、同事、学生、家属及好友在八宝山为父亲送别。

父亲将他的一生毫无保留地贡献给了石油工业的发展壮大，他的付出得到了党和国家的认可和高度评价，也得到组织上无微不至的关怀和照顾。

父亲去世前，中国工程院、中国石油和中国石油勘探开发研究院领导多次到家里慰问；中国工程院一局道德处处长多次帮忙联系名医；中国石油老干部局副局长和保健医生为联系看病、住院往来奔忙；中国石油勘探开发研究院院士办公室主任和老师为平日的工作和生活关怀备至、有求必应。

父亲去世后，父亲的工作单位中国石油勘探开发研究院院长召集会议，部署追悼会的筹备工作；中国石油老干部局局长为追悼会顺利进行精心组织、现场坐镇；中国石油勘探开发研究院老干部处领导帮助设置家中灵堂，每日来家里问寒问暖；父亲的学生黄文松、徐安娜、李建芳、王瑞河、胡水清、刘启鹏、邹存友、张建英、王继强、吴行才、丁伟、叶银珠、潘志坚、罗银富等轮流在家里守护，曾萍连夜赶出了追悼会播放的多媒体视频；宋杰的对联寄托了大家深深的怀念之情；还有那些从祖国各地甚至国外专程赶来送别父亲的，认识的、不认识的朋友、亲人……

甚至这本传记筹备出版期间，一稿、二稿、六稿、八稿……反复斟酌、反复修改，克服父亲过世、许多当事人年事已高等不利因素，书稿一天天丰满，一点点完善。看着我长大的李德生伯伯、沈平平叔叔、孙希文叔叔、方宏长叔叔、杨承志叔叔一个字一个字地反复审稿、修改，袁士义院士、李阳院士百忙中为书稿把关，提出中肯修改意见；作者刘文岭、李芬从起稿成书到后期修改几易其稿费尽心血；中国石油勘探开发研究院闫建文老师、院士办公室张延玲主任，石油工业出版社何丽萍编辑有求必应、多方协调；父亲原来的助理袁江如教授跑前忙后、核查落实；父亲的学生曾萍、张建英、李建芳、王瑞河、彭力田、吴行才、叶银珠、廖广志、李军诗等建言建策，四处查找资料，反复修改文稿……

千言万语无法表达我们深深的感激之情，谢谢你们在父亲生前逝后为父亲、母亲做的一切，在我们这个小家最为脆弱的时刻，是你们帮我们撑起了一片天，陪伴我们度过了这一段最灰暗的时光，温暖着我们那颗因父亲离去而破碎的心……

在此我深躬致意，谢谢你们！！！

韩大匡女儿　韩松敬上
2024 年 8 月 22 日

附录二　德高望重美名留

2023年10月23日，韩大匡院士于北京逝世。10月27日上午8点，韩大匡院士告别仪式在北京八宝山殡仪馆举行，来自中国工程院、中国石油、中国石油勘探开发研究院等单位的领导、院士、专家和同事，家人、亲戚、学生，以及石油行业相关单位、高等院校、企业等单位的代表，前往告别仪式现场送别韩大匡院士。多位亲朋好友学生撰写了回忆文章。

2023年10月27日韩大匡院士告别仪式

韩大匡院士虽然走了，但是他顽强拼搏的高尚品质、创新不止的奋斗精神、学无止境的求知态度、甘为人梯的育人追求，留给了我们；他亲切和蔼的音容笑貌，存留在他的家人、同事、学生和朋友的心里。我们仿佛还能看见他熟悉的笑容，仿佛还能听到他鼓励的声音，告诉我们要笃学躬行，要严谨求实，要坚持斗争精神，永不言弃，要把心放到中国石油科技事业的进步上，把情永远系在油藏最深处。

怀念韩大匡院士

李芬[1]

鞠客孤丛寄哀思,泪湿衣衫拜兰厅。
十年一觉萧山忆,先生驾鹤廻澜津。
天宫复演油藏课?归来清华仍学子。
学思最爱行不足,厚德载物湛光阴。

---

[1] 现任中国石油勘探开发研究院党群工作部(党委宣传部、工会、青年工作部/团委)主任(部长、工会副主席)。

尊敬的良师益友

孙希文[①]

我 1963 年毕业于北京石油学院，分配到大庆油田工作，组织上照顾我家庭困难，于 1975 年 9 月从大庆油田调回北京，分配到北京石油勘探开发规划研究院油气田开发研究室工作，任副室主任。有幸和韩大匡院士在一个领导班子里工作，来到一个科研单位。开始时，我感到虽然自己在大庆油田工作十多年，主要是些油田开发管理工作，有一定的生产管理方面的经验，但理论功底不足，心里有些发虚，遇事很少发言，韩大匡院士主动和我谈心，开导我说注意发挥自己的长处，逐渐补上自己的短板。他让我介绍大庆油田开发管理工作中如何绘制各类油层生产状况构成图，并如何利用这个构成图来指导油田开发管理工作。韩大匡院士听了以后说，这个构成图对油田开发很有指导意义，我们应该在个各油区进行推广应用，会使我们目前的油田开发工作上一个台阶。这极大地鼓舞了我的工作热情，决心一定要克服自己的短板，把工作搞好。接下来我参与了我国"七五"油田开发长远规划的编制工作，在编制规划中，我与各油田的技术人员交换意见，经常争论不休，定不下来。韩大匡院士交给我这项任务以后，一方面让我放手干，但另一方面不断给我理论的指导。他说，与油田技术人员争论不休，定不下来，是因为缺少理论基础，说服不了人家。他建议对不同类型油藏作些专题研究，搞清各类油层的稳产规律，以此为基础，就有说服力了，不要以势压人。我就按照韩大匡院士的要求，开展了相应的专题研究。我找出了不同类型油藏的稳产规律和特点，在此基础上，编制出各

[①] 作者孙希文：韩大匡院士好友及搭档。曾参与组建北京石油勘探开发科学研究院油田开发研究所并任副所长，后任研究院党委副书记。

油田开发的"七五"长远规划，在与油田技术人员讨论中取得了共识，该长远规划还对全国油田开发工作给予了有力的指导。

韩大匡院士给予我比较大的影响还有他善于学习外国经验，但又不迷信外国的东西。当他看到外国先进的数值模拟技术时，自己亲自动手学，带着研究生学，学不到手绝不罢休。当他发现其地质基础搞的比较粗，出现了问题时，又主动提出要细化我们的地质模型，使地质模型更加符合地下的情况，让数模计算的结果更加符合实际。这方面，外国专家也不得不承认虽然他们在数模计算方法上有一定的优势，但在数值模拟的地质基础上，不如中国。

因为工作需要，我于1979年调到了石油部开发司工作，虽然工作调动了，但是我和韩大匡院士的工作联系没有断，遇到了困难还是会来请教他。有一次有人问我，大庆油田"稳油控水"的先进经验，在经济上是否划算？这是个大的原则问题，当时我老虎吃天，无从下口，回答不上来，没办法，又回来请教韩院士，他说，好办！看看采用这种先进经验以后，采出相同量的原油所用的电量是多了还是少了。如果用的电量少了就证明经济效果好，否则就差。他就这样简单而又精辟地回答了我的问题。我回去按照他的指教算了一笔账，大庆油田运用"稳油控水"的先进经验以后，省了很多的电量，说明大庆油田"稳油控水"的先进经验，是有明显经济效果的。

我和韩大匡院士的关系，是同事，是兄长，更是师生关系，他教给我知识，同时又教给我如何做一名对国家有用的人才。

鞠躬尽瘁　精神永存

张延玲[1]

今天，我从身边工作人员的角度，怀揣着深深的敬意和无尽的怀念，纪念一位油气行业的优秀科学家——韩大匡院士。他的离世，使我们失去了一位杰出的科研工作者，一位敬业的教育家，一位鞠躬尽瘁、死而后已的奉献者。

韩大匡院士在书房（摄于2021年3月13日）

韩大匡院士是我国著名的油气田开发工程专家，他的生平事迹和科研成就如同璀璨的星辰，照亮了科学的天空。他出生于一个普通的家庭，但凭借着不懈的努力和执着的追求，他成为了一名杰出的科学家。他的科研生涯充满了创新和突破，正如我们"四个一工程"中《韩大匡院士画传》简介里韩院士亲自总结的那样：参加了川中石油会战、大庆石油会战，参与组建了我国高校第一个油田开

---

[1] 中国石油勘探开发研究院能源战略研究所院士办公室主任。

发系，为我国油气田开发事业培养大批早期科研技术骨干。提出了聚丙烯酰胺是最有效的聚合物驱油剂，并在新疆油田进行我国首次先导试验。制定了发展三次采油技术的战略方针，为化学驱技术成为我国油田提高采收率的主导技术奠定基础。"七五"期间主持研究的国家重点科技攻关项目，为我国油藏数值模拟技术的发展奠定基础。指导和推进了中国石油高含水油田二次开发工程的实施，为老油田深度精细开发作出积极贡献。近年来对大数据与人工智能新技术在油气行业的规模化应用，以及为研发自立自强的原创性科技成果发挥了积极倡导和推动作用。他为石油行业的科技进步作出了卓越的贡献。

在我的记忆中，韩大匡院士是一个坚韧不拔的人。即使在身体极度虚弱的情况下，他仍然坚持站上汇报席作项目汇报，甚至在病重时将电脑搬入病房坚持科研。中国石油集团每年一度的科技专家委员会会议他都如期参加并献言献策，他说他会工作到干不动了为止，他的的确确将科研工作做到了生命的最后一刻。他的精神深深地感染了我们每一个人，让我们明白了什么是真正的奉献和付出。他不仅对科研事业充满热爱，而且对学生的关心和指导也从未间断。他始终坚信科学是人类进步的动力，教育是培养人才的关键。他在教育领域付出了大量的心血，培养硕士、博士和博士后50余人，为我国石油行业培养了众多优秀的接班人。他的言传身教，使我们理解了什么是敬业精神，什么是坚韧不拔的品质，什么是鞠躬尽瘁、死而后已的精神。

韩大匡院士的离开给我们身边的工作人员和学生带来了巨大的影响。他的离去让我们痛失一位伟大的导师和朋友，但他的精神和价值观将永远伴随我们。在纪念韩大匡院士之际，我们不禁感慨万千。他的鞠躬尽瘁、死而后已的精神将永远铭刻在我们的心中。他不仅为科学界树立了榜样，也为我们每一个人树立了榜样。在这个充满竞争和挑战的时代，我们需要更多像韩大匡院士那样的人，他们为了理想和信念不畏艰难险阻，始终保持对事业的热爱和执着追求。在此，我们向韩大匡院士表示最深的敬意和怀念。他的生命虽然已经结束，但他的精神将永远激励着我们前行。我们将以他为榜样，继续在科研的道路上奋勇前进，为油气行业的进步贡献自己的力量。

在这个悲伤的时刻，我们怀念韩大匡院士。我们对韩院士的缅怀和纪念，不仅仅是因为他的伟大成就和高尚品质，更是因为他展现出的一种对科研事业的热爱和执着。在这个充满敬意和怀念的时刻，我们更要珍惜当下，把握现在，去追求梦想，实现既定目标，因为这是韩院士留给我们的最宝贵的精神财富。最后，让我们再次向韩大匡院士表达深深的敬意和绵长的怀念之情。

愿他在天之灵安息，愿他的精神永存于世，激励着一代又一代的科研工作者不懈努力！

拳拳赤子心　殷殷家国情

黄文松 [①]

2023年10月23日，是我永生难忘的日子。这天，我的恩师——中国工程院院士、油田开发工程专家、中国石油勘探开发研究院研究员韩大匡永远地离开了我们。在先生离开我们的日子里，他的音容笑貌时时浮现在我的眼前，梦里依稀相见时，他还是那么忙碌，还在探讨石油开发问题，我感觉先生好像没有离去，梦醒时分，泪湿枕畔。

2003年，我考取中国石油勘探开发研究院博士，师从韩大匡院士。多年来，在先生的谆谆教诲下，攻克了一个又一个科研堡垒，渡过一个又一个难关。他一生炽热感人的家国情怀、无私忘我的责任担当、严谨认真的治学精神、实事求是的科学态度，始终影响和激励着我，成为我前进的强大动力。

2009年博士后答辩合影（左4黄文松，左5韩大匡，左6李阳）

读博士那会儿，先生指导我阅读了大量油田开发方面的书，给我列了许多书目，基本都是原著。先生规定读书后要写出读书摘要，

[①] 韩大匡院士学生，油田开发地质专家，中国石油勘探开发研究院亚太研究所所长。

要把自己的认识、难点、创新点、关键点写出来，还要讲出来。书不读透，这些内容就没办法写出摘要。先生每次问得都很具体，细节问得很精微，例如，一些关键细节，是如何进行公式推导的等。

先生要求静下心来搞研究，板凳坐得十年冷，没有破万卷书、行万里路的精神苦旅，没有系统地阅读过科研相关文章、文献，没有系统地调研过国际上学科发展的走势，人家干什么干到哪里都不知道，是做不好科研的。万事开头难，开始时，我三四个月才能读完一本书，并写出摘要。后来越读越多，越读越顺，越读越快。现在想来，做学问、搞研究，有导师的悉心指导就是站在巨人肩膀上了，读书读到通透时，就知道谁是巨人，走到什么程度了，研究方向在哪。先生的书单和方法之上，就是肩膀所在处，有了导师的悉心指导和教诲，就知道自己的科研工作该往哪走，该怎么攀登，这是我最大的收获。

老师要求我老老实实做学问。记得2006年我的毕业论文提交后，因为一张图没有标注来源，先生要求我把所有发出的评审论文全部收回，重新标明图片出处再送审。当时一阵忙乱，也很感尴尬无措，后来我按照先生要求标注图片出处，重新打印后，才参加了论文答辩。现在想来，先生身为科学家，何尝不是在爱我们呢，他平时对自己的学生很是随和慈爱，可在做学问上毫不含糊。做学问、搞研究来不得半点马虎，否则，就会功亏一篑，甚至酿成大错。

如今，先生已离我而去，我临窗远眺，怅然有失，长歌当哭，当我遇到化解不开的问题时，何时能再聆听先生教诲？

韩大匡院士与黄文松合影

我的老师韩大匡院士

邵黎明[1]

韩老师是我就读中国石油勘探开发研究院的博士后导师。

2014年7月，学生邵黎明从中国石油勘探开发研究院采油所博士后出站时留影
（左5韩大匡，左6邵黎明）

第一次见韩老师是在11年前。当时我刚刚博士毕业，意气风发又有些底气不足。一想到要去拜见鼎鼎有名的韩院士，未免有些紧张和局促。我事先做了好多准备工作，查了韩老师很多文献、著作，在脑子里组织、堆叠了一大堆华丽的词藻，毕恭毕敬、盛装前往。

一见面，发现韩大院士竟是一个很亲切的白发"小老头"。他缩着身子窝在沙发里，平易近人。我俩围坐在客厅的饭桌旁，韩老师很平和地挑起话头，跟我唠起家常来，一瞬间我就感觉没那么紧张

---

[1] 韩大匡学生，油田化学和石油工程专家。2012年毕业于北京大学，后在中国石油勘探开发研究院完成博士后学习，目前在研究院工程所任高级主管。

了。聊了一阵子下来，我内心暗自感叹：别看韩老师背有些驼、手有点抖，谈起学术来，眼神立马变得犀利和睿智，思维跟年轻人一样敏捷，能一下子抓住重点，偷偷耍个小聪明是糊弄不过去的。

韩大匡院士在家中和访客讨论问题

有次一起吃饭，他戏谑地跟我们说："我身上所有的零件都坏了，就牙齿是好的，不耽误吃饭，哈哈！"眼神闪着一丝狡黠和调皮，乐观自若的心态让我们这些年轻人很佩服。

韩大匡院士（左2）带病在家工作

再后来去他家，韩老师的身体就越来越差了，他插着鼻管，口齿也不大清楚，再也不是那个调皮的"老顽童"了。他总是背对阳台坐着，歪着身体窝在大沙发里。即使如此，他也很关心我的工作生活和研究方向。不管我说什么话题，韩老师都用手掌托着侧脸，两根手指点在太阳穴上，听得非常认真，偶尔会插上一两句话，发表自己的看法，给我提一些中肯的建议。

前段时间去韩老师家，和其他师兄师弟师姐师妹们一起帮他修改传记，漫长的一下午的讨论，未曾尽兴。隔天，他又单独让我去他家单聊，他给我提了一个研究方面的新思路，只见他两眼放光、说得很激动。在他家呆了3个多小时没说够，回家了又给我打了一个多小时的电话，手机最后都没电了。他口齿不大清楚，我感觉有点没跟上他的思路，不忍心打断他的情绪，但是自己又有些家务要忙。到最后，只好说："好的，韩老师，等我仔细想想给您回复。"

谁知这一等，就天人永隔了。想来后悔不已！

再说一下师母。每次去他们家，师母都亲切地招呼我喝水、吃东西，临走还总是热情地说："小邵，留下来吃饭吧。"出门前，还总是塞给我满手的巧克力和各种零食。我母亲已经去世十几年了，师母给我带来一种母亲般的温暖。说来有缘，师母还是油化研究所的老领导呢。老太太腿脚利索、步伐矫健，有一次在青年园看到了，我追了好久才追上。人老心不老，老太太能起个大早，摸黑坐公交，就为了去颐和园拍千禧年的第一缕阳光。师母画得一手好画，家里大屏风都是她自己画的，听到我们这些学生们的赞叹和惊呼，韩老师往往也跟着笑一笑，眉宇间露出些许得意的表情。前天，去韩老师家吊唁。就这么个阳光矫健的小老太，竟也伛偻着身子，眼神浑浊落寞得让人心疼。当时客厅里人比较多，但师母依然还是很温柔地拉着我的手说："坐一下吧、坐一下吧……"

10月27日，是去八宝山殡仪馆跟韩老师的遗体告别的日子。这是我第一次去八宝山，没想到竟是去看韩老师。只见韩老师静静地躺着，脸色苍白。多少青春激荡、多少豪情壮志、多少丰功伟绩，都在此刻归于平静。我抱了一下瘦成一把骨头的师母，看到她哭红的眼睛，我的情绪终于绷不住了，别过头偷偷地擦掉眼角的泪水。

再见了，我可爱的韩老师。

怀念我的弟弟

韩大照[1]

弟弟大匡从小体弱多病，但人很聪明勤奋，从小就养成了自学的习惯。记得他小的时候还自己看书自学练气功，结果也不知道哪里没有练好，练成的气留在身体里排出不来，造成他时常会莫名其妙听到有响雷似的声音，晚上会经常睡不着觉。最后我父亲请了位气功师傅，运用特殊的气功功法才把弟弟大匡身体里面的气排掉了。

1933年，与兄姐于上海留影
（左起：大哥韩大照、韩大匡、大姐韩素侯、二姐韩素伯）

弟弟成年和结婚后也经常发高烧，经常要进医院看病，以至于医院的医生都对他特别熟悉了。到了晚年，也是有很多的病痛，但就是再痛再累都没有阻挡他不断学习和求知的欲望。

大匡刚开始工作时，由于当初石油的勘探和开发在国内是刚起

---

[1] 韩大匡院士的大哥，对少年时期的韩大匡影响最大，上海解放时以军事联络员身份接管上海第二纺织机械厂，后调至上海印染机械厂担任厂长。2024年9月去世，享年100岁。

步阶段，工作都在野外，工作和生活条件都非常的艰苦，大多的工作时间都是在外地出差。

那时在北京的居住条件也比较差，弟弟结婚时，和出差的同事借的房子，后来很长时间住的是筒子楼，所谓的筒子楼就是烧饭洗澡卫生间都在外面公共的地方，只有睡觉在自己的房间。

大匡从小就很勤奋好学，博览全书，工作上孜孜不倦，埋头苦干，一直到评上院士后经济条件才慢慢好转。

大匡当初买了新房子，由于工作太忙碌，家里装修的任务都交给了他爱人李淑勤打理。

弟弟大匡虽然是个书生，从小也不会做饭，但是长大结婚后却很会烧饭做菜，说老实话我自己到现在都不会做菜。以前每年回国内住住，总会去北京看他，他就是工作再忙，也会亲自到机场来接送我和我爱人，让我们住在他家里，他们的卧室让给我们住，自己和淑勤睡客房。有时间的话还要亲自做饭给我们吃。

2006年三兄弟北京合影
（左起：韩大宇、韩大照、韩大匡）

大匡很喜欢音乐，音乐也一直是他的爱好，他专门有一间听音乐的房间，还收藏了很多老的苏联音乐。

大匡退休后还一直忙于工作，搞项目，带研究生、博士生，退而不休，晚上吃完饭就马上又投入到工作中。我在北京的时候也一直劝他要在晚上十一点钟前睡觉，但他每次还是忙到凌晨一两点才睡。

　　记得几年前他晚上不小心摔了一跤，很严重，把肋骨也给摔断了，到医院看医生，医生建议要开刀治疗，我爱人听她的同事说有一种伤筋膏药很管用，专门在上海买了寄到北京，结果奇迹般地把肋骨摔伤给治好了，没有开刀。

　　几年前大匡来澳洲开会出差，也只能抽空晚上聚聚，白天一直在忙工作。

　　我眼中的弟弟大匡就像个工作狂人，在他的专业学术上攻克了无数的难题，也取得了很高的成就，作为他的哥哥，我也对他表达我的敬意。

　　他的不幸去世让我感到极大的悲痛，我痛失了一位至亲，从小一起长大、一起玩耍的弟弟。

　　因我已年过百岁无法来京，我儿子文波代表我们从澳洲飞到北京参加了弟弟的追悼会，见证了国家和他的各级领导以及他培养的学生所给予他的极高荣誉，这都和他毕生为国家的石油工业所作出的杰出贡献是分不开的。

　　我也为我们韩家能有这样倾一生之力而为国家作出极大贡献的弟弟而感到自豪。

萧山飞出的雄鹰

李静芝[1]

第一次见到三姐夫是姐姐带回来的照片，一张从湖北五七干校劳动锻炼拍照的合影，在太阳底下一家三口眯着眼睛，三姐怀里抱着不到三岁的韩扬，姐夫站在左侧，穿一件白色衬衫，脖子上挂了一个草帽，很像一个农村大队干部。

第二次见到三姐夫，是在1978年的夏季，在我父亲李兰亭平反追悼会上，三姐夫中等身材，一件白色衬衣，深色长裤，黑色皮鞋，比照片中的人帅气，有定力，说着上海普通话，话语不多，基本上都是我三姐说话，但每件事都会征求姐夫的意见。由于第一次见姐夫我也只是礼貌地打个招呼，并无多语。我们回到西安后她们在西安火车站附近一个旅店住下，就出去吃西安羊肉泡馍，我感觉非常诧异，怎么一个上海人喜欢吃西安的羊肉泡馍呢？我常住西安却没有吃过一次羊肉泡馍，源于妈妈不喜欢吃，我也跟着没有兴致吃西安名吃了。我三姐从小在陕北和西安长大，喜欢吃羊肉和各种面食，从小在南方长大的三姐夫，胃口受三姐饮食习惯影响，变成爱吃面条和饺子，上海口味慢慢变成了北方胃，多么不容易啊！其实这也是他们夫妻感情浓烈的真实写照，忘记自我，成就爱人的所需所愿，家庭一定是幸福满溢的。

1980年我参加了工作，经常有出差机会就到三姐家落落脚，渐渐地和三姐夫也就熟悉了，彼此话也就多了。我特别喜欢听他说话，上至天文下至地理，国内外形势、中国足球、流行音乐、古典音乐，样样精通了解。特别是石油专业方面的知识和其国内外的发展动态及前沿，没有姐夫不知道的。我特别佩服姐夫的大脑，比一个计算

---

[1] 韩大匡院士妻妹，人称"打拐妈妈"，现在缘梦公益做志愿者。三十多年的坚持，她找回了自己失散32年的儿子嘉嘉，也帮助29个孩子找到亲人。

机存储的东西都多，九十年代他就拥有一个SONY音响，我去家里的时候，他拿出磁带给我放交响乐、邓丽君的流行歌曲、中国民歌歌唱家唱的民歌。他说他最好的休息方式就是听音乐。只有在这个时候他才会放下手里的工作，离开办公桌上的电脑和一摞摞资料，走到书房一台组合音响前，放一盘邓丽君的磁带，坐在沙发上，眯上眼睛，完全陶醉在优美的旋律中。后来我才了解到姐夫最喜欢听交响乐，他怕我听不懂交响乐，才陪我一起听邓丽君的流行歌曲。

2008年，我再去家里的时候，他的音响设备又更新了，功放机直接放CD盘，我一进家门他就打开音响放刘欢的歌曲。过了几年我再去姐夫家的时候，他说他又买了蓝牙音响，可以直接和手机连接，并教我和我的手机连接，"你想听什么都可以哟"，姐夫表面上看起来很严谨，其实也是一个老顽童呐。

和韩大匡（左2）在北京合影

2014年我参加安徽卫视的一个节目（超级演说家）没有进入前四，这事都过了几个月了，我去北京看他们的时候，姐夫还在生气："这个评委太不负责任了，明明他可以为你拉票，他却说，李大姐演讲得特别好，多不多我这一票，她都能晋级，可结果出来了，不像他说的你能进前四，我要给节目组提意见。"姐夫真生气了，而且还特别认真，我劝说："姐夫下次我再去参加节目，一定请你做我的亲友团，咱们不胜不归"，可惜再没有这样的机会了……

1998年姐夫退休了，但实际上是退而不休，他总是趴在书桌上忙工作，查资料，写报告，查看学生论文，沙发上也摆着他需要的资料。1983年姐夫去辽河油田出差，不幸遭遇车祸，颈椎伤势很重，戴了很多年的颈椎牵引器。随着年龄的增长，姐夫的头已经抬不起来，下巴与前胸紧紧挨着，但姐夫依然乐观并勤勤恳恳地工作着，他说，"我要为中国石油领域做一个大数据，要抢在美国的前面，再不抓紧我怕我的时间不多了"。我被他的无私奉献，雄才大略，对国家的赤诚之心深深感动落泪了。即使在疫情期间，姐夫几次住院却没有停下这份大数据愿景直到生命的尽头……

此生有幸遇见了一个名叫韩大匡的人，他似兄长、似老师、似朋友、似长辈，他轻声细语却铿锵有力，他柔柔弱弱却有勇士的坚毅，他像雄鹰一样，依然在祖国的大数据中翱翔，永驻在蓝天之上。

李静芝拍摄的韩大匡

忆姨夫

王包锦[①]

我的姨夫韩大匡院士是我最亲近的人,可以说他是我最尊敬的长辈,也是我们敬重的良师益友,是我最敬佩的人。

在我很小的时候我的母亲就去世了,跟着姥姥在内蒙草原度过了童年。后来二姨把我们带回了包头上学,在那时候开始,我就经常来往于包头和北京,那时姥姥在北京三姨、三姨夫家带孩子,我也就成了三姨家的常客,是姨夫、姨这个家给了我慈父、慈母般的温暖。

每次来姨家,姨夫无论工作多忙,总要抽空陪我聊聊天、谈谈心,问我工作学习怎么样,生活上有什么困难没,有时还亲自下厨做上几道好菜。姨夫虽然酒量不大,但每次都会陪我们喝点儿,一家人在一起其乐融融。后来我和我爱人工作调动到河北,离他们近了,更是来往频繁。姨夫和姨除了过问我们学习工作情况外,还经常嘱咐我们,工作要努力,不要讲待遇。这些我都牢记在心,我也按姨夫的教导严格约束自己,积极为国家建设作贡献。

最让我终身难忘的一件事,是在1976年那次大地震,京津冀地区都有强烈的震感。那天夜里我正好在北京姨家,由于年轻,地动山摇仍然睡得很香,一点也没察觉到。全家人都跑到楼下了,突然发现我没下来,姨夫转身就往楼上跑,当时还在余震中,楼房还在晃动,姨夫冲上楼发现门已变形打不开了,他一边用力踹门一边叫我,我在里面使劲拽、姨夫在外面使劲踹,终于把门打开了,姨夫拉着我就往楼下跑。就在我们刚出单元门时,楼门口上面的雨搭和墙砖就塌落下来,重重地砸到了地面,把我们吓出了一身冷汗,真是太危险了,谢谢姨夫临危不惧在危难时刻拉了我一把。

[①] 韩大匡外甥女。因幼年丧母,由韩大匡岳母、妻子及妻姐关照抚养长大,韩大匡始终把她视为家人。

王包锦来北京看望三姨、三姨夫
（左起：韩大匡、李淑勤、王包锦）

  我姨夫非常热爱国家，热爱石油事业，他经常说，一定要让我们石油科技超过美国。他废寝忘食地工作着，我每次来他家，都看到他伏案工作，几乎没看到他休闲过，总是在那里写呀写，和同事们一起谈呀谈，我姨总是将饭菜热了一遍又一遍，可他却常常顾不上按时吃饭。

  最使我感动的是，他在生病期间一只手输着液，另一只手还在修改着稿件、资料。他已经是近九十岁的老人了，这种忘我的工作态度，时时刻刻关注石油事业的博大胸怀，永远激励着我们，而且还要传给我们的下一代。

  姨夫永远是我们的好榜样！

  姨夫走了，已离我们远去。他似乎还没有走远，还在我们身边。祖国没有忘记他，我们家人没有忘记他，他永远活在我们心中。

后　记

后记

感谢中国工程院院士传记丛书编辑和审稿委员会葛能全副主任对本传记的审阅和提出的宝贵修改意见，这些意见对最终完善和定稿《韩大匡传》具有建设性的指导意义。

历时多年，几经修改，《韩大匡传》即将付梓。本传记的撰写任务最早来源于由中国工程院组织的中国工程院院士传记丛书编写任务和中国科学技术协会、中国工程院、中国科学院等12个部门与单位共同组织实施的"老科学家学术成长资料采集工程"。最初的一稿，由李芬主笔，于2016年12月大体上完成。韩大匡院士看后建议，一是科学家的传记应以朴素语言客观写实为主；二是书中涉及的技术内容需要由专业人员进一步撰写。为此，成立新的传记编写组，在对科研项目原始资料收集和对韩大匡院士进一步访谈的基础上，打破初稿的章节结构，对书稿进行重写，于2018年下半年形成了传记第二稿，并作为"老科学家学术成长资料采集工程"成果进行了归档。此后，因韩大匡院士致力于倡导和推动油气大数据与人工智能新技术产业化发展，无暇顾及对本传记的审阅和进一步接受作者访谈，致使本传记的出版工作被搁置多年。2022年，在即将迎来韩大匡院士九十华诞之际，为了弘扬老一代科学家精神，中国石油勘探开发研究院着力推动本传记的编写出版工作，传记编写组通过对韩大匡院士进一步访谈和听取他本人的意见，对传记第二稿进行了修改完善，并将韩大匡院士近年来倡导和推动油气大数据与人工智能新技术产业化发展的工作经历、学术主张和研究成果收录到传记之中。此后，又经征求和听取各方面人士的意见，通过多次修改完善，形成传记最终稿。

本传记由刘文岭、李芬、韩松主笔，李建芳、邵黎明、叶银珠、吴行才、王经荣、王玉学、侯伯刚、杨承志、张翼、李欣、张建英、曾萍、韩扬等参加部分章节编写与修改。韩大匡的部分学生参加了资料收集和采访任务。全书由刘文岭进行章节结构统筹、组织编写和统稿。

出版这部传记既是对韩大匡院士学术成就的回顾和展示，更是对他开拓创新、顽强执着、不断学习、拼搏奉献精神的传承和弘扬。本传记展现了韩大匡院士治学和精神风貌的几大特点：第一，富有开拓创新的精神。他善于从油气田生产中发现问题，对实际问题中存在的新鲜事物和动向非常敏感，表现出善于吸取新知识、发现新事物、提出新观点、总结新规律的创新精神。第二，具有顽强执着的品质。韩大匡院士常常在宏观层面上对诸多油气田勘探开发的固有观念提出新的认识，他坚持信念、摒除障碍、锲而不舍地对创新观念进行持续不断的求索和研究，执着地通过实践去印证新观点、新思想，不向困难低头，看准的方向，他从不放弃，从不言败。第三，拥有不断学习的劲头。韩大匡院士自幼就展现出了强烈的求知欲和自学能力，在他的学术生涯中一直都谦虚地向各方面学习，甚至在不同意见中汲取有益的营养。特别是在进入古稀之年以后，为了开展精细油藏描述，韩大匡院士跨越到自己不熟悉的专业领域，从头学起，和研究团队一起倡导和推动了开发地震在我国高含水油田的规模化应用，体现了"活到老，学到老"的学习精神。第四，具有拼搏奉献的思想境界。在耄耋之年，为了把握第四次工业革命浪潮提供的赶超西方世界的机遇，避免石油工业主体技术被卡脖子，韩大匡院士不顾体弱多病，在健康、体力不尽如人意的状况下，坚持拼搏在科技一线，主持多项国家和省部级项目，以健康和生命为代价换取科技进步，倡导和推动了油气大数据与人工智能新技术的产业化发展，充分展现了他老骥伏枥、壮心不已的无私奉献精神。

本传记所呈现的韩大匡院士为石油工业拼搏奉献七十余载所取得的科技成就、学术思想和精神财富，是我国石油科技殿堂熠熠生辉的瑰宝，必将照耀和激励后人传承石油科技工作者的光荣传统，学习并弘扬老一辈科学家精神，为我国石油工业创造新的辉煌。

后记

由于历史原因，本传记编写出版也有很多遗憾之处。一是，由于韩大匡院士去世不能对最终传记稿件进行审查；二是，一些早期的事件由于缺少文字记录，主要靠部分当事人回忆，有些细节不一定准确；三是，早期的一些项目研究、获奖资料没有存档，收集的资料不够完整。

衷心感谢闫建文在编写出版本传记过程中的精心组织和协调，感谢李德生院士、袁士义院士、李阳院士、沈平平教授、孙希文教授、方宏长教授、杨普华教授、陈文兰教授、王瑞河教授、廖广志教授等领导专家对本传记提出的宝贵意见。

2024 年 10 月 11 日